OEUVRES CHOISIES

DE

J. B. ROUSSEAU.

OEUVRES CHOISIES

DE

J. B. ROUSSEAU,

A L'USAGE

DES COLLÉGES ROYAUX ET DES ÉCOLES
SECONDAIRES.

NOUVELLE ÉDITION.

ANGERS.
DE L'IMPRIMERIE D'AUGUSTE MAME.

1823.

NOTICE
SUR JEAN-BAPTISTE ROUSSEAU
ET SUR CETTE ÉDITION.

Jean-baptiste Rousseau naquit à Paris le 6 avril 1671. Son père, malgré la médiocrité de sa fortune, le plaça dans un des meilleurs collèges de la capitale ; le jeune Rousseau y fit des progrès rapides, et le fils d'un artisan devint le premier des poëtes lyriques modernes.

Horace étoit fils d'un affranchi ; loin de rougir de sa naissance qui, après tout, n'étoit qu'une difficulté de plus à vaincre, il eut le bon esprit de s'en faire gloire, et rejeta sur ses ennemis le ridicule dont ils vouloient le couvrir (1). Si l'émule d'Horace ne montra pas le même courage, il faut moins le blâmer que le plaindre. L'envie, qui s'est emparée de ses moindres actions pour

(1) Voyez la sixième satire du premier livre.

les dénaturer, n'a pas manqué d'exagérer sa foiblesse, en l'accusant d'avoir méconnu son père. Mais toute inculpation dénuée de preuves doit être méprisée, comme une calomnie. L'estime et l'amitié qu'une foule de personnes recommandables par leur rang et par leurs vertus ont conservées à Rousseau, même après son bannissement, suffiroient seules pour détruire tout ce que la haine a publié contre son caractère ou contre ses mœurs (2).

A peine sorti du collège, et déjà connu par ses premiers essais, il suivit, en qualité de secrétaire, le maréchal de Tallard à Londres, où il

---

(2) La Motte, fils d'un chapelier, crut sans doute faire un effort d'humilité en lui disant :

Rousseau, sois fidèle, sincère ;
Pour toi seul critique sévère,
Ami zélé des bons écrits.
Tu vas pour la race future
Anoblir ta famille obscure,
Et je suis ton frère à ce prix.

Mais la postérité ne l'a point admis à la gloire de cette fraternité par laquelle il pensoit honorer Rousseau, et quelque jour il sera moins connu par le volumineux recueil de ses œuvres que par trois ou quatre épigrammes de son rival.

lia connoissance avec St. Évremond. A son retour il fut accueilli chez M. de Rouillé, directeur des finances ; et, dans une maison opulente où il jouissoit de tous les avantages de la fortune, sans en connoître les embarras et les soins, il se livra exclusivement à son goût pour la poésie. Il vivoit dans la société intime du marquis de La Fare, de l'abbé de Chaulieu, de l'abbé Courtin, et se voyoit rechercher par tout ce qu'il y avoit de gens aimables et cultivant les lettres. Ce fut à cette époque qu'il refusa une direction des fermes ; Chaulieu lui avoit adressé des vers pour le détourner d'accepter cette place, et il y répondit par une pièce qu'on trouvera parmi ses poésies diverses. (3)

Rousseau étoit au comble de la gloire, lorsque des couplets infâmes qu'on fit répandre dans un café qu'il fréquentoit, et que ses ennemis lui attribuèrent, le firent bannir de France. Nous n'entrerons point dans les détails de cette mal-

(3) Par tes conseils et ton exemple, etc., p. 375.

heureuse affaire. Il est triste de revenir sur une injustice sans remède, et toutes les preuves que nous pourrions donner de l'innocence de Rousseau ne feroient qu'ajouter aux regrets. D'ailleurs on est aujourd'hui assez généralement d'accord qu'il fut la victime d'un complot odieux tramé contre lui par des ennemis jaloux de sa supériorité, exaspérés par ses épigrammes, et qui vouloient l'écarter de l'académie. Si on peut reprocher quelque chose à Rousseau, c'est d'avoir servi leur haine, en se portant accusateur de Saurin, contre lequel il n'avoit pas de preuves juridiques. (4)

(4) Que ceux auxquels il resteroit des doutes sur l'innocence de Rousseau parcourent sa correspondance et consultent les pièces du procès; qu'ils relisent ces couplets où l'on ne retrouve aucune trace du talent de ce grand poëte et qui n'offrent qu'une imitation maladroite de la richesse de ses rimes; qu'ils n'oublient pas que Rousseau protesta jusqu'à la mort qu'il n'étoit pas coupable, qu'il refusa des lettres de rappel qui le rétablissoient dans son honneur et dans ses biens, parce qu'il vouloit qu'on revît son jugement et qu'on lui fît une satisfaction entière et publique; qu'enfin ils se souviennent que Boindin, son ennemi déclaré, Boindin cruellement outragé par ces couplets, protesta lui-même que Rousseau n'en étoit pas l'auteur.

Il se retira d'abord à Soleure où il publia la première édition de ses ouvrages. Le comte du Luc, ambassadeur de France auprès du corps Helvétique, lui fit l'accueil le plus flatteur, et n'oublia rien pour lui adoucir sa disgrace. Rousseau lui conserva toute sa vie le plus tendre attachement, et ce fut la reconnoissance qui lui inspira sa plus belle ode.

Lorsque le comte du Luc se rendit à Bade pour la conclusion du traité de paix entre la France et l'Empire, Rousseau l'y accompagna. Le prince Eugène, qui se trouvoit dans cette ville en qualité de plénipotentiaire, le combla de caresses et de marques d'estime, et lui persuada de le suivre à Vienne. Après y avoir passé quelques années dans la faveur du prince, il alla finir ses jours à Bruxelles. L'estime et la considération dont il jouissoit chez l'étranger ne purent jamais éteindre en lui le désir de revoir la France; et l'espérance qu'il nourrissoit toujours de faire revoir son jugement lui fit entreprendre à 68 ans le voyage de Paris. Le mauvais succès de cette démarche et la fatigue abrégèrent sa vie ; il mourut à Bruxelles le 17 mars 1741. On a retenu la belle ode de Le Franc de Pompignan sur sa mort, et cette épitaphe que lui fit Piron :

Ci gît l'illustre et malheureux Rousseau.
Le Brabant fut sa tombe et Paris son berceau.
  Voici l'histoire de sa vie,
  Qui fut trop longue de moitié ;
  Il fut trente ans digne d'envie,
  Et trente ans digne de pitié.

Nous n'avons pas voulu grossir cette Notice de plusieurs particularités de la vie de Rousseau, que les curieux retrouveront dans les mémoires du temps, et sur-tout dans le recueil de ses lettres. Nous avons même évité de parler de sa querelle avec Voltaire. Quoique convaincus que les premiers et les plus grands torts sont du côté de l'auteur de la Henriade, nous sommes forcés de convenir qu'ils ont fini par se montrer l'un et l'autre également injustes. Il faut oublier les foiblesses des grands écrivains et ne se ressouvenir que de leurs ouvrages, la seule chose qu'ils aient faite pour la postérité et qui mérite de l'occuper. Nous nous contenterons d'ajouter que Rousseau est du petit nombre des auteurs que leur correspondance fait estimer, que dans toutes ses lettres il se montre plein de droiture, de franchise et de goût, ami des vrais talents (5), religieux sans fanatisme, d'une probité à toute épreuve et d'une délicatesse portée jusqu'au scrupule.

Ce seroit peut-être ici le cas d'essayer de répondre à tout ce qu'on a débité vers le milieu du dernier siècle contre la poésie lyrique. Mais cette discussion nous entraîneroit trop loin, et il suffira de remarquer que le mérite de Pindare n'a jamais été contesté par les personnes en état de l'entendre, que l'opinion n'a jamais été partagée sur celui d'Horace, et que ce n'est qu'après d'inutiles efforts pour détrôner le prince des poëtes lyriques

(5) Voyez, dans sa correspondance, comme il s'est plu à rendre justice à Gresset, à Racine fils, à Rollin, à le Franc de Pompignan, et à Voltaire lui-même, avant qu'il eût sujet de s'en plaindre.

françois qu'on s'est avisé de chercher à rabaisser le genre dans lequel on ne lui trouvoit pas de rivaux. Si on jugeoit de l'excellence des poëmes par le petit nombre de ceux qui y ont réussi, l'épopée elle-même pourroit à peine disputer à l'ode le premier rang. D'un autre côté, quoique le mérite des productions du génie ne se mesure pas à leur étendue, il seroit injuste d'opposer une seule ode à tout un poëme épique ou même à une tragédie entière. Le genre lyrique, borné dans ses moyens, n'est soutenu ni par l'intérêt d'une fable, comme l'épopée, ni par le jeu des passions, comme la tragédie. Le poëte, abandonné à ses propres forces, n'a qu'un instant pour les déployer. On exige de lui l'essor et la rapidité de l'aigle, et si les ailes du génie ne le soutiennent dans les cieux, il rappellera bientôt la chute d'Icare. Au reste, rien n'est plus oiseux que toutes ces disputes sur la prééminence des genres. Le meilleur genre est pour chaque auteur celui dans lequel il réussit le mieux. Soyez Pindare, Horace ou Rousseau, et vous arriverez aussi sûrement à l'immortalité que si le ciel eût fait renaître en vous Homère ou Virgile, Sophocle ou Racine.

Rousseau est véritablement classique, c'est-à-dire qu'il peut servir de modèle, dans l'ode, dans la cantate et dans l'épigramme. Voilà les titres qui, de l'aveu des gens de goût, le placent à côté de Boileau, de Racine et de La Fontaine. C'est aussi sous ces rapports, c'est sur-tout comme poëte lyrique que la Commission d'instruction publique a pensé qu'il devoit être mis entre les mains de la jeunesse (6). Dans cette vue, nous publions toutes ses odes. Le petit nombre de celles

---

(6) On sent bien qu'en mettant sous les yeux des élèves les chefs-d'œuvre de l'éloquence et de la poésie, on ne se propose point d'en faire des orateurs ou des poëtes, mais d'agrandir leur esprit et d'élever leur ame par le sentiment du beau dans tous les genres. C'est là le principal but de l'étude des langues anciennes et des classiques grecs et latins. Ceux qui voudroient contester les avantages de cette méthode n'ont qu'à parcourir tous les états, et à voir si l'aptitude à une fonction quelconque n'est pas le résultat ordinaire d'une éducation dirigée d'après ce plan.

où le talent du poëte paroît sensiblement affoibli (7) offre encore de belles strophes, et il suffira d'avertir l'élève de leur infériorité, pour qu'il puisse les lire avec fruit. Dans les cantates et dans les épigrammes nous avons conservé tout ce qui n'étoit pas étranger ou contraire à notre but; mais nous ne donnons que des fragments assez courts des épîtres et des allégories. Quoique ces dernières productions ne soient pas sans mérite, ce n'est point par elles que Rousseau s'est élevé au rang des auteurs classiques, et elles ne devoient point entrer, au moins en totalité, dans un recueil où l'on n'admet pas ce qui est bon, mais ce qui est excellent. L'esprit qui nous a guidés dans ce choix est celui qui a dirigé toutes les éditions destinées à la jeunesse; mais nous n'avons pas oublié que nous travaillions pour des élèves qui lisoient l'Énéide et le Télémaque, qui avoient entre les mains Horace, Racine et Boileau. Nous

---

(7) Elles se réduisent à cinq ou six, et sont toutes dans le dernier livre.

avons laissé subsister deux ou trois épigrammes où Rousseau se moque de l'ignorance de quelques moines, comme Boileau dans le Lutrin s'étoit égayé sur leur paresse. Ces traits lancés par des hommes très religieux, très convaincus des lumières et du zèle du clergé de France, n'ont jamais été regardés que comme un badinage innocent; et l'on peut même dire que, dans ce cas, la satire de l'individu est une espèce d'hommage qu'on rend au corps dont il fait partie. Il y a tant de gens dont l'ignorance ne surprend personne.

Les notes que nous avons ajoutées au texte sont en général très courtes, et roulent presque toutes sur des points de littérature et de critique. Nous n'avons pas eu la prétention d'épuiser tout ce qu'on pouvoit dire sur Rousseau. Nous avons voulu seulement indiquer aux élèves comment ils devoient lire un poëte. Le goût de MM. les professeurs achèvera ce que nous n'avons fait qu'ébaucher et y donnera des développements qui nous auroient conduits trop loin. Nous avons souvent cité le Cours de Littérature de M. de La Harpe ; on ne peut pas trop recommander aux jeunes gens la lecture de la partie de cet excellent ouvrage qui concerne les auteurs classiques.

ODES.

LIVRE PREMIER.

ODE I,

TIRÉE DU PSAUME XIV.

Caractère du juste.

SEIGNEUR, dans ta gloire adorable
Quel mortel est digne d'entrer ?
Qui pourra, grand Dieu, pénétrer
Ce sanctuaire impénétrable, (1)
Où tes saints inclinés, d'un œil respectueux,
Contemplent de ton front l'éclat majestueux ?

Ce sera celui qui du vice
Évite le sentier impur,
Qui marche d'un pas ferme et sûr
Dans le chemin de la justice ;
Attentif et fidèle à distinguer sa voix,
Intrépide et sévère à maintenir ses lois.

Ce sera celui dont la bouche
Rend hommage à la vérité ;

---

(1) Pour réparer des ans l'irréparable outrage. RAC.

Qui, sous un air d'humanité,
Ne cache point un cœur farouche ;
Et qui, par des discours faux et calomnieux,
Jamais à la vertu n'a fait baisser les yeux.

    Celui devant qui le superbe,
    Enflé (2) d'une vaine splendeur,
    Paroît plus bas, dans sa grandeur,
    Que l'insecte caché sous l'herbe :
Qui, bravant du méchant le faste couronné,
Honore la vertu du juste infortuné.

    Celui, dis-je, dont les promesses
    Sont un gage toujours certain ;
    Celui qui d'un infâme gain
    Ne sait point grossir ses richesses :
Celui qui, sur les dons du coupable puissant,
N'a jamais décidé du sort de l'innocent.

    Qui marchera dans cette voie,
    Comblé d'un éternel bonheur,
    Un jour, des élus du Seigneur
    Partagera la sainte joie ;
Et les frémissemens de l'enfer irrité
Ne pourront faire obstacle à sa félicité. (3)

(2) Métaphore qui manque de justesse.

(3) Le repos dans cette espèce de strophe, est au quatrième vers. Les deux alexandrins qui la terminent lui donnent du nombre et de la dignité.

ODE II,

TIRÉE DU PSAUME XVIII.

L'ame s'élève à la connoissance de Dieu par la contemplation de ses ouvrages.

Les cieux instruisent la terre
A révérer leur auteur.
Tout ce que leur globe enserre (1)
Célèbre un Dieu créateur.
Quel plus sublime cantique
Que ce concert magnifique
De tous les célestes corps !
Quelle grandeur infinie !
Quelle divine harmonie
Résulte de leurs accords ! (2)

(1) Vieux mot, *renferme*.

(2) M. de Laharpe n'approuve que les deux premiers vers de cette strophe, où il règne d'ailleurs une sorte de redondance emphatique bien éloignée de la simplicité si noble de l'original. *Cœli enarrant gloriam Dei, et opera manuum ejus annuntiat firmamentum.* Il trouve *résulte* prosaïque ; *grandeur infinie* et *divine harmonie* lui semblent des chevilles, et il blâme le *globe des cieux*, comme une expression très-fausse. Cette dernière critique est un peu sévère et a besoin d'être motivée. Le mot *globe* présente toujours à l'idée quelque chose de fini. On le dit très-bien de la terre. On dit aussi *globe céleste* en parlant d'une sphère qui représente le ciel. Mais l'homme ne peut voir, dans cette étendue sans bornes qui lui offre l'apparence des cieux, qu'une immense voûte, que l'enveloppe de tout ce qui existe.

Les trois strophes suivantes, et sur-tout la troisième et la quatrième, sont d'une beauté achevée.

De sa puissance immortelle
Tout parle, tout nous instruit,
Le jour au jour la révèle,
La nuit l'annonce à la nuit.
Ce grand et superbe ouvrage
N'est point pour l'homme un langage
Obscur et mystérieux :
Son admirable structure
Est la voix de la nature,
Qui se fait entendre aux yeux.

Dans une éclatante voûte
Il a placé de ses mains
Ce soleil qui dans sa route
Éclaire tous les humains.
Environné de lumière,
Cet astre ouvre sa carrière
Comme un époux glorieux,
Qui dès l'aube matinale,
De sa couche nuptiale
Sort brillant et radieux.

L'univers, à sa présence,
Semble sortir du néant.
Il prend sa course, il s'avance
Comme un superbe géant.
Bientôt sa marche féconde
Embrasse le tour du monde
Dans le cercle qu'il décrit ;
Et, par sa chaleur puissante,

LIVRE I.

La nature languissante
Se ranime et se nourrit.

O que tes œuvres sont belles,
Grand Dieu ! quels sont tes bienfaits !
Que ceux qui te sont fidèles
Sous ton joug trouvent d'attraits !
Ta crainte inspire la joie :
Elle assure notre voie ;
Elle nous rend triomphants :
Elle éclaire la jeunesse,
Et fait briller la sagesse
Dans les plus foibles enfants.

Soutiens ma foi chancelante,
Dieu puissant, inspire-moi
Cette crainte vigilante
Qui fait pratiquer ta loi.
Loi sainte, loi désirable,
Ta richesse est préférable
A la richesse de l'or :
Et ta douceur est pareille
Au miel dont la jeune abeille
Compose son cher trésor.

Mais sans tes clartés sacrées,
Qui peut connoître, Seigneur,
Les foiblesses égarées
Dans les replis de son cœur ?
Prête-moi tes feux propices :
Viens m'aider à fuir les vices

Qui s'attachent à mes pas :
Viens consumer par ta flamme
Ceux que je vois dans mon ame,
Et ceux que je n'y vois pas.

Si de leur cruel empire
Tu veux dégager mes sens,
Si tu daignes me sourire,
Mes jours seront innocents.
J'irai puiser sur ta trace
Dans les sources de ta grâce ;
Et, de ses eaux abreuvé, (3)
Ma gloire fera connoître
Que le Dieu qui m'a fait naître
Est le Dieu qui m'a sauvé.

ODE III,

TIRÉE DU PSAUME XLVIII.

Sur l'aveuglement des hommes du siècle.

Qu'aux accents de ma voix la terre se réveille. (1)
Rois, soyez attentifs ; peuples, ouvrez l'oreille :
Que l'univers se taise, et m'écoute parler.
Mes chants vont seconder les accords de ma lyre ;

---

(3) Dans les strophes de dix vers, il doit y avoir deux repos; l'un à la fin du quatrième vers, et l'autre après le septième. Ce dernier repos n'est pas suffisamment marqué.

(1) Ce début est plein de pompe. Le style de cette ode est d'une noblesse et d'une harmonie soutenues, et la marche

LIVRE I.

L'esprit saint me pénètre, il m'échauffe, il m'inspire
Les grandes vérités que je vais révéler.

L'homme en sa propre force a mis sa confiance;
Ivre de ses grandeurs et de son opulence,
L'éclat de sa fortune enfle sa vanité.
Mais, ô moment terrible, ô jour épouvantable,
Où la mort saisira ce fortuné coupable,
Tout chargé des liens de son iniquité ! (2)

Que deviendront alors, répondez, grands du monde,
Que deviendront ces biens où votre espoir se fonde,
Et dont vous étalez l'orgueilleuse moisson ? (3)
Sujets, amis, parents; tout deviendra stérile;
Et, dans ce jour fatal, l'homme à l'homme inutile
Ne paiera point à Dieu le prix de sa rançon.

Vous avez vu tomber les plus illustres têtes,
Et vous pourriez encore, insensés que vous êtes,
Ignorer le tribut que l'on doit à la mort ?
Non, non, tout doit franchir ce terrible passage :
Le riche et l'indigent, l'imprudent et le sage,
Sujets à même loi, subissent même sort.

D'avides étrangers, transportés d'allégresse,
Engloutissent (4) déjà toute cette richesse,

---

des strophes, partagées en deux tercets, et composées d'alexandrins, a, dit M. de Laharpe, une sorte de gravité uniforme analogue aux idées morales.

(2) Très-belle image.
(3) Expression très-poétique.
(4) Métaphore d'une heureuse hardiesse.

Ces terres, ces palais de vos noms ennoblis.
Et que vous reste-t-il en ces moments suprêmes ?
Un sépulcre funèbre où vos noms, où vous-mêmes
Dans l'éternelle nuit serez ensevelis.

Les hommes, éblouis de leurs honneurs frivoles,
Et de leurs vains flatteurs écoutant les paroles,
Ont de ces vérités perdu le souvenir :
Pareils aux animaux farouches et stupides,
Les lois de leur instinct sont leurs uniques guides,
Et pour eux le présent paroît sans avenir.

Un précipice affreux devant eux se présente ;
Mais toujours leur raison, soumise, complaisante,
Au-devant de leurs yeux met un voile imposteur.
Sous leurs pas cependant s'ouvrent de noirs abîmes,
Où la cruelle mort les prenant pour victimes,
Frappe ces vils troupeaux dont elle est le pasteur. (5)

Là s'anéantiront ces titres magnifiques,
Ce pouvoir usurpé ! ces ressorts politiques,
Dont le juste autrefois sentit le poids fatal :
Ce qui fit leur bonheur deviendra leur torture ;
Et Dieu, de sa justice apaisant le murmure, (6)
Livrera ces méchants au pouvoir infernal.

(5) Le Psalmiste dit :
Sicut oves, in inferno positi sunt ; mors depascet eos.

(6) Ce vers rappelle celui de Claudien, dans son poëme contre Rufin,

Abstulit hunc tandem Rufini poena tumultum,
Absolvitque Deos.

Mais cette idée, de faire absoudre les Dieux par la punition d'un scélérat, est plus brillante que solide, et elle a

Justes, ne craignez point le vain pouvoir des hommes :
Quelqu'élevés qu'ils soient, ils sont ce que nous sommes,
Si vous êtes mortels, ils le sont comme vous.
Nous avons beau vanter nos grandeurs passagères,
Il faut mêler sa cendre aux cendres de ses pères ;
Et c'est le même Dieu qui nous jugera tous.

ODE IV,

TIRÉE DU PSAUME LVII.

Contre les hypocrites.

Si la loi du Seigneur vous touche,
Si le mensonge vous fait peur,
Si la justice en votre cœur
Règne aussi bien qu'en votre bouche ;
Parlez, fils des hommes, pourquoi
Faut-il qu'une haine farouche
Préside aux jugemens que vous lancez sur moi ?(1)

C'est vous de qui les mains impures
Trament le tissu détesté
Qui fait trébucher l'équité
Dans le piège des impostures ;
Lâches, aux cabales vendus,
Artisans de fourbes obscures,
Habiles seulement à noircir les vertus.

même quelque chose d'injurieux pour la divinité. Le poëte chrétien l'a épurée en la mettant en œuvre, et sa pensée est aussi belle que juste.

(1) On cite cette strophe comme un modèle de période.

L'hypocrite, en fraudes fertile,
Dès l'enfance est pétri de fard :
Il sait colorer avec art
Le fiel que sa bouche distille ?
Et la morsure du serpent
Est moins aiguë et moins subtile
Que le venin caché que sa langue répand.

En vain le sage les conseille :
Ils sont inflexibles et sourds ;
Leur cœur s'assoupit aux discours
De l'équité qui les réveille :
Plus insensibles et plus froids
Que l'aspic, qui ferme l'oreille
Aux sons mélodieux d'une touchante voix.

Mais de ces langues diffamantes
Dieu saura venger l'innocent.
Je le verrai, ce Dieu puissant,
Foudroyer leurs têtes fumantes.
Il vaincra ces lions ardents,
Et dans leurs gueules écumantes
Il plongera sa main et brisera leurs dents.

Ainsi que la vague rapide
D'un torrent qui roule à grand bruit
Se dissipe et s'évanouit
Dans le sein de la terre humide ;
Ou comme l'airain enflammé
Fait fondre la cire fluide
Qui bouillonne à l'aspect du brasier allumé.

Ainsi leurs grandeurs éclipsées
S'anéantiront à nos yeux ;
Ainsi la justice des cieux
Confondra leurs lâches pensées.
Leurs dards deviendront impuissants,
Et de leurs pointes émoussées
Ne pénétreront plus le sein des innocents.

Avant que leurs tiges célèbres
Puissent pousser des rejetons,
Eux-mêmes, tristes avortons,
Seront cachés dans les ténèbres ;
Et leur sort deviendra pareil
Au sort de ces oiseaux funèbres
Qui n'osent soutenir les regards du soleil.

C'est alors que de leur disgrace
Les justes riront à leur tour :
C'est alors que viendra le jour
De punir leur superbe audace ;
Et que, sans paraître inhumains,
Nous pourrons extirper leur race,
Et laver dans leur sang nos innocentes mains.

Ceux qui verront cette vengeance
Pourront dire avec vérité
Que l'injustice et l'équité
Tour à tour ont leur récompense ;
Et qu'il est un Dieu dans les cieux
Dont le bras soutient l'innocence,
Et confond des méchants l'orgueil ambitieux.

ODE V,

TIRÉE DU PSAUME LXXI.

Véritable grandeur des Rois.

O Dieu, qui, par un choix propice,
Daignâtes élire entre tous
Un homme qui fût parmi nous
L'oracle de votre justice,
Inspirez à ce jeune roi,
Avec l'amour de votre loi
Et l'horreur de la violence ;
Cette clairvoyante équité
Qui de la fausse vraisemblance
Sait discerner la vérité.

Que par des jugemens sévères
Sa voix assure l'innocent :
Que de son peuple gémissant
Sa main soulage les misères :
Que jamais le mensonge obscur
Des pas de l'homme libre et pur
N'ose à ses yeux souiller la trace ;
Et que le vice fastueux
Ne soit point assis à la place
Du mérite humble et vertueux.

Ainsi du plus haut des montagnes
La paix et tous les dons des cieux,
Comme un fleuve délicieux
Viendront arroser nos campagnes.

Son règne à ses peuples chéris
Sera ce qu'aux champs défleuris
Est l'eau que le ciel leur envoie ;
Et, tant que luira le soleil,
L'homme, plein d'une sainte joie,
Le bénira dès son réveil.

Son trône deviendra l'asile
De l'orphelin persécuté :
Son équitable austérité
Soutiendra le foible pupille.
Le pauvre, sous ce défenseur,
Ne craindra plus que l'oppresseur
Lui ravisse son héritage ;
Et le champ qu'il aura semé
Ne deviendra plus le partage
De l'usurpateur affamé.

Ses dons, versés avec justice,
Du pâle calomniateur
Ni du servile adulateur
Ne nourriront point l'avarice ;
Pour eux son front sera glacé.
Le zèle désintéressé,
Seul digne de sa confidence, (1)
Fera renaître pour jamais
Les délices et l'abondance,
Inséparables de la paix.

Alors sa juste renommée
Répandue au-delà des mers,

---

(1) Pour *confiance*. On voit ici toute l'importance que Rousseau attache à la richesse des rimes.

Jusqu'aux deux bouts de l'univers
Avec éclat sera semée :
Ses ennemis humiliés
Mettront leur orgueil à ses piés ;
Et, des plus éloignés rivages,
Les rois, frappés de sa grandeur,
Viendront par de riches hommages
Briguer sa puissante faveur.

Ils diront : voilà le modèle
Que doivent suivre tous les rois ;
C'est de la sainteté des lois
Le protecteur le plus fidèle.
L'ambitieux immodéré,
Et des eaux du siècle enivré, (2)
N'ose paroître en sa présence :
Mais l'humble ressent son appui ;
Et les larmes de l'innocence
Sont précieuses devant lui.

De ses triomphantes années
Le temps respectera le cours ;
Et d'un long ordre d'heureux jours
Ses vertus seront couronnées.
Ses vaisseaux par les vents poussés,
Vogueront des climats glacés
Aux bords de l'ardente Libye :
La mer enrichira ses ports ;

___

(2) Les eaux du siècle, pour la faveur, les grandeurs du siècle. On ne voit pas trop le rapport qu'il y a entre l'expression simple et la métaphorique.

Et pour lui l'heureuse Arabie
Épuisera tous ses trésors.

Tel qu'on voit la tête chenue
D'un chêne, autrefois arbrisseau,
Égaler le plus haut rameau
Du cèdre caché dans la nue :
Tel, croissant toujours en grandeur,
Il égalera la splendeur,
Du potentat le plus superbe ;
Et ses redoutables sujets
Se multiplîront comme l'herbe
Autour des humides marais.

Qu'il vive, et que dans leur mémoire
Les rois lui dressent des autels !
Que les cœurs de tous les mortels
Soient les monuments de sa gloire !
Et vous, ô maître des humains,
Qui de vos bienfaisantes mains
Formez les monarques célèbres,
Montrez-vous à tout l'univers ;
Et daignez chasser les ténèbres
Dont nos foibles yeux sont couverts.

ODE VI,
TIRÉE DU PSAUME XC.

La protection divine rassure contre tous les dangers.

CELUI qui mettra sa vie
Sous la garde du Très-Haut

Repoussera de l'envie
Le plus dangereux assaut.
Il dira : Dieu redoutable,
C'est dans ta force indomtable
Que mon espoir est remis :
Mes jours sont ta propre cause;
Et c'est toi seul que j'oppose
A mes jaloux ennemis.

Pour moi, dans ce seul asile,
Par ses secours tout-puissants,
Je brave l'orgueil stérile
De mes rivaux frémissants.
En vain leur fureur m'assiège :
Sa justice rompt le piège
De ces chasseurs obstinés;
Elle confond leur adresse,
Et garantit ma foiblesse
De leurs dards empoisonnés. (1)

O toi que ces cœurs féroces
Comblent de crainte et d'ennui,
Contre leurs complots atroces
Ne cherche point d'autre appui.
Que sa vérité propice
Soit contre leur artifice
Ton plus invincible mur;
Que son aile tutélaire

---

(1) Plusieurs strophes de cette ode ont **des rapports marqués** avec celle d'Horace :

Integer vitæ, scelerisque purus, etc.

Contre leur âpre colère
Soit ton rempart le plus sûr.

Ainsi, méprisant l'atteinte
De leurs traits les plus perçants,
Du froid poison de la crainte
Tu verras tes jours exempts;
Soit que le jour sur la terre
Vienne éclairer de la guerre
Les implacables fureurs;
Ou soit que la nuit obscure
Répande dans la nature
Ses ténébreuses horreurs.

Mais que vois-je ! Quels abîmes
S'entr'ouvrent autour de moi !
Quel déluge de victimes
S'offre à mes yeux pleins d'effroi !
Quelle épouvantable image
De morts, de sang, de carnage,
Frappe mes regards tremblants !
Et quels glaives invisibles
Percent de coups si terribles
Ces corps pâles et sanglants ?

Mon cœur, sois en assurance,
Dieu se souvient de ta foi;
Les fléaux de sa vengeance
N'approcheront point de toi :
Le juste est invulnérable :
De son bonheur immuable
Les anges sont les garants;

Et toujours leurs mains propices
A travers les précipices
Conduisent ses pas errants.

Dans les routes ambiguës (2)
Du bois le moins fréquenté,
Parmi les ronces aiguës,
Il chemine (3) en liberté;
Nul obstacle ne l'arrête :
Ses pieds écrasent la tête
Du dragon et de l'aspic;
Il affronte avec courage
La dent du lion sauvage
Et les yeux du basilic.

Si quelques vaines foiblesses
Troublent ses jours triomphants,
Il se souvient des promesses
Que Dieu fait à ses enfants.
A celui qui m'est fidèle,
Dit la sagesse éternelle,
J'assurerai mes secours;
Je raffermirai sa voie,
Et dans des torrents de joie
Je ferai couler ses jours.

Dans ses fortunes diverses
Je viendrai toujours à lui;
Je serai dans ses traverses

---

(2) Douteuses, trompeuses. Ce mot ne s'emploie en prose qu'au figuré.

(3) *Chemine*, en prose, est du style familier.

Son inséparable appui :
Je le comblerai d'années
Paisibles et fortunées ;
Je bénirai ses desseins :
Il vivra dans ma mémoire,
Et partagera la gloire
Que je réserve à mes saints.

ODE VII,

TIRÉE DU PSAUME CXIX.

Contre les calomniateurs.

Dans ces jours destinés aux larmes,
Où mes ennemis en fureur
Aiguisoient contre moi les armes
De l'imposture et de l'erreur,
Lorsqu'une coupable licence
Empoisonnoit mon innocence,
Le Seigneur fut mon seul recours :
J'implorai sa toute-puissance,
Et sa main vint à mon secours.

O Dieu, qui punis les outrages
Que reçoit l'humble vérité,
Venge-toi : détruis les ouvrages
De ces lèvres d'iniquité :
Et confonds cet homme parjure
Dont la bouche non moins impure
Publie avec légèreté
Les mensonges que l'imposture
Invente avec malignité.

ODES.

Quel rempart, quelle autre barrière
Pourra défendre l'innocent
Contre la fraude meurtrière
De l'impie adroit et puissant ?
Sa langue aux feintes préparée
Ressemble à la flèche acérée
Qui part et frappe en un moment : (1)
C'est un feu léger dès l'entrée,
Que suit un long embrasement.

Hélas ! dans quel climat sauvage
Ai-je si long-temps habité !
Quel exil ! quel affreux rivage !
Quels asiles d'impiété !
Cédar, où la fourbe et l'envie
Contre ma vertu poursuivie
Se déchaînèrent si long-temps,
A quels maux ont livré ma vie
Tes sacrilèges habitants !

J'ignorois la trame invisible
De leurs pernicieux forfaits ;
Je vivois tranquille et paisible
Chez les ennemis de la paix :
Et lorsqu'exempt d'inquiétude
Je faisois mon unique étude
De ce qui pouvoit les flatter,
Leur détestable ingratitude
S'armoit pour me persécuter.

(1) *Sagittæ potentis acutæ.* Ps.

ODE VIII,

TIRÉE DU PSAUME CXLIII.

Image du bonheur temporel des méchants.

Béni soit le Dieu des armées
Qui donne la force à mon bras,
Et par qui mes mains sont formées
Dans l'art pénible des combats !
De sa clémence inépuisable
Le secours prompt et favorable
A fini mes oppressions :
En lui j'ai trouvé mon asile ;
Et par lui d'un peuple indocile
J'ai dissipé les factions.

Qui suis-je, vile créature !
Qui suis-je, Seigneur ! et pourquoi
Le souverain de la nature
S'abaisse-t-il jusques à moi ?
L'homme en sa course passagère
N'est rien qu'une vapeur légère
Que le soleil fait dissiper :
Sa clarté n'est qu'une nuit sombre ;
Et ses jours passent comme une ombre
Que l'œil suit et voit échapper. (1)

___

(1) Comparaisons devenues triviales à cause de leur extrême justesse qui les a fait employer dans tous les temps et chez tous les peuples.

ODES.

Mais quoi ! les périls qui m'obsèdent
Ne sont point encore passés !
De nouveaux ennemis succèdent
A mes ennemis terrassés !
Grand Dieu, c'est toi que je réclame ;
Lève ton bras, lance ta flamme,
Abaisse la hauteur des cieux ; (2)
Et viens sur leur voûte enflammée,
D'une main de foudres armée,
Frapper ces monts audacieux.

Objet de mes humbles cantiques,
Seigneur, je t'adresse ma voix :
Toi dont les promesses antiques
Furent toujours l'espoir des rois ;
Toi de qui les secours propices,
A travers tant de précipices,
M'ont toujours garanti d'effroi ;
Conserve aujourd'hui ton ouvrage,
Et daigne détourner l'orage
Qui s'apprête à fondre sur moi.

Arrête cet affreux déluge
Dont les flots vont me submerger :

---

(2) Ce vers, dit M. de Laharpe, est d'une beauté frappante:
Voltaire l'a transporté dans sa Henriade.

Viens, des cieux enflammés abaisse la hauteur.

Mais *enflammés* n'ajoute rien à l'idée et nuit à l'effet du vers.

Le texte porte : *Domine, inclina cœlos tuos et descende; tange montes et fumigabunt.* Rousseau, qui a si heureusement rendu la première partie de ce verset, est resté, dans la seconde, bien au-dessous de l'énergique concision du Psalmiste.

Sois mon vengeur, sois mon refuge
Contre les fils de l'étranger :
Venge-toi d'un peuple infidèle
De qui la bouche criminelle
Ne s'ouvre qu'à l'impiété,
Et dont la main, vouée au crime,
Ne connoît rien de légitime
Que le meurtre et l'iniquité.

Ces hommes qui n'ont point encore
Éprouvé la main du Seigneur,
Se flattent que Dieu les ignore,
Et s'enivrent de leur bonheur.
Leur postérité florissante,
Ainsi qu'une tige naissante,
Croît et s'élève sous leurs yeux ;
Leurs filles couronnent leurs têtes
De tout ce qu'en nos jours de fêtes
Nous portons de plus précieux.

De leurs grains les granges sont pleines ;
Leurs celliers regorgent de fruits ;
Leurs troupeaux, tout chargés de laines,
Sont incessamment reproduits :
Pour eux la fertile rosée
Tombant sur la terre embrasée
Rafraîchit son sein altéré ;
Et pour eux le flambeau du monde
Nourrit d'une chaleur féconde
Le germe en ses (3) flancs resserré.

(3) Il y a amphibologie ; *Ses*, par la construction de la phrase, se rapporte au *flambeau du monde*.

Le calme règne dans leurs villes;
Nul bruit n'interrompt leur sommeil :
On ne voit point leurs toits fragiles
Ouverts aux rayons du soleil.
C'est ainsi qu'ils passent leur âge.
Heureux, disent-ils, le rivage
Où l'on jouit d'un tel bonheur !
Qu'ils restent dans leur rêverie :
Heureuse la seule patrie
Où l'on adore le Seigneur ! (4)

ODE IX,

TIRÉE DU PSAUME CXLV.

Foiblesse des hommes. Grandeur de Dieu.

Mon ame, louez le Seigneur;
Rendez un légitime honneur
A l'objet éternel de vos justes louanges.
 Oui, mon Dieu, je veux désormais
 Partager la gloire des anges,
Et consacrer ma vie à chanter vos bienfaits.

 Renonçons au stérile appui
 Des grands qu'on implore aujourd'hui;
Ne fondons point sur eux une espérance folle
 Leur pompe, indigne de nos vœux,

---

(4) *Beatum dixerunt populum cui hæc sunt : beatus populus cujus Dominus Deus ejus.* Heureux le peuple qui a Dieu pour maître. Le gouvernement des Hébreux étoit théocratique

N'est qu'un simulacre frivole ;
Et les solides biens ne dépendent pas d'eux.

    Comme nous, esclaves du sort,
    Comme nous, jouets de la mort,
La terre engloutira leurs grandeurs insensées ;
    Et périront en même jour (1)
    Ces vastes et hautes pensées
Qu'adorent maintenant ceux qui leur font la cour.

    Dieu seul doit faire notre espoir ;
    Dieu, de qui l'immortel pouvoir
Fit sortir du néant le ciel, la terre, et l'onde ;
    Et qui, tranquille au haut des airs,
    Anima d'une voix féconde
Tous les êtres semés dans ce vaste univers.

    Heureux qui du ciel occupé,
    Et d'un faux éclat détrompé,
Met de bonne heure en lui toute son espérance !
    Il protège la vérité,
    Et saura prendre la défense
Du juste que l'impie aura persécuté.

    C'est le Seigneur qui nous nourrit ;
    C'est le Seigneur qui nous guérit :
Il prévient nos besoins ; il adoucit nos gênes ;
    Il assure nos pas craintifs ;
    Il délie, il brise nos chaînes ;
Et nos tyrans par lui deviennent nos captifs.

    Il offre au timide étranger
    Un bras prompt à le protéger,

---

(1) On dit *en même temps*, et *le même jour*.

Et l'orphelin en lui retrouve un second père :
De la veuve il devient l'époux ;
Et par un châtiment sévère
Il confond les pécheurs conjurés contre nous.

Les jours des rois sont dans sa main.
Leur règne est un règne incertain,
Dont le doigt du Seigneur a marqué les limites :
Mais de son règne illimité
Les bornes ne seront prescrites
Ni par la fin des temps, ni par l'éternité. (2)

ODE X,

TIRÉE DU CANTIQUE D'ÉZÉCHIAS.
Isaïe, chap. 38.

Pour une personne convalescente.

J'ai vu mes tristes journées (1)
Décliner vers leur penchant.
Au midi de mes années
Je touchois à mon couchant.
La mort, déployant ses ailes, (2)
Couvroit d'ombres éternelles

---

(2) On a fait remarquer l'art avec lequel Rousseau varie le rhythme lyrique. Celui dont il s'est servi dans cette ode a l'inconvénient de présenter de suite, d'une strophe à l'autre, deux vers masculins de rime différente ; et c'est un exemple qu'il ne faut pas imiter.

(1) Toute cette ode respire la sensibilité la plus touchante, et cette onction qu'on ne retrouve que dans les cœurs d'Esther et d'Athalie.

(2) Très belle image.

La clarté dont je jouis ;
Et, dans cette nuit funeste,
Je cherchois en vain le reste
De mes jours évanouis. (3)

Grand Dieu, votre main réclame
Les dons que j'en ai reçus :
Elle vient couper la trame
Des jours qu'elle m'a tissus.
Mon dernier soleil se lève,
Et votre souffle (4) m'enlève
De la terre des vivants ;
Comme la feuille séchée,
Qui de sa tige arrachée
Devient le jouet des vents.

Comme (5) un lion plein de rage,
Le mal a brisé mes os :
Le tombeau m'ouvre un passage
Dans ses lugubres cachots.
Victime foible et tremblante,
A cette image sanglante
Je soupire nuit et jour ;

(3) *Quæsivi residuum annorum meorum.*
(4) Expression sublime à laquelle prête encore un nouvel éclat la justesse de la comparaison qui suit.
(5) La répétition de ce mot *comme*, employé trois vers plus haut, est une négligence. La plupart des éditions portent ainsi ces quatre vers :

    Comme un tigre impitoyable,
    Le mal a brisé mes os,
    Et sa rage insatiable
    Ne me laisse aucun repos.

Et, dans ma crainte mortelle,
Je suis comme l'hirondelle
Sous les griffes du vautour.

Ainsi, de cris et d'alarmes
Mon mal sembloit se nourrir;
Et mes yeux, noyés de larmes,
Étoient lassés de s'ouvrir.
Je disois à la nuit sombre :
O nuit, (6) tu vas dans ton ombre
M'ensevelir pour toujours !
Je redisois à l'aurore :
Le jour que tu fais éclore
Est le dernier de mes jours !

Mon ame est dans les ténèbres,
Mes sens sont glacés d'effroi :
Écoutez mes cris funèbres,
Dieu juste, répondez-moi.
Mais enfin sa main propice
A comblé le précipice
Qui s'entr'ouvroit sous mes pas :
Son secours me fortifie,
Et me fait trouver la vie
Dans les horreurs du trépas.

Seigneur, il faut que la terre
Connoisse en moi vos bienfaits :
Vous ne m'avez fait la guerre
Que pour me donner la paix.

(6) Apostrophe de la plus grande beauté.

LIVRE I.

Heureux l'homme à qui la grace
Départ ce don efficace
Puisé dans ses saints trésors,
Et qui, rallumant sa flamme,
Trouve la santé de l'ame
Dans les souffrances du corps !

C'est pour sauver la mémoire
De vos immortels secours,
C'est pour vous, pour votre gloire,
Que vous prolongez nos jours.
Non, non, vos bontés sacrées
Ne seront point célébrées
Dans l'horreur des monuments :
La mort, aveugle et muette,
Ne sera point l'interprète
De vos saints commandements. (7)

Mais ceux qui de sa menace,
Comme moi, sont rachetés,
Annonceront à leur race
Vos célestes vérités.
J'irai, Seigneur, dans vos temples
Réchauffer par mes exemples
Les mortels les plus glacés ;
Et, vous offrant mon hommage,
Leur montrer l'unique usage
Des jours que vous leur laissez.

(7) *Quia non infernus confitebitur tibi, neque mors laudabit te.*

ODE XI,

[TIRÉE DU PSAUME XLIX.

Dispositions qu'on doit apporter à la prière.

Le roi des cieux et de la terre
Descend au milieu des éclairs :
Sa voix, comme un bruyant tonnerre,
S'est fait entendre dans les airs. (1)
Dieux mortels (2), c'est qu'il vous appelle.
Il tient la balance éternelle
Qui doit peser tous les humains :
Dans ses yeux la flamme étincelle,
Et le glaive brille en ses mains.

Ministres de ses lois augustes,
Esprits divins qui le servez,
Assemblez la troupe des justes
Que les œuvres ont éprouvés ;
Et de ces serviteurs utiles
Séparez les ames serviles
Dont le zèle, oisif en sa foi,
Par des holocaustes stériles
A cru satisfaire à la loi.

(1) Cette ressemblance de rimes dans quatre vers de suite seroit ailleurs un défaut. Ici le retour des mêmes sons forme une beauté d'harmonie imitative.

(2) Alliance aussi heureuse que juste de deux mots qui semblent incompatibles, et dont le premier pourroit flatter l'orgueil de la puissance, si le second ne lui servoit de correctif et ne venoit à l'instant détruire toute l'illusion.

Allez, saintes intelligences,
Exécuter ses volontés :
Tandis qu'à servir ses vengeances
Les cieux et la terre invités,
Par des prodiges innombrables
Apprendront à ces misérables
Que le jour fatal est venu
Qui fera connoître aux coupables
Le juge qu'ils ont méconnu.

Écoutez ce juge sévère,
Hommes charnels, écoutez tous :
Quand je viendrai dans ma colère
Lancer mes jugements sur vous,
Vous m'alléguerez les victimes
Que sur mes autels légitimes
Chaque jour vous sacrifiez ;
Mais ne pensez pas que vos crimes
Par-là puissent être expiés.

Que m'importent vos sacrifices,
Vos offrandes et vos troupeaux ?
Dieu boit-il le sang des génisses ?
Mange-t-il la chair des taureaux ?
Ignorez-vous que son empire
Embrasse tout ce qui respire
Et sur la terre et dans les mers,
Et que son souffle seul inspire
L'ame à tout ce vaste univers ?

Offrez, à l'exemple des anges,
A ce Dieu votre unique appui,

Un sacrifice de louanges,
Le seul qui soit digne de lui.
Chantez, d'une voix ferme et sûre,
De cet auteur de la nature
Les bienfaits toujours renaissants :
Mais sachez qu'une main impure
Peut souiller le plus pur encens.

Il a dit à l'homme profane :
Oses-tu, pécheur criminel,
D'un Dieu dont la loi te condamne
Chanter le pouvoir éternel ;
Toi qui, courant à ta ruine,
Fus toujours sourd à ma doctrine,
Et, malgré mes secours puissants,
Rejetant toute discipline,
N'as pris conseil que de tes sens ?

Si tu voyois un adultère,
C'étoit lui que tu consultois :
Tu respirois le caractère
Du voleur que tu fréquentois.
Ta bouche abondoit en malice ;
Et ton cœur, pétri d'artifice,
Contre ton frère encouragé, (3)
S'applaudissoit du précipice
Où ta fraude l'avoit plongé.

Contre une impiété si noire
Mes foudres furent sans emploi ;

---

(3) Excité, animé ; mot impropre.

Et voilà ce qui t'a fait croire
Que ton Dieu pensoit comme toi.
Mais apprends, homme détestable,
Que ma justice formidable
Ne se laisse point prévenir,
Et n'en est pas moins redoutable
Pour être tardive à punir.

Pensez-y donc, ames grossières;
Commencez par régler vos mœurs.
Moins de faste dans vos prières,
Plus d'innocence dans vos cœurs.
Sans une ame légitimée (4)
Par la pratique confirmée
De mes préceptes immortels,
Votre encens n'est qu'une fumée
Qui déshonore mes autels.

ODE XII,

TIRÉE DU PSAUME LXXII.

Inquiètudes de l'ame sur les voies de la Providence.

Que la simplicité d'une vertu paisible
Est sûre d'être heureuse en suivant le Seigneur!
Dessillez-vous, mes yeux; console-toi, mon cœur :

---

(4) Expression obscure, et dont voici probablement le sens. La pratique des vertus peut seule légitimer l'homme déchu par le péché, c'est-à-dire lui rendre son droit au titre d'enfant de Dieu, et lui donner celui de l'adorer comme un père.

Les voiles sont levés ; sa conduite est visible
    Sur le juste et sur le pécheur.

Pardonne, Dieu puissant, pardonne à ma faiblesse:
A l'aspect des méchants, confus, épouvanté,
Le trouble m'a saisi, mes pas ont hésité :
Mon zèle m'a trahi, Seigneur, je le confesse,
    En voyant leur prospérité. (1)

Cette mer d'abondance où leur ame se noie
Ne craint ni les écueils ni les vents rigoureux :
Ils ne partagent point nos fléaux douloureux :
Ils marchent sur les fleurs, ils nagent dans la joie :
    Le sort n'ose changer pour eux.

Voilà donc d'où leur vient cette audace intrépide
Qui n'a jamais connu craintes ni repentirs !
Enveloppés d'orgueil, engraissés (2) de plaisirs,
Enivrés de bonheur, ils ne prennent pour guides
    Que leurs plus insensés désirs.

Leur bouche ne vomit qu'injures et blasphèmes,
Et leur cœur ne nourrit que pensers vicieux :
Ils affrontent la terre, ils attaquent les cieux,
Et n'élèvent leur voix que pour vanter eux-mêmes
    Leurs forfaits les plus odieux.

De là, je l'avoûrai, naissait ma défiance.
Si sur tous les mortels Dieu tient les yeux ouverts,
Comment, sans les punir, voit-il ces cœurs pervers?

---

(1) On peut comparer cette ode avec le commencement du poëme de Claudien contre Rufin, qu'on a déjà eu occasion de citer.

(2) Cette expression manque de noblesse.

Et, s'il ne les voit point, comment peut sa science
　　Embrasser tout cet univers ?

Tandis qu'un peuple entier les suit et les adore,
Prêt à sacrifier ses jours mêmes aux leurs,
Accablé de mépris, consumé de douleurs,
Je n'ouvre plus mes yeux aux rayons de l'aurore,
　　Que pour faire place à mes pleurs.

Ah! c'est donc vainement qu'à ces ames parjures
J'ai toujours refusé l'encens que je te doi !
C'est donc en vain, Seigneur, que, m'attachant à toi,
Je n'ai jamais lavé mes mains simples et pures
　　Qu'avec ceux qui suivent ta loi !

C'étoit en ces discours que s'exhaloit ma plainte :
Mais, ô coupable erreur ! ô transports indiscrets !
Quand je parlois ainsi, j'ignorois tes secrets ;
J'offensois tes élus, et je portois atteinte
　　A l'équité de tes décrets.

Je croyois pénétrer tes jugemens augustes ;
Mais, grand Dieu, mes efforts ont toujours été vains,
Jusqu'à ce qu'éclairé du flambeau de tes saints
J'ai reconnu la fin qu'à ces hommes injustes
　　Réservent tes puissantes mains.

J'ai vu que leurs honneurs, leur gloire, leur richesse,
Ne sont que des filets tendus à leur orgueil ;
Que le port n'est pour eux qu'un véritable écueil ;
Et que ces lits pompeux où s'endort leur mollesse
　　Ne couvrent qu'un affreux cercueil. (3)

(3) Idée très-belle et bien exprimée.

Comment tant de grandeur s'est-elle évanouie ?
Qu'est devenu l'éclat de ce vaste appareil ?
Quoi! leur clarté s'éteint aux clartés du soleil!
Dans un sommeil profond ils ont passé leur vie ;
  Et la mort a fait leur rveil. (4)

Insensé que j'étois de ne pas voir leur chute
Dans l'abus criminel de tes dons tout-puissants!
De ma foible raison j'écoutois les accents ;
Et ma raison n'étoit que l'instinct d'une brute,
  Qui ne juge que par les sens.

Cependant, ô mon Dieu ! soutenu de ta grâce,
Conduit par ta lumière, appuyé sur ton bras,
J'ai conservé ma foi dans ces rudes combats :
Mes pieds ont chancelé ; mais enfin de ta trace
  Je n'ai point écarté mes pas.

Puis-je assez exalter l'adorable clémence
Du Dieu qui m'a sauvé d'un si mortel danger ?
Sa main contre moi-même a su me protéger ;
Et son divin amour m'offre un bonheur immense,
  Pour un mal foible et passager.

Que me reste-t-il donc à chérir sur la terre ?
Et qu'ai-je à désirer au céleste séjour ?
La nuit qui me couvroit cède aux clartés du jour :
Mon esprit ni mes sens ne me font plus la guerre ;
  Tout est absorbé par l'amour.

Car enfin, je le vois, le bras de sa justice,
Quoique lent à frapper se tient toujours levé

---

(4) Pensée sublime.

Sur ces hommes charnels dont l'esprit dépravé
Ose à de faux objets offrir le sacrifice
    D'un cœur pour lui seul réservé.

Laissons-les s'abîmer sous leurs propres ruines.
Ne plaçons qu'en Dieu seul nos vœux et notre espoir ;
Faisons-nous de l'aimer un éternel devoir,
Et publions par-tout les merveilles divines
    De son infaillible pouvoir.

ODE XIII,
TIRÉE DU PSAUME XCIII.

La justice divine voit tout.

Paroissez, roi des rois ; venez, juge suprême,
    Faire éclater votre courroux
    Contre l'orgueil et le blasphème
    De l'impie armé contre vous.
Le Dieu de l'univers est le Dieu des vengeances :
Le pouvoir et le droit de punir les offenses
    N'appartient qu'à ce Dieu jaloux.

Jusques à quand, Seigneur, souffrirez-vous l'ivresse
    De ces superbes criminels
    De qui la malice transgresse
    Vos ordres les plus solennels,
Et dont l'impiété barbare et tyrannique
Au crime ajoute encor le mépris ironique
    De vos préceptes éternels ?

Ils ont sur votre peuple exercé leur furie ;

Ils n'ont pensé qu'à l'affliger :
Ils ont semé dans leur patrie
L'horreur, le trouble et le danger :
Ils ont de l'orphelin envahi l'héritage ;
Et leur main sanguinaire a déployé sa rage
Sur la veuve et sur l'étranger.

Ne songeons, ont-ils dit, quelque prix qu'il en coûte,
Qu'à nous ménager d'heureux jours :
Du haut de la céleste voûte
Dieu n'entendra pas nos discours :
Nos offenses par lui ne seront point punies ;
Il ne les verra point, et de nos tyrannies
Il n'arrêtera pas le cours.

Quel charme vous séduit, quel démon vous conseille,
Hommes imbéciles et fous ?
Celui qui forma votre oreille
Sera sans oreilles pour vous !
Celui qui fit vos yeux ne verra point vos crimes !
Et celui qui punit les rois les plus sublimes (1)
Pour vous seuls retiendra ses coups !

Il voit, n'en doutez plus, il entend toute chose ;
Il lit jusqu'au fond de vos cœurs.
L'artifice en vain se propose
D'éluder ses arrêts vengeurs ;
Rien n'échappe aux regards de ce juge sévère :
Le repentir lui seul peut calmer sa colère,
Et fléchir ses justes rigueurs.

(1) *Sublime* ne se dit qu'au moral et des choses. Rousseau l'emploie ici figurément dans le sens de *grand, élevé*, et l'applique aux personnes.

Ouvrez, ouvrez les yeux, et laissez-vous conduire
    Aux divins rayons de sa foi.
    Heureux celui qu'il daigne instruire
    Dans la science de sa loi !
C'est l'asile du juste, et la simple innocence
Y trouve son repos, tandis que la licence
    N'y trouve qu'un sujet d'effroi.

Qui me garantira des assauts de l'envie ?
    Sa fureur n'a pu s'attendrir.
    Si vous n'aviez sauvé ma vie,
    Grand Dieu, j'étois près de périr.
Je vous ai dit : Seigneur, ma mort est infaillible,
Je succombe. Aussitôt votre bras invincible
    S'est armé pour me secourir.

Non, non, c'est vainement qu'une main sacrilège
    Contre moi décoche ses traits.
    Votre trône n'est point un siège
    Souillé par d'injustes décrets :
Vous ne ressemblez point à ces rois implacables
Qui ne font exercer leurs lois impraticables
    Que pour accabler leurs sujets.

Toujours à vos élus l'envieuse malice
    Tendra ses filets captieux :
    Mais toujours votre loi propice
    Confondra les audacieux.
Vous anéantirez ceux qui vous font la guerre ;
Et si l'impiété nous juge sur la terre,
    Vous la jugerez dans les cieux. (2)

(2) Belle antithèse qui termine très bien cette ode.

ODE XIV,

TIRÉE DU PSAUME XCVI,

et appliquée au Jugement dernier.

Misère des réprouvés. Félicité des élus.

PEUPLES, élevez vos concerts ;
Poussez des cris de joie et des chants de victoire ;
Voici le roi de l'univers
Qui vient faire éclater son triomphe et sa gloire.

La justice et la vérité
Servent de fondements à son trône terrible ;
Une profonde obscurité
Aux regards des humains le rend inaccessible.

Les éclairs, les feux dévorants,
Font luire devant lui leur flamme étincelante ;
Et ses ennemis expirants
Tombent de toutes parts sous sa foudre brûlante.

Pleine d'horreur et de respect,
La terre a tressailli sur ses voûtes brisées :
Les monts, fondus à son aspect,
S'écoulent dans le sein des ondes embrasées. (1)

---

(1) *Montes, sicut cera, fluxerunt à facie Domini.* Ps. Cette comparaison prise de la cire, qu'on a déjà dû remarquer dans l'ode IV, psaume 57, se reproduit ici d'une manière encore plus sublime. Rousseau, qui n'a pas voulu l'employer une seconde fois, a su, par la beauté de l'expression, conserver à la pensée toute son énergie.

LIVRE I.

De ses jugements redoutés
La trompette céleste a porté le message,
Et dans les airs épouvantés
En ces terribles mots sa voix s'ouvre un passage :

Soyez à jamais confondus,
Adorateurs impurs de profanes idoles,
Vous qui, par des vœux défendus,
Invoquez de vos mains les ouvrages frivoles.

Ministres de mes volontés,
Anges, servez contre eux ma fureur vengeresse.
Vous, mortels que j'ai rachetés,
Redoublez à ma voix vos concerts d'allégresse.

C'est moi qui, du plus haut des cieux,
Du monde que j'ai fait règle les destinées :
C'est moi qui brise ses faux dieux,
Misérables jouets des vents et des années.

Par ma présence raffermis,
Méprisez du méchant la haine et l'artifice :
L'ennemi de vos ennemis
A détourné sur eux les traits de leur malice.

Conduits par mes vives clartés,
Vous n'avez écouté que mes lois adorables :
Jouissez des félicités
Qu'ont mérité pour vous mes bontés secourables.

Venez donc, venez en ce jour
Signaler de vos cœurs l'humble reconnaissance,
Et, par un respect plein d'amour,
Sanctifiez en moi votre réjouissance.

ODE XV,
TIRÉE DU PSAUME CXXIX.

Sentiment de pénitence.

Pressé de l'ennui qui m'accable,
Jusqu'à ton trône redoutable
J'ai porté mes cris gémissants :
Seigneur, entends ma voix plaintive,
Et prête une oreille attentive
Au bruit de mes tristes accents. (1)

Si dans le jour de tes vengeances
Tu considères mes offenses,
Grand Dieu, quel sera mon appui ?
C'est à toi seul que je m'adresse,
Et c'est en ta sainte promesse
Que mon cœur espère aujourd'hui.

Oui : je m'assure en ta clémence.
Si, toujours plein de ta puissance,
Mon zèle a soutenu ta loi ;
Dieu juste, sois-moi favorable,
Et jette un regard secourable
Sur ce cœur qui se fie en toi.

Dès que paroîtra la lumière,
Jusqu'au temps où de sa carrière
La nuit recommence le cours,

---

(1) Cette imitation du *de profundis* est la plus foible des odes sacrées de Rousseau.

Plein de l'espoir que tu demandes,
Je t'adresserai mes offrandes,
Et j'implorerai ton secours.

Heureux ! puisque de nos souffrances,
Par l'objet de nos espérances,
Nous devons être rachetés,
Et qu'il nous permet de prétendre
Qu'un jour sa bonté doit s'étendre
Sur toutes nos iniquités.

ODE XVI,

TIRÉE DU PSAUME LXXV,
et appliquée à la dernière guerre des Turcs.

Le Seigneur est connu dans nos climats paisibles;
Il habite avec nous, et ses secours visibles
Ont de son peuple heureux prévenu les souhaits.
Ce Dieu, de ses faveurs nous comblant à toute heure,
    A fait de sa demeure
    La demeure de paix.

Du haut de la montagne où sa grandeur réside,
Il a brisé la lance et l'épée homicide
Sur qui l'impiété fondoit son ferme appui.
Le sang des étrangers a fait fumer la terre;
    Et le feu de la guerre
    S'est éteint devant lui. (1)

(1) Cette espèce de strophe est très favorable aux peintures fortes, rapides, effrayantes. Le rhythme, prolongé dans quatre grands vers, se brise avec éclat sur deux vers d'une mesure courte et vive. M. DE LAHARPE, *Cours de Littér.*

Une affreuse clarté dans les airs répandue
A jeté la frayeur dans leur troupe éperdue :
Par l'effroi de la mort ils se sont dissipés ;
Et l'éclat foudroyant des lumières célestes
A dispersé leurs restes
Aux glaives échappés.

Insensés qui, remplis d'une vapeur légère,
Ne prenez pour conseil qu'une ombre mensongère
Qui vous peint des trésors chimériques et vains ;
Le réveil suit de près vos trompeuses ivresses,
Et toutes vos richesses
S'écoulent de vos mains.

L'ambition guidoit vos escadrons rapides ;
Vous dévoriez (2) déjà, dans vos courses avides,
Toutes les régions qu'éclaire le soleil.
Mais le Seigneur se lève ; il parle, et sa menace
Convertit votre audace
En un morne sommeil. (3)

O Dieu, que ton pouvoir est grand et redoutable !
Qui pourra se cacher au trait inévitable
Dont tu poursuis l'impie au jour de ta fureur ?
A punir les méchants ta colère fidèle
Fait marcher devant elle
La mort et la terreur.

Contre ces inhumains tes jugements augustes
S'élèvent pour sauver les humbles et les justes
Dont le cœur devant toi s'abaisse avec respect.
Ta justice paroît, de feux étincelante ;

---

(2) Belle métaphore.
(3) L'expression de ces derniers vers est sublime, dit M. de Laharpe, qu'il faut souvent citer en matière de goût.

Et la terre tremblante
Frémit à ton aspect.
Mais ceux pour qui ton bras opère ces miracles,
N'en cueilleront le fruit qu'en suivant tes oracles,
En bénissant ton nom, en pratiquant ta loi.
Quel encens est plus pur qu'un si saint exercice !
Quel autre sacrifice
Seroit digne de toi !

Ce sont là les présents, grand Dieu, que tu demandes.
Peuples, ce ne sont point vos pompeuses offrandes
Qui le peuvent payer de ses dons immortels :
C'est par une humble foi, c'est par un amour tendre
Que l'homme peut prétendre (4)
D'honorer ses autels.

Venez donc adorer le Dieu saint et terrible
Qui vous a délivrés par sa force invincible
Du joug que vous avez redouté tant de fois,
Qui d'un souffle détruit l'orgueilleuse licence,
Relève l'innocence,
Et terrasse les rois.

ODE XVII,
TIRÉE DU PSAUME XLV.

Confiance du juste dans la protection de Dieu.

Puisque notre Dieu favorable
Nous assure de son secours,
Il n'est plus de revers capable

(4) En prose, il faudroit *prétendre à honorer*.

De troubler la paix de nos jours;
Et si la nature fragile
Étoit à ses derniers moments,
Nous la verrions d'un œil tranquille
S'écrouler dans ses fondements. (1)

Par les ravages du tonnerre
Nous verrions nos champs moissonnés,
Et des entrailles de la terre
Les plus hauts monts déracinés;
Nos yeux verroient leur masse aride,
Transportée au milieu des airs,
Tomber d'une chute rapide
Dans le vaste gouffre des mers.

Les remparts de la cité sainte
Nous sont un refuge assuré;
Dieu lui-même dans son enceinte
A marqué son séjour sacré;
Une onde pure et délectable
Arrose avec légèreté (2)
Le tabernacle redoutable
Où repose sa majesté.

Les nations à main armée
Couvroient nos fertiles sillons,
On a vu les champs d'Idumée
Inondés de leurs bataillons :

(1) Le Psalmiste n'offre rien de semblable à ces quatre vers, qui sont une assez foible imitation d'Horace :
Si fractus illabitur orbis,
Impavidum ferient ruinæ.
(2) *Avec légèreté* pour *légèrement* seroit mauvais, même en prose. M. DE LAHARPE, *Cours de litter.*

LIVRE I.

Le Seigneur parle, et l'infidèle
Tremble pour ses propres états ;
Il flotte, il se trouble, il chancelle,
Et la terre fuit sous ses pas.

Venez, nations arrogantes,
Peuples vains, et voisins jaloux,
Voir les merveilles éclatantes
Que sa main opère pour nous.
Que pourront vos ligues formées
Contre le bonheur de nos jours,
Quand le bras du Dieu des armées
S'armera pour notre secours ?

Par lui ces troupes infernales,
A qui nos champs furent ouverts,
Iront de leurs flammes fatales
Embraser un autre univers ;
Sa foudre prompte à nous défendre
Des méchants et de leurs complots,
Mettra leurs boucliers en cendre,
Et brisera leurs javelots.

Arrête, peuple impie, arrête,
Je suis ton Dieu, ton souverain ;
Mon bras est levé sur ta tête,
Les feux vengeurs sont dans ma main !
Vois le ciel, vois la terre et l'onde
Remplis de mon immensité,
Et dans tous les climats du monde,
Mon nom des peuples exalté.

Toi, pour qui l'ardente victoire
Marche d'un pas obéissant,

Seigneur, combats pour notre gloire ;
Protège ton peuple innocent,
Et fais que notre humble patrie,
Jouissant d'un calme promis,
Confonde à jamais la furie
De nos superbes ennemis.

CANTIQUE

TIRÉ DU PSAUME XLVII.

Actions de graces rendues à Dieu.

La gloire du Seigneur, sa grandeur immortelle,
De l'univers entier doit occuper le zèle :
Mais, sur tous les humains qui vivent sous ses lois,
Le peuple de Sion doit signaler sa voix.

    Sion, montagne auguste et sainte,
    Formidable aux audacieux ;
    Sion, séjour délicieux,
    C'est toi, c'est ton heureuse enceinte
Qui renferme le Dieu de la terre et des cieux.

    O murs ! ô séjour plein de gloire !
    Mont sacré, notre unique espoir,
    Où Dieu fait régner la victoire,
    Et manifeste son pouvoir !

Cent rois, ligués entre eux pour nous livrer la guerre,
Étoient venus sur nous fondre de toutes parts :

LIVRE I.

Ils ont vu nos sacrés (1) remparts.
Leur aspect foudroyant, tel qu'un affreux tonnerre,
Les a précipités au centre de la terre.

Le Seigneur dans leur camp a semé la terreur :
Il parle, et nous voyons leurs trônes mis en poudre,
 Leurs chefs aveuglés par l'erreur,
 Leurs soldats consternés d'horreur,
Leurs vaisseaux submergés ou brisés par la foudre;
Monumens éternels de sa juste fureur.

Rien ne sauroit troubler les lois inviolables
Qui fondent le bonheur de ta sainte cité.
 Seigneur, toi-même en as jeté
 Les fondemens inébranlables.

Au pied de tes autels humblement prosternés,
Nos vœux par ta clémence ont été couronnés.

 Des lieux chéris où le jour prend naissance,
 Jusqu'aux climats où finit sa splendeur,
 Tout l'univers révère ta puissance;
 Tous les mortels adorent ta grandeur.

Publions les bienfaits, célébrons la justice
 Du souverain de l'univers.
Que le bruit de nos chants vole au-delà des mers;

---

(1) Racine a dit dans Andromaque :
Sacrés murs que n'a pu défendre mon Hector !
 Et dans les chœurs d'Esther :
O rives du Jourdain! ô champs aimés des cieux!
 Sacrés monts, fertiles vallées
 Par cent miracles signalées !
 Du doux pays de nos aïeux
 Serons-nous toujours exilées?

ODES.

Qu'avec nous la terre s'unisse ;
Que nos voix pénètrent les airs :
Élevons jusqu'à lui nos cœurs et nos concerts.

Vous, filles de Sion, florissante jeunesse,
  Joignez-vous à nos chants sacrés ;
  Formez des pas et des sons d'allégresse
    Autour de ces murs révérés.
  Venez offrir des vœux pleins de tendresse
    Au Seigneur que vous adorez.

Peuples, de qui l'appui sur sa bonté se fonde,
  Allez dans tous les coins du monde
A son nom glorieux élever des autels ;
Les siècles à venir béniront votre zèle,
  Et de ses bienfaits immortels
L'Éternel comblera votre race fidèle.

Marquons-lui notre amour par des vœux éclatants ;
  C'est notre Dieu, c'est notre père,
  C'est le roi que Sion révère.
De son règne éternel les glorieux instants
Dureront au delà des siècles et des temps. (2)

---

(2) Ces stances, qui, pour la mesure et pour le nombre des vers, ne paroissent assujetties à aucune loi, sont pourtant loin d'être jetées au hasard. Qu'on lise les chœurs d'Esther et d'Athalie, et les cantates de Rousseau, et l'on verra quels effets de grands poëtes savent tirer de la variété du rhythme, et de la période poétique qu'il n'est pas donné à tout le monde de savoir employer.

ÉPODE

Tirée principalement des livres de Salomon, et en partie de quelques autres endroits de l'écriture et des prières de l'église.

I.re PARTIE. (1)

Vains mortels, que du monde endort la folle ivresse,
Écoutez, il est temps, la voix de la sagesse.
Heureux, et seul heureux qui s'attache au Seigneur!
Pour trouver le repos, le bonheur et la joie,
Il n'est qu'un seul chemin, c'est de suivre sa voie
    Dans la simplicité du cœur.

Le temps fuit, dites-vous; c'est lui qui nous convie
A saisir promptement les douceurs de la vie;
L'avenir est douteux, le présent est certain;
Dans la rapidité d'une course bornée
Sommes-nous assez sûrs de notre destinée
    Pour la remettre au lendemain? (2)

---

(1) Toute cette première partie est prise du livre de la Sagesse, chap. 2.

(2) *Exiguum et cum tædio tempus vitæ nostræ*, etc.
Racine a aussi imité ce passage:

    Rions, chantons, dit cette troupe impie;
    De fleurs en fleurs, de plaisirs en plaisirs
        Promenons nos désirs.
    Sur l'avenir insensé qui se fie!
De nos ans passagers le nombre est incertain.
Hâtons-nous aujourd'hui de jouir de la vie;
    Qui sait si nous serons demain?
              Chœurs d'Ath.

Notre esprit n'est qu'un souffle, une ombre passagère,
Et le corps qu'il anime, une cendre légère
Dont la mort chaque jour prouve l'infirmité ; (3)
Étouffés tôt ou tard dans ses bras invincibles, (4)
Nous serons tous alors, cadavres insensibles,
    Comme n'ayant jamais été.

Songeons donc à jouir de nos belles années :
Les roses d'aujourd'hui demain seront fanées.
Des biens de l'étranger cimentons nos plaisirs ;
Et, du riche orphelin persécutant l'enfance,
Contentons aux dépens du vieillard sans défense
    Nos insatiables désirs.

Guéris de tout remords contraire à nos maximes,
Nous ne connoîtrons plus ni d'excès, ni de crimes :
De tout scrupule vain nous bannirons l'effroi ;
Soutenus de puissance, assistés d'artifice,
Notre seul intérêt fera notre justice,
    Et notre force et notre loi.

Assiégeons l'innocent ; qu'il tremble à notre approche :
Ses regards sont pour nous un éternel reproche ;
De sa foiblesse même il se fait un appui ;
Il traite nos succès de fureur tyrannique :
Dieu, dit-il, est son père et son refuge unique,
    Il ne veut connoître que lui.

Voyons s'il est vraiment celui qu'il se dit être :
S'il est fils de ce Dieu, comme il veut le paroître,
Au secours de son fils ce Dieu doit accourir ;

---

(3) La foiblesse. *L'infirmité d'une cendre* est une mauvaise expression.
(4) Belle image.

Essayons-en l'effet, consommons notre ouvrage,
Et sachons quelles mains au bord de son naufrage
  Pourront l'empêcher de périr.

Ce sont là les discours; ce sont là les pensées
De ces ames de chair, victimes insensées
De l'ange séducteur qui leur donne la mort.
Qu'ils combattent sous lui, qu'ils suivent son exemple;
Et qu'à lui seuls voués, le zèle de son temple
  Soit l'espoir de leur dernier sort !

IIe PARTIE.

Cependant les ames qu'excite
Le ciel à pratiquer sa loi,
Verront triompher le mérite
De leur constance et de leur foi :
Dans le sein d'un Dieu favorable
Un bonheur à jamais durable
Sera le prix de leurs combats,
Et de la mort inexorable
Le fer ensanglanté ne les touchera pas.

Dieu, comme l'or dans la fournaise,
Les éprouva dans les ennuis ;
Mais leur patience l'apaise ;
Les jours viennent après les nuits :
Il a supputé les années
De ceux dont les mains acharnées
Nous ont si long-temps affligés ;
Il règle enfin nos destinées,
Et nos juges par lui sont eux-mêmes jugés.

Justes qui fîtes ma conquête,

Par vos larmes et vos travaux,
Il est temps, dit-il, que j'arrête
L'insolence de vos rivaux ;
Parmi les célestes milices
Venez prendre part aux délices
De mes combattants épurés,
Tandisqu'aux éternels supplices
Des soldats du démon les jours seront livrés.

Assez la superbe licence
Arma leur lâche impiété ;
Assez j'ai vu votre innocence
En proie à leur férocité :
Vengeons notre propre querelle ;
Couvrons cette troupe rebelle
D'horreur et de confusion ;
Et que la gloire du fidèle
Consomme le malheur de la rébellion. (5)

Et vous à qui ma voix divine
Dicte ses ordres absolus,
Anges, c'est vous que je destine
Au service de mes élus ;
Allez, et dissipant la nue
Qui, malgré leur foi reconnue,
Me dérobe à leurs yeux amis,
Faites-les jouir dans ma vue
Des biens illimités que je leur ai promis.

---

(5) Belle idée très bien rendue, On a dû remarquer combien ce vers alexandrin qui termine la strophe la relève et lui donne de nombre.

Voici, voici le jour propice
Où le Dieu pour qui j'ai souffert
Va me tirer du précipice
Que le démon m'avoit ouvert.
De l'imposture et de l'envie
Contre ma vertu poursuivie
Les traits ne seront plus lancés,
Et les soins mortels de ma vie
De l'immortalité seront récompensés.

Loin de cette terre funeste
Transporté sur l'aile des vents, (6)
La main d'un ministre céleste
M'ouvre la terre des vivants ;
Près des saints j'y prendrai ma place,
J'y ressentirai de la grâce
L'intarissable écoulement ;
Et, voyant mon Dieu face à face,
L'éternité pour moi ne sera qu'un moment. (7)

Qui m'affranchira de l'empire
Du monde où je suis enchaîné ?
De la délivrance où j'aspire
Quand viendra le jour fortuné ?
Quand pourrai-je, rompant les charmes
Où ce triste vallon de larmes
De ma vie endort les instants,

(6) Belle métaphore dont l'usage est fréquent dans les livres saints.
(7) La hardiesse de cette hyperbole est très remarquable et remplit, autant qu'il est possible, l'idée qu'on peut se faire d'un bonheur qui n'amène point la satiété et qui ne laisse aucun vide.

ODES.

Trouver la fin de mes alarmes,
Et le commencement du bonheur que j'attends ?

Quand pourrai-je dire à l'impie,
Tremble, lâche, frémis d'effroi
De ton Dieu la haine assoupie
Est prête à s'éveiller sur toi :
Dans ta criminelle carrière
Tu ne mis jamais de barrière (8)
Entre sa crainte et tes fureurs ;
Puisse mon heureuse prière
D'un châtiment trop dû t'épargner les horreurs !

Puisse en moi la ferveur extrême
D'une sainte compassion,
Des offenseurs du Dieu que j'aime
Opérer la conversion !
De ses vengeances redoutables
Puissent mes ardeurs (9) véritables
Adoucir la sévère loi,
Et pour mes ennemis coupables
Obtenir le pardon que j'en obtiens pour moi !

Seigneur, ta puissance invincible
N'a rien d'égal que ta bonté ;
Le miracle le moins possible
N'est qu'un jeu de ta volonté.
Tu peux de ta lumière auguste
Éclairer les yeux de l'injuste,

(8) Phrase peu intelligible. On dit *la crainte de Dieu* pour *la crainte qu'on a de Dieu* ; il ne peut y avoir d'équivoque. Mais *sa crainte* au lieu de *la crainte de Dieu* est une ellipse trop forte.

(9) L'ardeur et la sincérité de mes prières.

Rendre saint un cœur dépravé,
En cèdre transformer l'arbuste,
Et faire un vase élu d'un vase réprouvé.

Grand Dieu, daigne sur ton esclave
Jeter un regard paternel :
Confonds le crime qui te brave,
Mais épargne le criminel :
Et s'il te faut un sacrifice,
Si de ta suprême justice
L'honneur doit être réparé,
Venge-toi seulement du vice
En le chassant des cœurs dont il s'est emparé.

C'est alors que de ma victoire
J'obtiendrai les fruits les plus doux,
En chantant avec eux la gloire
Du Dieu qui nous a sauvés tous.
Agréable et sainte harmonie !
Pour moi quelle joie infinie !
Quelle gloire de voir un jour
Leur troupe avec moi réunie
Dans les mêmes concerts et dans le même amour !

Pendant qu'ils vivent sur la terre,
Prépare du moins leur fierté,
Par la crainte de ton tonnerre,
A ce bien par eux souhaité ;
Et, les retirant des abîmes
Où dans des nœuds illégitimes
Languit leur courage abattu,
Fais que l'image de leurs crimes
Introduise en leurs cœurs celle de la vertu.

III.e PARTIE.

Tel, après le long orage
Dont un fleuve débordé
A désolé le rivage
Par sa colère inondé,
L'effort des vagues profondes
Engloutissoit dans les ondes
Bergers, cabanes, troupeaux,
Et, submergeant les campagnes,
Sur le sommet des montagnes
Faisoit flotter les vaisseaux.

Mais la planète brillante
Qui perce tout de ses traits
Dans la nature tremblante
A déjà remis la paix :
L'onde, en son lit écoulée,
A la terre consolée
Rend ses premières couleurs,
Et d'une fraîcheur utile
Pénétrant son sein fertile,
En augmente les chaleurs. (10)

Tel fera dans leurs pensées
Germer un amour constant,
De leurs offenses passées

---

(10) Cette comparaison est traînante et foible d'expression. Fréron, dans son ode sur la bataille de Fontenoy, en a employé, d'une manière plus heureuse et plus rapide, une à peu près semblable :

C'est ainsi que le Nil, franchissant son rivage,
    Dans les champs qu'il ravage
Répand le germe heureux de la fécondité.

Le souvenir pénitent.
Ils diront : Dieu des fidèles,
Dans nos ténèbres mortelles
Tu nous as fait voir le jour ;
Éternise dans nos ames
Ces sacrés torrens de flammes,
Sources du divin amour.

Ton souffle, qui sut produire
L'ame pour l'éternité,
Peut faire en elle reluire
Sa première pureté.
De rien tu créas le monde :
D'un mot de ta voix féconde
Naquit ce vaste univers ;
Tu parlas, il reçut l'être :
Parle, un instant verra naître
Cent autres mondes divers.

Tu donnes à la matière
L'ame et la légèreté ;
Tu fais naître la lumière
Du sein de l'obscurité ;
Sans toi la puissance humaine
N'est qu'ignorance hautaine,
Trouble et frivole entretien :
En toi seul, cause des causes,
Seigneur, je vois toutes choses ;
Hors de toi je ne vois rien.

A quoi vous sert tant d'étude,
Qu'à nourrir le fol orgueil

Où votre béatitude (11)
Trouva son premier écueil ?
Grands hommes, sages célèbres,
Vos éclairs dans les ténèbres
Ne font que vous égarer.
Dieu seul connoît ses ouvrages ;
L'homme, entouré de nuages,
N'est fait que pour l'honorer.

Curiosité funeste,
C'est ton attrait criminel
Qui du royaume céleste
Chassa le premier mortel.
Non content de son essence,
Et d'avoir en sa puissance
Tout ce qu'il pouvoit avoir,
L'ingrat voulut, Dieu lui-même,
Partager du Dieu suprême
La science et le pouvoir.

A ces hautes espérances
Du changement de son sort
Succédèrent les souffrances,
L'aveuglement et la mort ;
Et, pour fermer tout asile
A son espoir indocile,
Bientôt l'ange dans les airs,
Sentinelle vigilante,
De l'épée étincelante
Fit reluire les éclairs.

(11) Le bonheur de l'homme avant sa chute ;

LIVRE I.
IV.e PARTIE.

Mais de cet homme exclu de son premier partage
La gloire est réservée à de plus hauts destins,
Quand son Sauveur viendra d'un nouvel héritage
  Lui frayer les chemins.

Dieu, pour lui s'unissant à la nature humaine,
Et partageant sa chair et ses infirmités,
Se chargera pour lui du poids et de la peine
  De ses iniquités.

Ce Dieu médiateur, fils, image du père,
Le Verbe, descendu de son trône éternel,
Des flancs immaculés d'une mortelle mère
  Voudra naître mortel (12).

Pécheur, tu trouveras en lui ta délivrance,
Et sa main, te fermant les portes de l'enfer,
Te fera perdre alors de ta juste souffrance
  Le souvenir amer.

Eve règne à son tour, du dragon triomphante;
L'esclave de la mort produit son Rédempteur;
Et, fille du Très-Haut, la créature enfante
  Son propre Créateur (13).

O Vierge, qui du ciel assures la conquête,
Gage sacré des dons que sur terre il répand,

(12) Strophe d'une harmonie imposante et remarquable par la grandeur des idées et par la justesse des expressions. Cette quatrième partie de l'épode est bien supérieure à la troisième.

(13) Ce n'est point ici, à proprement parler, une antithèse; c'est l'expression simple et sublime du plus grand mystère du christianisme. Voyez l'hymne de Santeuil: *Stupete, gentes*, etc.

Tes pieds victorieux écraseront la tête
    De l'horrible serpent.

Les saints après ta mort t'ouvriront leurs demeures,
Nouvel astre du jour pour le ciel se levant;
Que dis-je, après ta mort? se peut-il que tu meures,
    Mère du Dieu vivant? (14)

Non, tu ne mourras point; les régions sublimes
Vivante t'admettront dans ton auguste rang,
Et telle qu'au grand jour où, pour laver nos crimes,
    Ton fils versa son sang.

Dans ce séjour de gloire où les divines flammes
Font d'illustres élus de tous ses citoyens,
Daigne prier ce fils qu'il délivre nos ames
    Des terrestres liens.

Obtiens de sa pitié, protectrice immortelle,
Qu'il renouvelle en nous les larmes, les sanglots
De ce roi pénitent dont la douleur fidèle
    S'exhaloit en ces mots :

O monarque éternel, Seigneur, Dieu de nos pères,
Dieu des cieux, de la terre et de tout l'univers,
Vous dont la voix soumet à ses ordres sévères
    Et les vents et les mers;

Tout respecte, tout craint votre majesté sainte;
Vos lois règnent par-tout, rien n'ose les trahir :
Moi seul j'ai pu, Seigneur, résister à la crainte
    De vous désobéir.

(14) Expression consacrée qu'on ne pouvoit pas mieux placer, et qui forme une très belle antithèse.

J'ai péché, j'ai suivi la lueur vaine et sombre
Des charmes séduisants du monde et de la chair,
Et mes nombreux forfaits ont surpassé le nombre
    Des sables de la mer.

Mais enfin votre amour, à qui tout amour cède,
Surpasse encor l'excès des désordres humains.
Où le délit abonde, abonde le remède :
    Je l'attends de vos mains.

Quelle que soit, Seigneur, la chaîne déplorable
Où depuis si long-temps je languis arrêté,
Quel espoir ne doit point inspirer au coupable
    Votre immense bonté ? (15)

Au bonheur de ses saints elle n'est point bornée.
Si vous êtes le Dieu de vos heureux amis,
Vous ne l'êtes pas moins de l'ame infortunée,
    Et des pécheurs soumis.

Vierge, flambeau du ciel, dont les démons farouches
Craignent la sainte flamme et les rayons vainqueurs,
De ces humbles accents fais retentir nos bouches,
    Grave-les dans nos cœurs.

Afin qu'aux légions à ton Dieu consacrées
Nous puissions, réunis sous ton puissant appui,
Lui présenter un jour, victimes épurées,
    Des vœux dignes de lui. (16)

---

(15) Belle épithète.
(16) La construction de toute cette strophe est pénible et vicieuse.

LIVRE SECOND.

ODE I,

SUR LA NAISSANCE DU DUC DE BRETAGNE.

Descends de la double colline,
Nymphe, (1) dont le fils amoureux
Du sombre époux de Proserpine
Sut fléchir le cœur rigoureux.
Viens servir l'ardeur qui m'inspire :
Déesse, prête-moi ta lyre,
Ou celle de ce Grec vanté (2)
Dont l'impitoyable Alexandre,
Au milieu de Thèbes en cendre,
Respecta la postérité.

Quel Dieu propice nous ramène
L'espoir que nous avions perdu ?
Un fils de Thétis ou d'Alcmène

---

(1) Calliope, mère d'Orphée.
(2) Pindare. Dans quelques éditions on lit ainsi les trois derniers vers de cette strophe :

Dont, par le superbe Alexandre,
Au milieu de Thèbes en cendre,
Le séjour fut seul respecté.

Ces deux leçons sont conformes à l'histoire. *Plutarque* dit seulement qu'Alexandre épargna la postérité de Pindare. Mais *Freinshemius*, dans ses Suppléments de Quinte-Curce, rédigés d'après les auteurs originaux, ajoute que ce prince défendit de brûler la maison du poëte thébain.

Par les Dieux nous est-il rendu ?
N'en doutons point, le ciel sensible
Veut réparer le coup terrible
Qui nous fit verser tant de pleurs :
Hâtez-vous, ô chaste Lucine ;
Jamais plus illustre origine
Ne fut digne de vos faveurs.

Peuples, voici le premier gage
Des biens qui vous sont préparés :
Cet enfant est l'heureux présage
Du repos que vous désirez.
Les premiers instants de sa vie
De la discorde et de l'envie
Verront éteindre le flambeau :
Il renversera leurs trophées,
Et leurs couleuvres étouffées
Seront les jeux de son berceau (3).

Ainsi, durant la nuit obscure,
De Vénus l'étoile nous luit,
Favorable et brillant augure
De l'éclat du jour qui la suit :
Ainsi, dans le fort des tempêtes,
Nous voyons briller sur nos têtes
Ces feux, amis des matelots ;
Présage de la paix profonde
Que le Dieu qui règne sur l'onde
Va rendre à l'empire des flots.

---

(3) Allusion aux deux serpent sétouffés par Hercule encore au berceau.

Quel monstre de carnage avide (1)
S'est emparé de l'univers ?
Quelle impitoyable Euménide
De ses feux infecte les airs ?
Quel Dieu souffle en tous lieux la guerre,
Et semble à dépeupler la terre
Exciter nos sanglantes mains ?
Mégère, des enfers bannie,
Est-elle aujourd'hui le génie
Qui préside au sort des humains ?

Arrête, furie implacable ;
Le ciel veut calmer ses rigueurs :
Les feux d'une haine coupable
N'ont que trop embrasé nos cœurs.
Aimable Paix, vierge sacrée,
Descends de la voûte azurée ;
Viens voir tes temples relevés,
Et ramène au sein de nos villes
Ces Dieux bienfaisants et tranquilles
Que nos crimes ont soulevés.

Mais quel souffle divin m'enflamme ?
D'où naît cette soudaine horreur ?

---

(1) M. de Laharpe, dans son Cours de Littérature, juge peut-être cette ode avec un peu trop de sévérité. Les strophes qu'on vient de lire sont poétiques, harmonieuses, et n'ont rien qui ne convienne au sujet. Il sera même difficile de blâmer les deux suivantes, quoique la transition des premières à celles-ci soit un peu brusque, si on se reporte au temps où elles furent composées. C'étoit à l'époque des malheurs publics et particuliers de Louis XIV, malheurs d'autant plus sensibles à la France, qu'ils venoient interrompre un long cours de prospérités.

LIVRE II.

Un Dieu vient échauffer mon ame
D'une prophétique fureur.
Loin d'ici, profane vulgaire !
Apollon m'inspire et m'éclaire ;
C'est lui : je le vois, je le sens.
Mon cœur cède à sa violence :
Mortels, respectez sa présence ;
Prêtez l'oreille à mes accents. (5)

Les temps prédits par la Sibylle
A leur terme sont parvenus.
Nous touchons au règne tranquille
Du vieux Saturne et de Janus.
Voici la saison désirée
Où Thémis et sa sœur Astrée,
Rétablissant leurs saints autels,
Vont ramener ces jours insignes
Où nos vertus nous rendoient dignes
Du commerce des immortels.

Où suis-je ? Quel nouveau miracle
Tient encor mes sens enchantés ?
Quel vaste, quel pompeux spectacle
Frappe mes yeux épouvantés ?
Un nouveau monde vient d'éclore :
L'univers se reforme encore

---

(5) Ces formes par lesquelles le poëte prend soin d'avertir de l'enthousiasme qu'il éprouve sont aujourd'hui un peu usées. Les anciens les employoient fréquemment ; et c'est pour cela même qu'il faut s'en servir avec sobriété. On reconnoît ici l'imitation de la strophe d'Horace :

Odi profanum vulgus, et arceo.
Favete linguis, etc.

Dans les abîmes du chaos ;
Et, pour réparer ses ruines,
Je vois des demeures divines
Descendre un peuple de héros.

Les éléments cessent leur guerre :
Les cieux ont repris leur azur.
Un feu sacré purge la terre
De tout ce qu'elle avoit d'impur.
On ne craint plus l'herbe mortelle,
Et le crocodile infidèle
Du Nil ne trouble plus les eaux.
Les lions dépouillent leur rage,
Et dans le même pâturage
Bondissent avec les troupeaux (6).

C'est ainsi que la main des Parques
Va nous filer ce siècle heureux
Qui du plus sage des monarques
Doit couronner les justes vœux.
Espérons des jours plus paisibles :
Les Dieux ne sont point inflexibles,
Puisqu'ils punissent nos forfaits.
Dans leurs rigueurs les plus austères,
Souvent leurs fléaux salutaires
Sont un gage de leurs bienfaits.

(6) C'est ici sur-tout que M. de Laharpe a entièrement raison. Les trois strophes qui précèdent sont, comme il le dit très bien, une imitation peu adroite de la quatrième églogue de Virgile, et c'est abuser de l'allégorie que de nous entretenir des crocodiles du Nil, au sujet de la naissance d'un arrière-petit-fils de Louis XIV.

LIVRE II.

Le ciel dans une nuit profonde,
Se plaît à nous cacher ses lois.
Les rois sont les maîtres du monde :
Les Dieux sont les maîtres des rois.
Valeur, activité, prudence,
Des décrets de leur providence
Rien ne change l'ordre arrêté ;
Et leur règle, constante et sûre,
Fait seule ici-bas la mesure
Des biens et de l'adversité.

Mais que fais-tu, muse insensée ?
Où tend ce vol audacieux ?
Oses-tu porter ta pensée
Jusque dans le conseil des Dieux ?
Réprime une ardeur périlleuse :
Ne va point, d'une aile orgueilleuse,
Chercher ta perte dans les airs ;
Et, par des routes inconnues,
Suivant Icare au haut des nues,
Crains de tomber au fond des mers.

Si pourtant quelque esprit timide,
Du Pinde ignorant les détours,
Opposoit les règles d'Euclide
Au désordre de mes discours :
Qu'il sache qu'autrefois Virgile
Fit même aux muses de Sicile
Approuver de pareils transports,
Et qu'enfin cet heureux délire
Peut seul des maîtres de la lyre
Immortaliser les accords.

ODE II,

A M. L'ABBÉ COURTIN.

Abbé chéri des neuf sœurs,
Qui, dans ta philosophie,
Sais faire entrer les douceurs
Du commerce de la vie :
Tandis qu'en nombres impairs
Je te trace ici les vers
Que m'a dictés mon caprice,
Que fais-tu dans ces déserts
Qu'enferme ton bénéfice? (1)

Vas-tu, dès l'aube du jour,
Secondé d'un plomb rapide,
Ensanglanter le retour
De quelque lièvre timide?
Ou chez tes moines tondus,
A t'ennuyer assidus,
Cherches-tu quelques vieux titres,
Qui, dans ton trésor perdus,
Se retrouvent sur leurs vitres?

Mais non, je te connois mieux ;
Tu sais trop bien que le sage
De son loisir studieux
Doit faire un plus noble usage,

---

(1) Cette ode, sur-tout dans les première s strophes, est remplie de grace et de facilité

Et, justement enchanté
De la belle antiquité,
Chercher dans son sein fertile
La solide volupté,
Le vrai, l'honnête et l'utile.

Toutefois de ton esprit
Bannis l'erreur générale
Qui jadis en maint écrit
Plaça la saine morale :
On abuse de son nom.
Le chantre d'Agamemnon
Sut nous tracer dans son livre,
Mieux que Chrysippe et Zénon,
Quel chemin nous devons suivre.

Homère adoucit mes mœurs
Par ses riantes images.
Sénèque aigrit mes humeurs
Par ses préceptes sauvages.
En vain, d'un ton de rhéteur,
Epictète à son lecteur
Prêche le bonheur suprême ;
J'y trouve un consolateur
Plus affligé que moi-même :

Dans son flegme simulé
Je découvre sa colère ;
J'y vois un homme accablé
Sous le poids de sa misère ;
Et, dans tous ces beaux discours
Fabriqués durant le cours

ODES.

De sa fortune maudite,
Vous reconnoissez toujours
L'esclave d'Epaphrodite.

Mais je vois déjà d'ici
Frémir tout le zénonisme,
D'entendre traiter ainsi
Un des saints du paganisme.
Pardon : mais en vérité
Mon Apollon révolté
Lui devoit ce témoignage,
Pour l'ennui que m'a coûté
Son insupportable ouvrage. (2)

De tout semblable pédant
Le commerce communique
Je ne sais quoi de mordant,
De farouche et de cynique.
O le plaisant avertin (3)
D'un fou du pays latin,
Qui se travaille et se gêne,
Pour devenir à la fin
Sage comme Diogène !

Je ne prends point pour vertu
Les noirs accès de tristesse
D'un loup-garou revêtu
Des habits de la sagesse.

---

(2) Rousseau, dit avec raison M. de Laharpe, maltraite un peu trop Epictète, dont le plus grand tort est de porter trop haut les forces morales de l'homme.
(3) Maladie d'esprit, sorte de délire furieux. Ce mot a vieilli.

Plus légère que le vent,
Elle fuit d'un faux savant
La sombre mélancolie,
Et se sauve bien souvent
Dans les bras de la folie.

La vertu du vieux Caton,
Chez les Romains tant prônée,
Etoit souvent, nous dit-on,
De Falerne enluminée.
Toujours ces sages hagards,
Maigres, hideux et blafards,
Sont souillés de quelque opprobre ;
Et du premier des Césars
L'assassin (4) fut homme sobre.

Dieu bénisse nos dévots !
Leur ame est vraiment loyale.
Mais jadis les grands pivots
De la ligue anti-royale,
Les Lincestres, les Aubris,
Qui contre les deux Henris
Prêchoient tant la populace,
S'occupoient peu des écrits
D'Anacréon et d'Horace. (5)

Crois-moi, fais de leurs chansons
Ta plus importante étude ;

(4) On voit que Rousseau n'étoit pas grand admirateur de l'exaltation républicaine. La note suivante prouve que l'esprit du siècle de Louis XIV étoit bien changé sous son successeur.

(5) Ce rapprochement n'est pas tolérable. Que peut-il y avoir de commun entre Brutus et le curé de St.-Côme prédicateur de la ligue ? M. DE LAHARPE, *Cours de litt.*

A leurs aimables leçons
Consacre ta solitude :
Et, par Sonning rappelé
Sur ce rivage émaillé (6)
Où Neuilli borde la Seine,
Reviens au vin d'Auvilé
Mêler les eaux d'Hippocrène.

ODE III,

A M. DE CAUMARTIN,

Conseiller d'état, et intendant des finances.

Digne et noble héritier des premières vertus
Qu'on adora jadis sous l'empire de Rhée ;
Vous qui dans le palais de l'aveugle Plutus
  Osâtes introduire Astrée ; (1)

Fils d'un père fameux, qui même à nos frondeurs
Par sa dextérité fit respecter son zèle,
Et, nouvel Atticus, sut captiver leurs cœurs,
  En demeurant sujet fidèle ;

Renoncez pour un temps aux travaux de Thémis :
Venez voir ces côteaux enrichis de verdure,

---

(6) Rime inexacte, la seule peut-être qui se trouve dans Rousseau.

(1) Cette ode que Voltaire, dans son siècle de Louis XIV traite de médiocre, est remarquable par l'élégance du style, et sur-tout par une douceur d'harmonie qui semble inspirée par le sujet.

Et ces bois paternels, où l'art, humble et soumis,
    Laisse encor régner la nature.

Les Hyades, Vertumne et l'humide Orion
Sur la terre embrasée ont versé leurs largesses ;
Et Bacchus, échappé des fureurs du Lion, (2)
    Songe à vous tenir ses promesses.

O rivages chéris, vallons aimés des cieux,
D'où jamais n'approcha la tristesse importune,
Et dont le possesseur, tranquille et glorieux,
    Ne rougit point de sa fortune ! (3)

Trop heureux qui du champ par ses pères laissé
Peut parcourir au loin les limites antiques,
Sans redouter les cris de l'orphelin chassé
    Du sein de ses dieux domestiques !

Sous les lambris dorés l'injuste ravisseur
Entretient le vautour (4) dont il est la victime.
Combien peu de mortels connoissent la douceur
    D'un bonheur pur et légitime !

Jouissez en repos de ce lieu fortuné :
Le calme et l'innocence y tiennent leur empire ;
Et des soucis affreux le souffle empoisonné
    N'y corrompt point l'air qu'on respire.

---

(2) On ne sauroit dire plus poétiquement qu'on est sorti du mois de juillet.

(3) Apostrophe pleine de sentiment et de poésie.

(4) Le remords ; allusion au supplice de Prométhée. La Fontaine, dans Philémon et Baucis, dit, en parlant des soucis :

    Véritables vautours que le fils de Japet
    Représente, enchaîné sur son triste sommet.

Pan, Diane, Apollon, les Faunes, les Sylvains,
Peuplent ici vos bois, vos vergers, vos montagnes.
La ville est le séjour des profanes humains;
 Les Dieux règnent dans les campagnes. (5)

C'est là que l'homme apprend leurs mystères secrets,
Et que, contre le sort munissant sa foiblesse,
Il jouit de lui-même, et s'abreuve à longs traits
 Dans les sources de la sagesse.

C'est là que ce Romain, dont l'éloquente voix
D'un joug presque certain sauva sa république,
Fortifioit son cœur dans l'étude des lois
 Et du Lycée et du Portique.

Libres des soins publics qui le faisoient rêver,
Sa main du consulat laissoit aller les rênes;
Et, courant à Tuscule (6), il alloit cultiver
 Les fruits de l'école d'Athènes.

ODE IV,
A M. D'USSÉ.

Esprit né pour servir d'exemple
 Aux cœurs de la vertu frappés,
Qui sans guide as pu de son temple
 Franchir les chemins escarpés,

---

(5) Ces deux vers sont charmants; il seroit difficile de trouver une meilleure inscription pour une maison de campagne.
(6) Maison de campagne de Cicéron.

LIVRE II.

Cher d'Ussé, quelle inquiétude
Te fait une triste habitude
Des ennuis et de la douleur?
Et, ministre de ton supplice,
Pourquoi par un sombre caprice
Veux-tu seconder ton malheur?
Chasse cet ennui volontaire
Qui tient ton esprit dans les fers,
Et que dans une ame vulgaire
Jette l'épreuve des revers;
Fais tête au malheur qui t'opprime :
Qu'une espérance légitime
Te munisse contre le sort.
L'air siffle, une horrible tempête
Aujourd'hui gronde sur ta tête;
Demain tu seras dans le port.

Toujours la mer n'est pas en butte
Aux ravages des aquilons;
Toujours les torrents par leur chute
Ne désolent pas nos vallons.
Les disgraces désespérées,
Et de nul espoir tempérées,
Sont affreuses à soutenir;
Mais leur charge est moins importune
Lorsqu'on gémit d'une infortune
Qu'on espère de voir finir.
Un jour, le souci qui te ronge,
En un doux repos transformé,
Ne sera plus pour toi qu'un songe
Que le réveil aura calmé.

ODES.

Espère donc avec courage.
Si le pilote craint l'orage
Quand Neptume enchaîne les flots,
L'espoir du calme le rassure
Quand les vents et la nue obscure
Glacent les cœurs des matelots.

Je sais qu'il est permis au sage
Par les disgraces combattu
De souhaiter pour apanage
La fortune après la vertu.
Mais, dans un bonheur sans mélange,
Souvent cette vertu se change
En une honteuse langueur :
Autour de l'aveugle richesse
Marchent l'orgueil et la rudesse,
Que suit la dureté du cœur.

Non que ta sagesse, endormie
Au temps de tes prospérités,
Eût besoin d'être raffermie
Par de dures fatalités ;
Ni que ta vertu peu fidèle
Eût jamais choisi pour modèle
Ce fou superbe et ténébreux
Qui, gonflé d'une fierté basse,
N'a jamais eu d'autre disgrace
Que de n'être point malheureux.

Mais si les maux et la tristesse
Nous sont des secours superflus
Quand des bornes de la sagesse
Les biens ne nous ont point exclus,

Ils nous font trouver plus charmante
Notre félicité présente
Comparée au malheur passé;
Et leur influence tragique
Réveille un bonheur léthargique
Que rien n'a jamais traversé.

Ainsi que le cours des années
Se forme des jours et des nuits,
Le cercle de nos destinées
Est marqué de joie et d'ennuis.
Le ciel, par un ordre équitable,
Rend l'un à l'autre profitable;
Et, dans ces inégalités,
Souvent sa sagesse suprême
Sait tirer notre bonheur même
Du sein de nos calamités.

Pourquoi d'une plainte importune (1)
Fatiguer vainement les airs ?
Aux jeux cruels de la fortune
Tout est soumis dans l'univers.
Jupiter fit l'homme semblable
A ces deux jumeaux que la fable
Plaça jadis au rang des Dieux;
Couple de déités bizarre,
Tantôt habitant du Ténare,
Et tantôt citoyens des cieux. (2)

(1) L'ode, qui se traînoit un peu dans les strophes précédentes, se relève par deux comparaisons très ingénieuses.

(2) Il est impossible de faire un usage plus heureux de la mythologie.

Ainsi de douceurs en supplices
Elle nous promène à son gré.
Le seul remède à ses caprices,
C'est de s'y tenir préparé,
De la voir du même visage
Qu'une courtisane volage,
Indigne de nos moindres soins,
Qui nous trahit par imprudence,
Et qui revient par inconstance
Lorsque nous y pensons le moins.

ODE V,

A M. DUCHE,

dans le temps qu'il travailloit à sa tragédie de Débora.

Tandis que, dans la solitude
Où le destin m'a confiné,
J'endors, par la douce habitude
D'une oisive et facile étude,
L'ennui dont je suis lutiné, (1)

Un sublime essor te ramène
A la cour des sœurs d'Apollon ;
Et bientôt avec Melpomène
Tu vas d'un nouveau phénomène
Eclairer le sacré vallon.

(1) Expression qui n'est pas assez noble, même pour le ton de cette ode.

LIVRE II.

O que ne puis-je, sur les ailes
Dont Dédale fut possesseur,
Voler aux lieux où tu m'appelles,
Et de tes chansons immortelles
Partager l'aimable douceur!

Mais une invincible contrainte,
Malgré moi, fixe ici mes pas.
Tu sais quel est ce labyrinthe,
Et que, pour aller à Corinthe,
Le désir seul ne suffit pas.

Toutefois les froides soirées
Commencent d'abréger le jour:
Vertumne a changé ses livrées; (2)
Et nos campagnes labourées
Me flattent d'un prochain retour.

Déjà le départ des Pléiades
A fait retirer les nochers;
Et déjà les tristes Hyades
Forcent les frileuses Dryades
De chercher l'abri des rochers.

Le volage amant de Clytie
Ne caresse plus nos climats;
Et bientôt des monts de Scythie
Le fougueux époux d'Orithye
Va nous ramener les frimas. (3)

(2) Métaphore impropre; sorte d'anachronisme de mot.
(3) On peut juger, par l'harmonie de ces strophes, du bel effet que produisent dans nos vers les noms tirés de la mythologie ou de la géographie ancienne. Rousseau ici les a trop multipliés, en cédant à son goût pour la richesse des rimes.

Ainsi, dès que le Sagittaire
Viendra rendre nos champs déserts,
J'irai, secret dépositaire,
Près de ton foyer solitaire
Jouir de tes savants concerts.

En attendant, puissent leurs charmes,
Apaisant le mal qui t'aigrit,
Dissiper tes vaines alarmes,
Et tarir la source des larmes
D'une épouse qui te chérit!

Je sais que la fièvre et l'automne
Pourroient mettre Hercule aux abois;
Mais, si ma conjecture est bonne,
La fièvre dont ton cœur frissonne
Est le plus dangereux des trois.

ODE VI,
A LA FORTUNE.

Fortune, dont la main couronne (1)
Les forfaits les plus inouis,
Du faux éclat qui t'environne
Serons-nous toujours éblouis?
Jusques à quand, trompeuse idole,
D'un culte honteux et frivole

___
(1) M. de Laharpe juge cette ode avec sévérité. Nous ne conserverons de ses critiques que celles qui nous paroîtront incontestables.

LIVRE II.

Honorerons-nous tes autels ?
Verra-t-on toujours tes caprices
Consacrés par les sacrifices
Et par l'hommage des mortels ?

Le peuple, dans ton moindre ouvrage
Adorant la prospérité,
Te nomme grandeur de courage,
Valeur, prudence, fermeté.
Du titre de vertu suprême (2)
Il dépouille la vertu même
Pour le vice que tu chéris,
Et toujours ses fausses maximes
Erigent en héros sublimes
Tes plus coupables favoris.

Mais de quelque superbe titre
Dont ces héros soient revêtus,
Prenons la raison pour arbitre,
Et cherchons en eux leurs vertus.
Je n'y trouve qu'extravagance,
Foiblesse, injustice, arrogance,
Trahisons, fureurs, cruautés. (3)
Etrange vertu qui se forme
Souvent de l'assemblage énorme
Des vices les plus détestés !

Apprends que la seule sagesse
Peut faire les héros parfaits ;
Qu'elle voit toute la bassesse
De ceux que ta faveur a faits ;

(2) *Suprême* est là pour la rime.
(3) Cette accumulation de substantifs est peu poétique.

Qu'elle n'adopte point la gloire
Qui naît d'une injuste victoire,
Que le sort remporte pour eux;
Et que, devant ses yeux stoïques,
Leurs vertus les plus héroïques
Ne sont que des crimes heureux.

Quoi! Rome et l'Italie en cendre
Me feront honorer Sylla?
J'admirerai dans Alexandre (4)
Ce que j'abhorre en Attila?
J'appellerai vertu guerrière
Une vaillance meurtrière
Qui dans mon sang trempe ses mains
Et je pourrai forcer ma bouche
A louer un héros farouche
Né pour le malheur des humains?

Quels traits me présentent vos fastes,
Impitoyables conquérants?
Des vœux outrés, des projets vastes,
Des rois vaincus par des tyrans,
Des murs que la flamme ravage,
Des vainqueurs fumants de carnage,
Un peuple aux fers abandonné,
Des mères pâles et sanglantes
Arrachant leurs filles tremblantes
Des bras d'un soldat effréné.

(4) Rapprochement injuste. Je suis fâché, dit M. de Laharpe, qu'Alexandre ait été si mal avec nos poëtes, que Boileau l'ait voulu mettre aux Petites-Maisons, et que Rousseau le confonde avec Attila.

Juges insensés que nous sommes,
Nous admirons de tels exploits!
Est-ce donc le malheur des hommes
Qui fait la vertu des grands rois?
Leur gloire, féconde en ruines,
Sans le meurtre et sans les rapines
Ne sauroit-elle subsister?
Images des Dieux sur la terre,
Est-ce par des coups de tonnerre
Que leur grandeur doit éclater? (5)

Mais je veux que dans les alarmes (6)
Réside le solide honneur :
Quel vainqueur ne doit qu'à ses armes
Ses triomphes et son bonheur?
Tel qu'on nous vante dans l'histoire
Doit peut-être toute sa gloire
A la honte de son rival :
L'inexpérience indocile
Du compagnon de Paul-Emile
Fit tout le succès d'Annibal.

Quel est donc le héros solide,
Dont la gloire ne soit qu'à lui?
C'est un roi que l'équité guide,
Et dont les vertus sont l'appui;
Qui, prenant Titus pour modèle,
Du bonheur d'un peuple fidèle
Fait le plus cher de ses souhaits;

(5) Très belle pensée. Cette strophe et les deux qui précèdent sont pleines de mouvement et d'images.

(6) Il faut sous-entendre *qu'on brave*, ou *qu'on inspire*. L'ellipse est trop forte.

Qui fuit la basse flatterie,
Et qui, père de sa patrie,
Compte ses jours par ses bienfaits.
Vous, chez qui la guerrière audace
Tient lieu de toutes les vertus,
Concevez Socrate à la place
Du fier meurtrier de Clytus;
Vous verrez un roi respectable,
Humain, généreux, équitable,
Un roi digne de vos autels :
Mais, à la place de Socrate,
Le fameux vainqueur de l'Euphrate
Sera le dernier des mortels. (7)

Héros cruels et sanguinaires,
Cessez de vous enorgueillir
De ces lauriers imaginaires (8)
Que Bellone vous fit cueillir.
En vain le destructeur rapide
De Marc-Antoine et de Lépide
Remplissoit l'univers d'horreurs;
Il n'eût point eu le nom d'Auguste
Sans cet empire heureux et juste
Qui fit oublier ses fureurs.

Montrez-nous, guerriers magnanimes,
Votre vertu dans tout son jour :
Voyons comment vos cœurs sublimes
Du sort soutiendront le retour.

---

(7) Alexandre, conservant son caractère, auroit voulu être le premier des philosophes, comme il a voulu être le premier des rois. M. DE LAHARPE, *Cours de Littér.*

(8) D'une fausse gloire, comme celle d'Attila.

Tant que sa faveur vous seconde,
Vous êtes les maîtres du monde,
Votre gloire nous éblouit ;
Mais, au moindre revers funeste,
Le masque tombe, l'homme reste,
Et le héros s'évanouit. (9)

L'effort d'une vertu commune
Suffit pour faire un conquérant :
Celui qui dompte la fortune
Mérite seul le nom de grand.
Il perd sa volage assistance,
Sans rien perdre de la constance
Dont il vit ses honneurs accrus ;
Et sa grande ame ne s'altère
Ni des triomphes de Tibère,
Ni des disgraces de Varus. (10)

La joie imprudente et légère
Chez lui ne trouve point d'accès ;
Et sa crainte active modère
L'ivresse des heureux succès.
Si la fortune le traverse,
Sa constante vertu s'exerce
Dans ces obstacles passagers.
Le bonheur peut avoir son terme ;
Mais la sagesse est toujours ferme,
Et les destins toujours légers.

(9) Cette strophe est d'une grande beauté. On n'y peut reprendre que l'épithète de *funeste*, qui forme pléonasme. Mais c'est une légère tache.

(10) Allusion aux chagrins qu'éprouva Auguste vers la fin de son règne.

En vain une fière déesse
D'Enée a résolu la mort;
Ton secours, puissante sagesse,
Triomphe des Dieux et du sort.
Par toi, Rome, au bord du naufrage,
Jusque dans les murs de Carthage
Vengea le sang de ses guerriers;
Et, suivant tes divines traces,
Vit, au plus fort de ses disgraces,
Changer ses cyprès en lauriers.

ODE VII,
A UNE VEUVE.

Quel respect imaginaire
Pour les cendres d'un époux
Vous rend vous-même contraire
A vos destins les plus doux?
Quand sa course fut bornée
Par la fatale journée
Qui le mit dans le tombeau,
Pensez-vous que l'hyménée
N'ait pas éteint son flambeau? (1)
Pourquoi ces sombres ténèbres
Dans ce lugubre réduit?
Pourquoi ces clartés funèbres,
Plus affreuses que la nuit?

(1) Cette ode, dans le genre gracieux, est pleine de facilité et prouve que Rousseau savoit prendre tous les tons.

LIVRE II.

De ces noirs objets troublée,
Triste et sans cesse immolée
A de frivoles égards,
Ferez-vous d'un mausolée
Le plaisir de vos regards?

Voyez les Graces fidèles,
Malgré vous, suivre vos pas,
Et voltiger autour d'elles
L'Amour qui vous tend les bras. (2)
Voyez ce Dieu plein de charmes
Qui vous dit, les yeux en larmes :
Pourquoi ces soins superflus?
Pourquoi ces cris, ces alarmes?
Ton époux ne t'entend plus.

À sa triste destinée
C'est trop donner de regrets ;
Par les larmes d'une année
Ses mânes sont satisfaits.
De la célèbre matrone
Que l'antiquité nous prône
N'imitez point le dégoût ;
Ou, pour l'honneur de Pétrone,
Imitez-la jusqu'au bout. (3)
Les chroniques les plus amples
Des veuves des premiers temps
Nous fournissent peu d'exemples
D'Artémises de vingt ans.

(2) Toutes ces images sont charmantes.
(3) Voyez, à la fin des fables de La Fontaine, son imitation du conte de Pétrone.

Plus leur douleur est illustre,
Et plus elle sert de lustre
A leur amoureux essor :
Andromaque, en moins d'un lustre,
Remplaça deux fois Hector. (4)
De la veuve de Sichée
L'histoire vous a fait peur ;
Didon mourut attachée
Au char d'un amant trompeur :
Mais l'imprudente mortelle
N'eut à se plaindre que d'elle ;
Ce fut sa faute, en un mot
A quoi songeoit cette belle
De prendre un amant dévot ?
Pouvoit-elle mieux attendre
De ce pieux voyageur,
Qui, fuyant sa ville en cendre
Et le fer du Grec vengeur,
Chargé des Dieux de Pergame,
Ravit son père à la flamme,
Tenant son fils par la main,
Sans prendre garde à sa femme
Qui se perdit en chemin ? (5)

Sous un plus heureux auspice,
La déesse des amours
Veut qu'un nouveau sacrifice
Lui consacre vos beaux jours.

(4) Elle épousa Pyrrhus, et ensuite Hélénus, fils de Priam.
(5) On ne peut pas faire une critique plus agréable de la manière dont Virgile fait disparoître Créuse à la fin du deuxième livre de l'Énéide.

Déjà le bûcher s'allume ;
L'autel brille, l'encens fume,
La victime s'embellit ;
L'amour même la consume :
Le mystère s'accomplit.
Tout conspire à l'allégresse
De cet instant solennel.
Une riante jeunesse
Folâtre autour de l'autel ;
Les Graces à demi nues
A ces danses ingénues
Mêlent de tendres accents ;
Et, sur un trône de nues,
Vénus reçoit votre encens.

ODE VIII,

A M. L'ABBÉ DE CHAULIEU. (1)

Tant qu'a duré l'influence
D'un astre propice et doux,
Malgré moi, de ton absence
J'ai supporté les dégoûts.
Je disois : Je lui pardonne
De préférer les beautés
De Palès et de Pomone
Au tumulte des cités.
Ainsi l'amant de Glycère,
Epris d'un repos obscur,

(1) Cette jolie pièce fut pour ainsi dire écrite au courant de la plume.

Cherchoit l'ombre solitaire
Des rivages de Tibur. (2)

Mais, aujourd'hui qu'en nos plaines
Le chien brûlant de Procris
De Flore aux douces haleines
Dessèche les dons chéris;

Veux-tu d'un astre perfide
Risquer les âpres chaleurs,
Et, dans ton jardin aride,
Sécher ainsi que tes fleurs?

Crois-moi, suis plutôt l'exemple
De tes amis casaniers,
Et reviens goûter au Temple (3)
L'ombre de tes maronniers.

Dans ce salon pacifique
Où président les neuf sœurs,
Un loisir philosophique
T'offre encor d'autres douceurs.

Là, nous trouverons sans peine
Avec toi, le verre en main,
L'homme après qui Diogène
Courut si long-temps en vain

Et, dans la douce allégresse
Dont tu sais nous abreuver,
Nous puiserons la sagesse
Qu'il chercha sans la trouver.

(2) Tivoli, maison de campagne d'Horace.

(3) Chaulieu logeoit au Temple, chez M. le duc de Vendôme.

ODE IX,
A M. LE MARQUIS DE LA FARE.

Dans la route que je me trace, (1)
La Fare, daigne m'éclairer,
Toi, qui dans les sentiers d'Horace
Marches sans jamais t'égarer :
Qui, par les leçons d'Aristippe,
De la sagesse de Chrysippe
As su corriger l'âpreté ;
Et, telle qu'aux beaux jours d'Astrée,
Nous montrez la vertu parée
Des attraits de la volupté.

Ce feu sacré que Prométhée
Osa dérober dans les cieux,
La raison, à l'homme apportée,
Le rend presque semblable aux Dieux.
Se pourroit-il, sage La Fare,
Qu'un présent si noble et si rare
De nos maux devînt l'instrument,
Et qu'une lumière divine
Pût jamais être l'origine
D'un déplorable aveuglement ?

Lorsqu'à l'époux de Pénélope
Minerve accorde son secours,

---

(1) Cette ode, dit M. de Laharpe, est une des meilleures de ce genre, et le style en est, en général, d'une précision énergique.

Les Lestrygons et le Cyclope
Ont beau s'armer contre ses jours :
Aidé de cette intelligence,
Il triomphe de la vengeance
De Neptune en vain courroucé ;
Par elle il brave les caresses
Des Syrènes enchanteresses,
Et les breuvages de Circé.

De la vertu qui nous conserve
C'est le symbolique tableau ;
Chaque mortel a sa Minerve,
Qui doit lui servir de flambeau.
Mais cette déité propice
Marchoit toujours devant Ulysse,
Lui servant de guide ou d'appui ;
Au lieu que, par l'homme conduite,
Elle ne va plus qu'à sa suite,
Et se précipite avec lui.

Loin que la raison nous éclaire
Et conduise nos actions ;
Nous avons trouvé l'art d'en faire
L'orateur de nos passions. (2)
C'est un sophiste qui nous joue,
Un vil complaisant qui se loue
A tous les fous de l'univers ;
Qui, s'habillant du nom de sages,
La tiennent sans cesse à leurs gages
Pour autoriser leurs travers.

(2) Ces quatres vers sont prosaïques.

LIVRE II.

C'est elle qui nous fait accroire
Que tout cède à notre pouvoir;
Qui nourrit notre folle gloire
De l'ivresse d'un faux savoir;
Qui, par cent nouveaux stratagèmes
Nous masquant sans cesse à nous-mêmes,
Parmi les vices nous endort;
Du furieux fait un Achille,
Du fourbe un politique habile,
Et de l'athée un esprit fort. (3)

Mais vous, mortels qui, *. . . .*
Croyant tenir les premiers *. . .*,
Plaignez l'ignorance profonde
De tant de peuples différents;
Qui confondez avec la brute
Ce Huron caché sous la hutte,
Au seul instinct presque réduit;
Parlez : quel est le moins barbare,
D'une raison qui vous égare
Ou d'un instinct qui le conduit?

La nature, en trésors fertile,
Lui fait abondamment trouver
Tout ce qui lui peut être utile,
Soigneuse de le conserver.
Content du partage modeste
Qu'il tient de la bonté céleste,
Il vit sans trouble et sans ennui;
Et si son climat lui refuse

---

(3) Strophe assez foible, ainsi que la précédente. C'est à peu près tout ce qu'on peut reprendre dans cette pièce.

Quelques biens dont l'Europe abuse,
Ce ne sont plus des biens pour lui.

Couché dans un antre rustique,
Du Nord il brave la rigueur;
Et notre luxe asiatique
N'a point énervé sa vigueur.
Il ne regrette point la perte
De ces arts dont la découverte
A l'homme a coûté tant de soins,
Et qui, devenus nécessaires,
N'ont fait qu'augmenter nos misères,
En multipliant nos besoins. (4)

Il méprise la vaine étude
D'un philosophe pointilleux,
Qui, nageant dans l'incertitude,
Vante son savoir merveilleux.
Il ne veut d'autre connoissance,
Que ce que la toute-puissance
A bien voulu nous en donner;
Et sait qu'elle créa les sages
Pour profiter de ses ouvrages,
Et non pour les examiner.

Ainsi, d'une erreur dangereuse
Il n'avale point le poison ;
Et notre clarté ténébreuse
N'a point offusqué sa raison.

(4) Si les idées qu'offre ce contraste de l'homme civil et de l'homme sauvage ne sont pas toujours exactement vraies pour la raison, qui considère les objets sous toutes les faces, elles le sont assez pour la poésie qui peut, comme l'éloquence, ne les présenter que sous un seul aspect. M. DE LAHARPE, *Cours de Litter.*

Il ne se tend point à lui-même
Le piège d'un adroit *système*,
Pour se cacher la vérité. (5)
Le crime à ses yeux paroît crime ;
Et jamais rien d'illégitime
Chez lui n'a pris l'air d'équité.

Maintenant, fertiles contrées,
Sages mortels, peuples heureux,
Des nations hyperborées
Plaignez l'aveuglement affreux :
Vous qui, dans la vaine noblesse,
Dans les honneurs, dans la mollesse,
Fixez la gloire et les plaisirs ;
Vous, de qui l'infâme avarice
Promène au gré de son caprice
Les insatiables désirs.

Oui, c'est toi, monstre détestable,
Superbe tyran des humains,
Qui seul du bonheur véritable
A l'homme as fermé les chemins.
Pour apaiser sa soif ardente,
La terre, en trésors abondante,
Feroit germer l'or sous ses pas :
Il brûle d'un feu sans remède ;
Moins riche de ce qu'il possède,
Que pauvre de ce qu'il n'a pas. (6)

(5) Toute cette strophe est excellente, pour la pensée et pour l'expression.

(6) Antithèse d'une justesse et d'une concision remarquables.

Ah! si d'une pauvreté dure
Nous cherchons à nous affranchir,
Rapprochons-nous de la nature,
Qui seule peut nous enrichir.
Forçons de funestes obstacles ;
Réservons pour nos tabernacles
Cet or, ces rubis, ces métaux ;
Ou dans le sein des mers avides
Jetons ces richesses perfides,
L'unique élément de nos maux. (7)

Ce sont là les vrais sacrifices
Par qui nous pouvons étouffer
Les semences de tous les vices
Qu'on voit ici-bas triompher.
Otez l'intérêt de la terre,
Vous en exilerez la guerre,
L'honneur rentrera dans ses droits ;
Et, plus justes que nous ne sommes,
Nous verrons régner chez les hommes
Les mœurs à la place des lois.

Sur-tout réprimons les saillies
De notre curiosité,
Source de toutes nos folies,
Mère de notre vanité.
Nous errons dans d'épaisses ombres,
Où souvent nos lumières sombres
Ne servent qu'à nous éblouir.
Soyons ce que nous devons être ;

(7) Le mouvement de cette strophe est très poétique.

Et ne perdons point à connoître
Des jours destinés à jouir.

ODE X,

SUR LA MORT DE M. LE PRINCE DE CONTI,
arrivée au mois de février 1709.

Peuples, dont la douleur aux larmes obstinée
De ce prince chéri déplore le trépas,
Approchez, et voyez quelle est la destinée
    Des grandeurs d'ici-bas. (1)

Conti n'est plus. O ciel! ses vertus, son courage,
La sublime valeur, le zèle pour son roi,
N'ont pu le garantir, au milieu de son âge,
    De la commune loi.

Il n'est plus, et les Dieux, en des temps si funestes,
N'ont fait que le montrer aux regards des mortels.
Soumettons-nous. Allons porter ses tristes restes
    Au pied de leurs autels.

Élevons à sa cendre un monument célèbre;
Que le jour de la nuit emprunte les couleurs;
Soupirons, gémissons sur ce tombeau funèbre
    Arrosé de nos pleurs.

Mais, que dis-je ? Ah ! plutôt à sa vertu suprême
Consacrons un hommage et plus noble et plus doux.

(1) Autant, dit M. de Laharpe, la muse de Rousseau est impétueuse quand il chante une victoire, autant il sait la ralentir quand il pleure la mort du prince de Conti. C'est la différence d'un chant de triomphe à un hymne funèbre, également marquée dans le rhythme et dans le style.

Ce héros n'est point mort; le plus beau de lui-même
   Vit encor parmi nous.
Ce qu'il eut de mortel s'éclipse à notre vue;
Mais de ses actions le visible flambeau,
Son nom, sa renommée, en cent lieux répandue,
   Triomphent du tombeau.

En dépit de la mort, l'image de son ame,
Ses talents, ses vertus vivantes dans nos cœurs,
Y peignent ce héros avec des traits de flamme,
   De la Parque vainqueurs.

Steinkerque, où sa valeur rappela la victoire,
Nerwinde, où ses conseils guidèrent nos exploits,
Éternisent sa vie, aussi-bien que la gloire
   De l'empire françois. (2)

Ne murmurons donc plus contre les destinées
Qui livrent sa jeunesse au ciseau d'Atropos;
Et ne mesurons point au nombre des années
   La course des héros.

Pour qui compte les jours d'une vie inutile,
L'âge du vieux Priam passe celui d'Hector;
Pour qui compte les faits, les ans du jeune Achille
   L'égalent à Nestor.

Voici, voici le temps où, libres de contrainte,
Nos voix peuvent pour lui signaler leurs accents. (3)

(2) Rime que la prononciation moderne a rendu défectueuse. On en trouve des exemples dans Racine et dans Boileau; et ces exemples prouvent la nécessité de conserver dans les anciens auteurs l'ancienne orthographe. Nos poëtes aujourd'hui se contentent le plus souvent de rimer pour l'oreille, et ils ne feroient pas difficulté de substituer *succès* à *exploits*. On étoit autrefois plus scrupuleux.

(3) *Signaler ses accents* est une mauvaise expression.

Je puis à mon héros, sans bassesse et sans crainte,
Prodiguer mon encens.

Muses, préparez-lui votre plus riche offrande ;
Placez son nom fameux entre les plus grands noms ;
Rien ne peut plus faner l'immortelle guirlande
Dont nous le couronnons.

Oui, cher prince, ta mort, de tant de pleurs suivie,
Met le comble aux grandeurs dont tu fus revêtu,
Et sauve des écueils d'une plus longue vie
Ta gloire et ta vertu.

Au faîte des honneurs, un vainqueur indomtable
Voit souvent ses lauriers se flétrir dans ses mains.
La mort, la seule mort met le sceau véritable
Aux grandeurs des humains.

Combien avons-nous vu d'éloges unanimes
Condamnés, démentis par un honteux retour !
Et combien de héros glorieux, magnanimes,
Ont vécu trop d'un jour ! (4)

Du midi jusqu'à l'ourse on vantoit ce monarque
Qui remplit tout le nord de tumulte et de sang :
Il fuit ; sa gloire tombe (5), et le destin lui marque
Son véritable rang.

Ce n'est plus ce héros guidé par la victoire,
Par qui tous les guerriers alloient être effacés :
C'est un nouveau Pyrrhus, qui va grossir l'histoire
Des fameux insensés.

(4) Belles pensées, que fait encore plus ressortir la pompe et l'harmonie du style.

(5) La manière seule dont sont placés ces mots : *il fuit, sa gloire tombe*, fait une très belle image.

Ainsi de ses bienfaits la fortune se venge.
Mortels, défions-nous d'un sort toujours heureux;
Et de nos ennemis songeons que la louange
    Est le plus dangereux. (6)
Jadis tous les humains, errants à l'aventure,
A leur sauvage instinct vivoient abandonnés,
Satisfaits d'assouvir de l'aveugle nature
    Les besoins effrénés.
La raison, fléchissant leurs humeurs indociles,
De la société vint former les liens,
Et bientôt rassembla sous de communs asiles
    Les premiers citoyens.
Pour assurer entre eux la paix et l'innocence,
Les lois firent alors éclater leur pouvoir;
Sur des tables d'airain l'audace et la licence
    Apprirent leur devoir.
Mais il falloit encor, pour étonner le crime,
Toujours contre les lois prompt à se révolter,
Que des chefs, revêtus d'un pouvoir légitime,
    Les fissent respecter.
Ainsi, pour le maintien de ces lois salutaires,
Du peuple entre vos mains le pouvoir fut remis;
Rois, vous fûtes élus sacrés dépositaires
    Du glaive de Thémis.
Puisse en vous la vertu faire luire sans cesse
De la divinité les rayons glorieux!
Partagez ces tributs d'amour et de tendresse
    Que nous offrons aux Dieux.

(6) Tout ce qui suit, jusqu'à l'avant-dernière strophe, est un hors-d'œuvre assez long, et foiblement lié au sujet principal.

Mais chassez loin de vous la basse flatterie,
Qui, cherchant à souiller la bonté de vos mœurs,
Par cent détours obscurs s'ouvre avec industrie
    La porte de vos cœurs.

Le pauvre est à couvert de ses ruses obliques ;
Orgueilleuse, elle suit la pourpre et les faisceaux ;
Serpent contagieux, qui des sources publiques
    Empoisonne les eaux. (7)

Craignez que de sa voix les trompeuses délices
N'assoupissent enfin votre foible raison ;
De cette enchanteresse osez, nouveaux Ulysses,
    Rejeter le poison.

Némésis vous observe, et frémit des blasphèmes
Dont rougit à vos yeux l'aimable vérité ;
N'attirez point sur vous, trop épris de vous-mêmes,
    Sa terrible équité.

C'est elle dont les yeux certains, inévitables,
Percent tous les replis de nos cœurs insensés ;
Et nous lui répondons des éloges coupables
    Qui nous sont adressés.

Des châtiments du ciel implacable ministre,
De l'équité trahie elle venge les droits :
Et voici les arrêts dont sa bouche sinistre
    Epouvante les rois :

Écoutez, et tremblez, idoles de la terre :
D'un encens usurpé Jupiter est jaloux ;
Vos flatteurs dans ses mains allument le tonnerre
    Qui s'élève (8) sur vous.

(7) Belle métaphore.
(8) Ce mot présente une image peu juste. Le tonnerre ne

Il détruira leur culte ; il brisera l'image
A qui sacrifioient ces faux adorateurs,
Et punira sur vous le détestable hommage
   De vos adulateurs.

Moi, je préparerai les vengeances célestes ;
Je livrerai vos jours au démon de l'orgueil,
Qui, par vos propres mains, de vos grandeurs funestes
   Creusera le cercueil.

Vous n'écouterez plus la voix de la sagesse ;
Et, dans tous vos conseils, l'aveugle vanité,
L'esprit d'enchantement, de vertige et d'ivresse,
   Tiendra lieu de clarté.

Sous les noms spécieux de zèle et de justice
Vous vous déguiserez les plus noirs attentats ;
Vous couvrirez de fleurs les bords du précipice
   Qui s'ouvre sous vos pas.

Mais enfin votre chute, à vos yeux déguisée,
Aura ces mêmes yeux pour tristes spectateurs ;
Et votre abaissement servira de risée
   A vos propres flatteurs.

De cet oracle affreux tu n'as point à te plaindre, (9)
Cher prince ; ton éclat n'a point su t'abuser.

s'élève pas sur le coupable ; il falloit, *prêt à tomber sur vous*, ou toute autre expression équivalente. D'ailleurs la strophe est belle, et cette prosopopée produiroit plus d'effet, si tout ce morceau ne sembloit pas ajouté après coup.

 (9) Au moyen d'un léger changement dans ces vers, Rousseau auroit pu supprimer tout ce qui précède, à partir de la strophe,
  Je vis tous les humains errants à l'aventure.
L'ode, ainsi coupée, n'auroit eu que plus de rapidité. Elle

Ennemi des flatteurs, à force de les craindre,
    Tu sus les mépriser.

Aussi la renommée, en publiant ta gloire,
Ne sera point soumise à ces fameux revers :
Les Dieux t'ont laissé vivre assez pour ta mémoire,
    Trop peu pour l'univers.

ODE XI,

POUR MADAME D***

sur le gain d'un procès intenté contre son mariage.

Quels nouveaux concerts d'allégresse
Retentissent de toutes parts !
Quelle lumineuse déesse
Arrête ici tous les regards !
C'est Thémis qui vient de descendre,
Thémis, empressée à défendre
L'honneur de son sexe outragé, (1)
Et qui, sur l'envie étouffée,
Vient dresser un juste trophée
Au mérite qu'elle a vengé.

n'en doit pas moins être mise au rang des plus belles pièces de Rousseau, pour la marche, pour l'harmonie, et sur-tout pour l'art admirable avec lequel le poëte a su fondre ses couleurs, et les approprier au sujet.

  Au reste cet épisode, qui nous paroît un hors-d'œuvre, formoit une ode séparée dans les premières éditions de Rousseau

(1) Rapprochement ingénieux.

Par la nature et la fortune
Tous nos destins sont balancés;
Mais toujours les bienfaits de l'une
Par l'autre ont été traversés.
O déesses, une mortelle
Seule à votre longue querelle
Fit succéder d'heureux accords;
Vous voulûtes, à sa naissance,
Signaler votre intelligence,
En la comblant de vos trésors.

Mais que vois-je? La noire envie,
Agitant ses serpents affreux,
Pour ternir l'éclat de sa vie
Sort de son antre ténébreux.
L'avarice lui sert de guide;
La malice au souris perfide,
L'imposture aux yeux effrontés,
De l'enfer filles inflexibles,
Secouant leurs flambeaux horribles,
Marchent sans ordre à ses côtés.

L'innocence, fière et tranquille,
Voit leurs complots sans s'ébranler,
Et croit que leur fureur stérile
En vains éclats va s'exhaler;
Mais son espérance est trompée.
De Thémis, ailleurs occupée,
Les secours étoient différés;
Et, par l'impunité plus fortes,

Leur audace frappoit aux portes
Des tribunaux les plus sacrés. (2)

Enfin, divinité brillante,
Par toi leur orgueil est détruit,
Et ta lumière étincelante
Dissipe cette affreuse nuit.
Déjà leur troupe confondue
A ton aspect tombe éperdue ;
Leur espoir meurt anéanti ;
Et le noir démon du mensonge
Fuit, disparoît, et se replonge (3)
Dans l'ombre dont il est sorti.

Quitte tes vêtements funèbres,
Fille du ciel, noble pudeur :
La lumière sort des ténèbres,
Reprends ta première splendeur.
De cette divine mortelle,
Dont tu fus la guide éternelle,
Les lois ont été le soutien.
Reviens, de festons couronnée,
Et de palmes environnée,
Chanter son triomphe et le tien.

Assez la fraude et l'injustice,
Que sa gloire avoit su blesser,
Dans les pièges de l'artifice
Ont tâché de l'embarrasser.

(2) Ce qu'on doit le plus remarquer dans cette ode, c'est le parti qu'a tiré Rousseau d'un sujet aussi vague, et qui n'offroit que des détails peu poétiques.

(3) Vers très rapide, et où la gradation est bien observée.

Fuyez, jalousie obstinée;
De votre haleine empoisonnée,
Cessez d'offusquer ses vertus :
Regardez la haine impuissante,
Et la discorde gémissante,
Monstres sous ses pieds abattus.

Pour chanter leur joie et sa gloire,
Combien d'immortelles chansons
Les chastes filles de Mémoire
Vont dicter à leurs nourrissons!
Oh! qu'après la triste froidure,
Nos yeux, amis de la verdure,
Sont enchantés de son retour!
Qu'après les frayeurs du naufrage
On oublie aisément l'orage
Qui cède à l'éclat d'un beau jour!

Tel souvent un nuage sombre, (4)
Du sein de la terre exhalé,
Tient sous l'épaisseur de son ombre
Le céleste flambeau voilé.
La nature en est consternée :
Flore languit abandonnée;
Philomèle n'a plus de sons;
Et, tremblante à ce noir présage,
Cérès pleure l'affreux ravage
Qui vient menacer ses moissons.

Mais bientôt vengeant leur injure,
Je vois mille traits enflammés

(4) Comparaison très poétique.

Qui percent la prison obscure
Qui les retenoit enfermés.
Le ciel de toutes parts s'allume ;
L'air s'échauffe ; la terre fume ;
Le nuage crève et pâlit ;
Et dans un gouffre de lumière
Sa vapeur humide et grossière
Se dissipe et s'ensevelit.

ODE XII.
A PHILOMÈLE.

Pourquoi, plaintive Philomèle, (1)
Songer encore à vos malheurs,
Quand, pour apaiser vos douleurs,
Tout cherche à vous marquer son zèle ?

L'univers, à votre retour,
Semble renaître pour vous plaire ;
Les Dryades à votre amour
Prêtent leur ombre solitaire.

Loin de vous l'Aquilon fougueux
Souffle sa piquante froidure ;
La terre reprend sa verdure ;
Le ciel brille des plus beaux feux.

Pour vous l'amante de Céphale
Enrichit Flore de ses pleurs ;

(1) Cette ode respire la sensibilité. Rousseau ne la prodigue pas, mais on a eu déjà occasion de voir qu'il n'en étoit pas dépourvu.

Le Zéphir cueille sur les fleurs
Les parfums que la terre exhale.

Pour entendre vos doux accents
Les oiseaux cessent leur ramage ;
Et le chasseur le plus sauvage
Respecte vos jours innocents. (2)

Cependant votre ame, attendrie
Par un douloureux souvenir,
Des malheurs d'une sœur chérie
Semble toujours s'entretenir.

Hélas! que mes tristes pensées
M'offrent des maux bien plus cuisants!
Vous pleurez des peines passées;
Je pleure des ennuis présents :

Et, quand la nature attentive
Cherche à calmer vos déplaisirs,
Il faut même que je me prive
De la douceur de mes soupirs.

ODE XIII.
SUR UN COMMENCEMENT D'ANNÉE.

L'ASTRE qui partage les jours,
Et qui nous prête sa lumière,

---

(2) Idée charmante. Toute cette petite pièce est pleine de naturel et de grace. Le ton, les idées, les images, tout y est en harmonie parfaite avec le sujet. Voilà le véritable langage de la *mélancolie*, s'il est encore permis de se servir de ce terme dont on a tant abusé.

Vient de terminer sa carrière,
Et (1) commencer un nouveau cours.

Avec une vitesse extrême
Nous avons vu l'an s'écouler ;
Celui-ci passera de même,
Sans qu'on puisse le rappeler.

Tout finit ; tout est, sans remède,
Aux lois du temps assujetti ;
Et, par l'instant qui lui succède,
Chaque instant est anéanti.

La plus brillante des journées
Passe pour ne plus revenir ;
La plus fertile des années
N'a commencé que pour finir.

En vain par les murs qu'on achève
On tâche à s'immortaliser ;
La vanité qui les élève
Ne sauroit les éterniser.

La même loi, par-tout suivie,
Nous soumet tous au même sort.
Le premier moment de la vie
Est le premier pas vers la mort.

Pourquoi donc en si peu d'espace
De tant de soins m'embarrasser ?
Pourquoi perdre le jour qui passe
Pour un autre qui doit passer ?

(1) Cette phrase pèche contre l'exactitude grammaticale. Il auroit fallu répéter *de* avant *commencer*.

Si tel est le destin des hommes,
Qu'un moment peut les voir finir;
Vivons pour l'instant où nous sommes,
Et non pour l'instant à venir.

Cet homme est vraiment déplorable, (2)
Qui, de la fortune amoureux,
Se rend lui-même misérable,
En travaillant pour être heureux.

Dans des illusions flatteuses
Il consume ses plus beaux ans;
A des espérances douteuses
Il immole des biens présents.

Insensés! votre ame se livre
A de tumultueux projets;
Vous mourrez, sans avoir jamais
Pu trouver le moment de vivre.

De l'erreur qui vous a séduits
Je ne prétends pas me repaître;
Ma vie est l'instant où je suis,
Et non l'instant où je dois être.

Je songe aux jours que j'ai passés,
Sans les regretter, ni m'en plaindre :
Je vois ceux qui me sont laissés,
Sans les désirer, ni les craindre. (3)

Ne laissons point évanouir
Des biens mis en notre puissance;

---

(2) Vous voyez devant vous un prince déplorable.
                RACINE, *Phèdre*, acte II, scène 2.
(3) Cette strophe rappelle l'inscription que Maynard,

Et que l'attente d'en jouir
N'étouffe point leur jouissance.

Le moment passé n'est plus rien ;
L'avenir peut ne jamais être :
Le présent est l'unique bien
Dont l'homme soit vraiment le maître.

ODE XIV.

AUX SUISSES,

durant leur guerre civile, en 1712.

Où courez-vous, cruels ? Quel démon parricide
    Arme vos sacrilèges bras ?
Pour qui destinez-vous l'appareil homicide
    De tant d'armes et de soldats ?

Allez-vous réparer la honte encor nouvelle
    De vos passages violés ?
Etes-vous résolus à venger la querelle
    De vos ancêtres immolés ?

Non, vous voulez venger votre ennemi lui-même,
    Et faire voir aux fiers Germains
Leurs antiques rivaux, dans leur fureur extrême
    Egorgés de leurs propres mains.

dégoûté de la cour, fit mettre sur la porte de son cabinet :
    Las d'espérer, et de me plaindre
    Des Muses, des Grands et du Sort,
    C'est ici que j'attends la mort,
    Sans la désirer, ni la craindre.

Tigres (1), plus acharnés que le lion sauvage,
   Qui, malgré sa férocité,
Dans un autre lion respectant son image,
   Dépouille pour lui sa fierté.

Mais parlez; répondez: Quels feux illégitimes
   Allument en vous ce transport?
Est-ce un aveugle instinct? Sont-ce vos propres crimes,
   Ou la fatale loi du sort?

Ils demeurent sans voix. Que devient leur audace?
   Je vois leurs visages pâlir;
Le trouble les saisit; l'étonnement les glace.
   Ah! vos destins vont s'accomplir.

Vos pères ont péché: vous en portez la peine;
   Et Dieu, sur votre nation,
Veut des profanateurs de sa loi souveraine
   Expier la rébellion. (2)

ODE XV,

IMITÉE D'HORACE.

liv. I, odes 5 et 8.

Quel charme, beauté dangereuse,
Assoupit ton nouveau Pâris?

(1) Il y a ici défaut de gradation. Le mot *tigre* présente l'idée du plus féroce des animaux, et il devient inutile d'ajouter qu'il est plus acharné que le lion.

(2) Toute cette ode est une imitation très heureuse de la septième épode d'Horace.

LIVRE II.

Dans quelle oisiveté honteuse,
De tes yeux la douceur flatteuse
A-t-elle plongé ses esprits?
Pourquoi ce guerrier inutile
Cherche-t-il l'ombre et le repos?
D'où vient que, déjà vieil Achille,
Il suit le modèle stérile
De l'enfance de ce héros?

En proie au plaisir qui l'enchante,
Il laisse endormir sa raison,
Et de la coupe séduisante
Que le fol amour lui présente
Il boit à longs traits le poison.

Ton accueil qui le sollicite (1)
Le nourrit dans ce doux état.
O qu'il est beau de voir écrite
La mollesse d'un Sibarite
Sur le front brûlé d'un soldat!

De ses langueurs efféminées
Il recevra bientôt le prix;
Et déjà ses mains basanées,
Aux palmes de Mars destinées,
Cueillent les myrtes de Cypris.

Mais qu'il connoît peu quel orage
Suivra ce calme suborneur!
Qu'il va regretter le rivage!
Que je plains le triste naufrage
Que lui prépare son bonheur!

(1) Qui l'attire.

ODES.

Quand les vents, maintenant paisibles,
Enfleront la mer en courroux ;
Quand pour lui les Dieux inflexibles
Changeront en des nuits horribles
Des jours qu'il a trouvés si doux.

Insensé, qui sur tes promesses
Croit pouvoir fonder son appui,
Sans songer que mêmes tendresses,
Mêmes serments, mêmes caresses,
Trompèrent un autre avant lui.

L'amour a marqué son supplice :
Je vois cet amant irrité,
Des Dieux accusant l'injustice,
Détestant son lâche caprice,
Déplorer sa fidélité :

Tandis qu'au mépris de ses larmes,
Oubliant qu'il sait se venger,
Tu mets tes attraits sous les armes,
Pour profiter des nouveaux charmes
De quelque autre amant passager. (2)

(2) Cette imitation d'Horace est bien moins heureuse que la précédente.

FIN DU LIVRE SECOND.

LIVRE TROISIÈME.

ODE I.

A M. LE COMTE DU LUC,

alors ambassadeur de France en Suisse, et plénipotentiaire à la paix de Bade.

Tel que le vieux pasteur des troupeaux de Neptune, (1)
Protée, à qui le ciel, père de la fortune,
  Ne cache aucuns secrets,
Sous diverse figure, arbre, flamme, fontaine,
S'efforce d'échapper à la vue incertaine
  Des mortels indiscrets;

Ou tel que d'Apollon le ministre terrible,
Impatient du Dieu dont le souffle invincible
  Agite tous ses sens,
Le regard furieux, la tête échevelée,
Du temple fait mugir la demeure ébranlée
  Par ses cris impuissants :

Tel, aux premiers accès d'une sainte manie,
Mon esprit alarmé redoute du génie
  L'assaut victorieux;
Il s'étonne, il combat l'ardeur qui le possède,

---

(1) Cette ode est peut-être la plus belle qui ait été faite dans aucune langue. Le fonds, dit M. de Laharpe, en est bien peu de chose. Rousseau veut louer le comte du Luc des services qu'il a rendus à l'état, et lui souhaiter une santé meilleure et une longue vie.

Et voudroit secouer du démon qui l'obsède
    Le joug impérieux.

Mais sitôt que, cédant à la fureur divine,
Il reconnoît enfin du Dieu qui le domine
    Les souveraines lois,
Alors, tout pénétré de sa vertu suprême,
Ce n'est plus un mortel, c'est Apollon lui-même
    Qui parle par ma voix.

Je n'ai point l'heureux don de ces esprits faciles
Pour qui les doctes sœurs, caressantes, dociles,
    Ouvrent tous leurs trésors ;
Et qui, dans la douceur d'un tranquille délire,
N'éprouvèrent jamais, en maniant la lyre,
    Ni fureurs ni transports. (2)

Des veilles, des travaux, un foible cœur s'étonne :
Apprenons toutefois que le fils de Latone,
    Dont nous suivons la cour,
Ne nous vend qu'à ce prix ces traits de vive flamme,
Et ces ailes de feu qui ravissent une ame
    Au céleste séjour. (3)

C'est par-là qu'autrefois d'un prophète fidèle
L'esprit, s'affranchissant de sa chaîne mortelle

(2) Ce début seroit fort étrange, et ce ton seroit d'une hauteur déplacée, si le poëte alloit tout de suite à son but....... Mais ici Rousseau est encore bien loin du comte du Luc, et le chemin qu'il va faire justifiera la pompe et la véhémence de son exorde. M. DE LAHARPE, *Cours de Littér.*

(3) Ces trois vers sont faits avec un art admirable. La gradation y est si habilement marquée, les expressions, si bien choisies, si heureusement placées, que l'esprit, entraîné en quelque sorte par l'élan du poëte, croit s'élever avec lui et franchir le même espace.

Par un puissant effort,
S'élançoit dans les airs comme un aigle intrépide,
Et jusque chez les Dieux alloit d'un vol rapide
Interroger le sort.

C'est par-là qu'un mortel, forçant les rives sombres,
Au superbe tyran qui règne sur les ombres
Fit respecter sa voix :
Heureux si, trop épris d'une beauté rendue,
Par un excès d'amour il ne l'eût point perdue
Une seconde fois ! (4)

Telle étoit de Phébus la vertu souveraine,
Tandis qu'il fréquentoit les bords de l'Hippocrène
Et les sacrés vallons :
Mais ce n'est plus le temps, depuis que l'avarice,
Le mensonge flatteur, l'orgueil et le caprice,
Sont nos seuls Apollons.

Ah ! si ce Dieu sublime, échauffant mon génie,
Ressuscitoit pour moi de l'antique harmonie
Les magiques accords ; (5)
Si je pouvois du ciel franchir les vastes routes,
Ou percer par mes chants les infernales voûtes
De l'empire des morts ;

Je n'irois point, des Dieux profanant la retraite,
Dérober au Destin, téméraire interprète,
Ses augustes secrets ;
Je n'irois point chercher une amante ravie,

(4) Toutes ces strophes peuvent le disputer de beauté et même d'harmonie avec ce que les anciens nous ont laissé de plus parfait.

(5) Beau choix d'épithètes.

Et, la lyre à la main, redemander sa vie
    Au gendre de Cérès.

Enflammé d'une ardeur plus noble et moins stérile,
J'irois, j'irois pour vous, ô mon illustre asile,
    O mon fidèle espoir,
Implorer aux enfers ces trois fières Déesses,
Que jamais jusqu'ici nos vœux ni nos promesses
    N'ont su l'art d'émouvoir. (6)

Puissantes déités qui peuplez cette rive,
Préparez, leur dirois-je, une oreille attentive
    Au bruit de mes concerts;
Puissent-ils amollir vos superbes courages
En faveur d'un héros digne des premiers âges
    Du naissant univers !

Non, jamais sous les yeux de l'auguste Cybèle
La terre ne fit naître un plus parfait modèle,
    Entre les Dieux mortels;
Et jamais la vertu n'a, dans un siècle avare,
D'un plus riche parfum ni d'un encens plus rare
    Vu fumer ses autels.

C'est lui, c'est le pouvoir de cet heureux génie
Qui soutient l'équité contre la tyrannie

(6) Nous savons donc enfin où Rousseau en vouloit venir. Nous concevons qu'il ne lui falloit rien moins que cette espèce d'obsession dont il a paru tourmenté par le Dieu des vers, puisqu'il s'agit de tenter ce qui n'avoit réussi qu'au seul Orphée, de fléchir les Parques et d'attendrir les enfers. Il va faire pour l'amitié ce qu'Orphée avoit fait pour l'amour, et sa prière est si touchante, le chant de ses vers est si mélodieux, qu'il paroît être véritablement ce même Orphée qu'il veut imiter. M. DE LAHARPE, *Cours de Littér.*

LIVRE III.

  D'un astre injurieux.
L'aimable vérité, fugitive, importune,
N'a trouvé qu'en lui seul sa gloire, sa fortune,
  Sa patrie et ses Dieux.

Corrigez donc pour lui vos rigoureux usages.
Prenez tous les fuseaux qui pour les plus longs âges
  Tournent entre vos mains.
C'est à vous que du Styx les Dieux inexorables
Ont confié les jours, hélas ! trop peu durables,
  Des fragiles humains.

Si ces Dieux, dont un jour tout doit être la proie,
Se montrent trop jaloux de la fatale soie
  Que vous leur redevez,
Ne délibérez plus, tranchez mes destinées,
Et renouez leur fil à celui des années
  Que vous lui réservez.

Ainsi daigne le ciel, toujours pur et tranquille,
Verser sur tous les jours que votre main nous file
  Un regard amoureux !
Et puissent les mortels, amis de l'innocence,
Mériter tous les soins que votre vigilance
  Daigne prendre pour eux !

C'est ainsi qu'au-delà de la fatale barque
Mes chants adouciroient de l'orgueilleuse Parque
  L'impitoyable loi ;
Lachésis apprendroit à devenir sensible,
Et le double ciseau de sa sœur inflexible
  Tomberoit devant moi. (7)

(7) Il tomberoit sans doute, s'écrie M. de Laharpe, après avoir cité tout ce morceau, si l'oreille des divinités infernales étoit sensible aux charmes des beaux vers. C'est là qu'est bien

Une santé dès-lors florissante, éternelle,
Vous feroit recueillir d'une automne nouvelle
    Les nombreuses moissons;
Le ciel ne seroit plus fatigué de nos larmes;
Et je verrois enfin de mes froides alarmes
    Fondre tous les glaçons. (8)

Mais une dure loi, des Dieux mêmes suivie,
Ordonne que le cours de la plus belle vie
    Soit mêlé de travaux:
Un partage inégal ne leur fut jamais libre,
Et leur main tient toujours dans un juste équilibre
    Tous nos biens et nos maux.

Ils ont sur vous, ces Dieux, épuisé leur largesse,
C'est d'eux que vous tenez la raison, la sagesse,
    Les sublimes talents;
Vous tenez d'eux enfin cette magnificence
Qui seule sait donner à la haute naissance
    De solides brillants.

C'en étoit trop, hélas! et leur tendresse avare,
Vous refusant un bien dont la douceur répare
    Tous les maux amassés,
Prit sur votre santé, par un décret funeste,

placé l'orgueil poétique,.... parceque le poëte, encore tout bouillant de l'inspiration, tout plein du sentiment que lui a dicté son éloquente prière, ne croit pas qu'on puisse lui résister, et nous fait partager cette confiance si noble et si naturelle.

(8) Métaphore de mauvais goût. C'est le seul vers, dit M. de Laharpe, qu'il eût fallu, je crois, retrancher de ce chef-d'œuvre.

LIVRE III.

Le salaire des dons qu'à votre ame céleste
  Elle avoit dispensés. (9)

Le ciel nous vend toujours les biens qu'il nous prodigue ;
Vainement un mortel se plaint et le fatigue
  De ses cris superflus ;
L'ame d'un vrai héros, tranquille, courageuse,
Sait comme il faut souffrir d'une vie orageuse
  Le flux et le reflux.

Il sait, et c'est par-là qu'un grand cœur se console,
Que son nom ne craint rien ni des fureurs d'Éole,
  Ni des flots inconstants ;
Et que, s'il est mortel, son immortelle gloire
Bravera, dans le sein des filles de Mémoire,
  Et la mort et le temps.

Tandis qu'entre des mains à sa gloire attentives
La France confira de ses saintes archives
  Le dépôt solennel,
L'avenir y verra le fruit de vos journées,
Et vos heureux destins unis aux destinées
  D'un empire éternel.

Il saura par quels soins, tandis qu'à force ouverte
L'Europe conjurée armoit pour notre perte
  Mille peuples fougueux,
Sur des bords étrangers votre illustre assistance
Sut ménager pour nous les cœurs et la constance
  D'un peuple belliqueux.

(9) Idée rendue avec une élégance remarquable.

Il saura quel génie, au fort de nos tempêtes,
Arrêta, malgré nous, dans leurs vastes conquêtes,
   Nos ennemis hautains ;
Et que vos seuls conseils, déconcertant leurs princes,
Guidèrent au secours de deux riches provinces
   Nos guerriers incertains.

Mais quel peintre fameux, par de savantes veilles,
Consacrant aux humains de tant d'autres merveilles
   L'immortel souvenir,
Pourra suivre le fil d'une histoire si belle,
Et laisser un tableau digne des mains d'Apelle,
   Aux siècles à venir ?

Que ne puis-je franchir cette noble barrière !
Mais, peu propre aux efforts d'une longue carrière,
   Je vais jusqu'où je puis ;
Et, semblable à l'abeille, en nos jardins éclose,
De différentes fleurs j'assemble et je compose
   Le miel que je produis.

Sans cesse en divers lieux errant à l'aventure
Des spectacles nouveaux que m'offre la nature
   Mes yeux sont égayés ;
Et tantôt dans les bois, tantôt dans les prairies,
Je promène toujours mes douces rêveries
   Loin des chemins frayés.

Celui qui, se livrant à des guides vulgaires,
Ne détourne jamais des routes populaires
   Ses pas infructueux,
Marche plus sûrement dans une humble campagne,

Que ceux qui, plus hardis, percent de la montagne
    Les sentiers tortueux.

Toutefois c'est ainsi que nos maîtres célèbres
Ont dérobé leurs noms aux épaisses ténèbres
    De leur antiquité ;
Et ce n'est qu'en suivant leur périlleux exemple,
Que nous pouvons, comme eux, arriver jusqu'au temple
    De l'immortalité.

ODE II.

A M. LE PRINCE EUGÈNE DE SAVIE.

Est-ce une illusion soudaine
Qui trompe mes regards surpris ?
Est-ce un songe dont l'ombre vaine
Trouble mes timides esprits ?
Quelle est cette Déesse énorme,
Ou plutôt ce monstre difforme
Tout couvert d'oreilles et d'yeux,
Dont la voix ressemble au tonnerre,
Et qui, des pieds touchant la terre,
Cache sa tête dans les cieux ? (1)

C'est l'inconstante Renommée,
    Qui, sans cesse les yeux ouverts,

---

(1) Voyez la description de la Renommée dans le quatrième livre de l'Enéide, et les imitations qu'en ont faites Boileau, au second chant du Lutrin, et Voltaire, au huitième chant de la Henriade.

Fait sa revue accoutumée (2)
Dans tous les coins de l'univers ;
Toujours vaine, toujours errante,
Et messagère indifférente
Des vérités et de l'erreur,
Sa voix, en merveilles féconde,
Va chez tous les peuples du monde
Semer le bruit et la terreur.

Quelle est cette troupe sans nombre
D'amants autour d'elle assidus,
Qui viennent en foule à son ombre
Rendre leurs hommages perdus ?
La vanité, qui les enivre,
Sans relâche s'obstine à suivre
L'éclat dont elle les (3) séduit :
Mais bientôt leur ame orgueilleuse
Voit sa lumière frauduleuse
Changée en éternelle nuit.

O toi qui, sans lui rendre hommage,
Et sans redouter son pouvoir,
Sus toujours de cette volage
Fixer les soins et le devoir,
Héros, des héros le modèle,
Etoit-ce pour cette infidèle
Qu'on t'a vu, cherchant les hasards,
Braver mille morts toujours prêtes,

(2) Ce mot *revue* est ici anobli par la grandeur de l'idée. M. DE LAHARPE.

(3) *Elle* est amphibologique. Est-ce la vanité Est-ce la renommée ? *Cours de Littér.*

Et dans les feux et les tempêtes
Défier la fureur de Mars?

Non, non; ses lueurs passagères
N'ont jamais ébloui tes sens :
A des déités moins légères
Ta main prodigue son encens.
Ami de la gloire solide,
Mais de la vérité rigide
Encor plus vivement épris,
Sous ses drapeaux seuls tu te ranges;
Et ce ne sont point les louanges,
C'est la vertu que tu chéris.

Tu méprises l'orgueil frivole
De tous ces héros imposteurs
Dont la fausse gloire s'envole
Avec la voix de leurs flatteurs. (4)
Tu sais que l'équité sévère
A cent fois du haut de leur sphère
Précipité ces vains guerriers
Et qu'elle est l'unique Déesse
Dont l'incorruptible sagesse
Puisse éterniser tes lauriers.

Ce vieillard qui d'un vol agile
Fuit sans jamais être arrêté,
Le Temps, cette image mobile
De l'immobile éternité, (5)

(4) Idée ingénieuse.
(5) Ces deux vers, dit M. DE LAHARPE, sont au nombre des plus beaux qu'on ait faits dans aucune langue. *L'im-*

A peine du sein des ténèbres
Fait éclore les faits célèbres,
Qu'il les replonge dans la nuit;
Auteur de tout ce qui doit être,
Il détruit tout ce qu'il fait naître,
A mesure qu'il le produit.

Mais la déesse de Mémoire,
Favorable aux noms éclatants,
Soulève l'équitable histoire (6)
Contre l'iniquité du Temps;
Et, dans le registre (7) des âges
Consacrant les nobles images
Que la gloire lui vient offrir,
Sans cesse en cet auguste livre
Notre souvenir voit revivre
Ce que nos yeux ont vu périr.

C'est là que sa main immortelle,
Mieux que la Déesse aux cent voix,
Saura, dans un tableau fidèle,
Immortaliser tes exploits.
L'avenir, faisant son étude
De cette vaste multitude

mobile éternité est une des figures les plus heureusement hardies qu'on ait jamais employées, et le contraste du temps mobile la rend encore plus frappante.

(6) Emprunt que l'élève de Despréaux fait à son maître. Celui-ci avoit dit:
Et soulever pour toi l'équitable avenir.
Cours de Littér.

(7) Mot qui, comme le dit M. de Laharpe, ne sembloit pas fait pour les vers, mais qui est anobli par l'idée

D'incroyables évènements,
Dans leurs vérités authentiques,
Des fables les plus fantastiques
Retrouvera les fondements.

Tous ces traits incompréhensibles,
Par les fictions anoblis,
Dans l'ordre des choses possibles
Par-là se verront rétablis.
Chez nos neveux moins incrédules,
Les vrais Césars, les faux Hercules,
Seront mis en même degré;
Et tout ce qu'on dit à leur gloire,
Et qu'on admire sans le croire,
Sera cru sans être admiré. (8)

Guéris d'une vaine surprise,
Ils concevront sans être émus
Les faits du petit-fils d'Acrise,
Et tous les travaux de Cadmus.
Ni le monstre du Labyrinthe,
Ni la triple Chimère éteinte,
N'étonneront plus la raison;
Et l'esprit avoûra sans honte
Tout ce que la Grèce raconte
Des merveilles du fils d'Eson.

Et pourquoi traiter de prestiges
Les aventures de Colchos?

(8) Ces trois derniers vers, pour que la pensée eût quelque justesse, ne devroient se rapporter qu'aux *faux Hercules*.

Les Dieux n'ont-ils fait des prodiges
Que dans Thèbes ou dans Argos? (9)
Que peuvent opposer les fables
Aux prodiges inconcevables
Qui, de nos jours exécutés,
Ont cent fois dans la Germanie,
Chez le Belge, dans l'Ausonie,
Frappé nos yeux épouvantés?

Mais ici ma lyre impuissante
N'ose seconder mes efforts :
Une voix fière et menaçante
Tout à coup glace mes transports:
Arrête, insensé, me dit-elle?
Ne va point d'une main mortelle
Toucher un laurier immortel :
Arrête; et, dans ta folle audace,
Crains de reconnoître la trace
Du sang dont fume ton autel. (10)

Le terrible Dieu de la guerre,
Bellone et la fière Atropos,
N'ont que trop effrayé la terre
Des triomphes de ton héros ;
Ces Dieux, ta patrie elle-même,
Rendront à sa valeur suprême

(9) Quoique cette hyperbole, assez ingénieuse, soit de temps en temps relevée par la poésie, on ne peut s'empêcher de convenir avec M. de Laharpe, qu'elle est froide et trop prolongée.

(10) Allusion aux victoires qu'Eugène remporta sur la France, et sur lesquelles le poëte s'excuse de s'étendre, par une figure adroite et poétique.

D'assez authentiques tributs :
Admirateur plus légitime,
Garde tes vers et ton estime
Pour de plus tranquilles vertus. (11)

Ce n'est point d'un amas funeste
De massacres et de débris
Qu'une vertu pure et céleste
Tire son véritable prix.
Un héros qui de la victoire
Emprunte son unique gloire
N'est héros que quelques moments ;
Et, pour l'être toute sa vie,
Il doit opposer à l'envie
De plus paisibles monuments.

En vain ses exploits mémorables
Etonnent les plus fiers vainqueurs ;
Les seules conquêtes durables
Sont celles qu'on fait sur les cœurs.
Un tyran cruel et sauvage
Dans les feux et dans le ravage
N'acquiert qu'un honneur criminel ;
Un vainqueur, qui sait toujours l'être,
Dans les cœurs dont il se rend maître
S'élève un trophée éternel.

C'est par cette illustre conquête,
Mieux encor que par ces travaux,
Que ton prince élève sa tête
Au-dessus de tous ses rivaux ;

(11) Les quatre strophes qui suivent sont foibles.

Grand par tout ce que l'on admire,
Mais plus encor, j'ose le dire,
Par cette héroïque bonté,
Et par cet abord plein de grace
Qui des premiers âges retrace
L'adorable simplicité.

Il sait qu'en ce vaste intervalle
Où les destins nous ont placés,
D'une fierté qui les ravale
Les mortels sont toujours blessés;
Que la grandeur fière et hautaine
N'attire souvent que leur haine
Lorsqu'elle ne fait rien pour eux;
Et que, tandis qu'elle subsiste,
Le parfait bonheur ne consiste
Qu'à rendre les hommes heureux.

Les Dieux même, éternels arbitres
Du sort des fragiles mortels,
N'exigent qu'à ces mêmes titres
Nos offrandes et nos autels.
C'est leur puissance qu'on implore;
Mais c'est leur bonté qu'on adore
Dans le bien qu'ils font aux humains;
Et, sans cette bonté fertile,
Leur foudre, souvent inutile,
Gronderoit en vain dans leurs mains.

Prince, suis toujours les exemples
De ces Dieux dont tu tiens le jour:

Avant de mériter nos temples,
Ils ont mérité notre amour.
Tu le sais, l'aveugle fortune
Peut faire d'une ame commune
Un héros par-tout admiré :
La seule vertu profitable,
Généreuse, tendre, équitable,
Peut faire un héros adoré.

Ce potentat toujours auguste,
 Maître de tant de potentats,
Dont la main si ferme et si juste
Conduit tant de vastes états,
Deviendra la gloire des princes,
Lorsqu'en ses nombreuses provinces
Rassemblant les plaisirs épars,
Sous sa féconde providence
Tu feras fleurir l'abondance,
Les délices et les beaux-arts.

Seconde les heureux auspices
D'un monarque si renommé :
Déjà, par tes secours propices,
Janus voit son temple fermé.
Puisse ta gloire toujours pure
A toute la race future
Servir de modèle et de loi ;
Et ton intégrité profonde
Etre à jamais l'amour du monde,
Comme ton bras en fut l'effroi ! (12)

(12) Belle antithèse qui termine heureusement cette ode. **L'ode au prince Eugène,** dit M. de Laharpe, après avoir

ODE III.
A M. LE COMTE DE BONNEVAL,
Lieutenant-général des armées de l'Empereur.

Le soleil, dont la violence
Nous a fait languir si long-temps,
Arme de feux moins éclatants
Les rayons que son char nous lance,
Et, plus paisible dans son cours,
Laisse la céleste Balance
Arbitre des nuits et des jours. (1)

L'aurore, désormais stérile
Pour la divinité des fleurs,
De l'heureux tribut de ses pleurs
Enrichit un Dieu plus utile;
Et sur tous les coteaux voisins
On voit briller l'ambre fertile
Dont elle dore nos raisins.

---

rendu compte de celle qui est adressée au comte du Luc, n'est pas, à beaucoup près, aussi finie dans les détails; mais elle offre aussi des beautés du premier ordre, et le plan, quoiqu'il y ait bien moins d'invention, est lyrique.

(1) Que l'on compare cette ode avec les deux précédentes, et l'on aura une nouvelle preuve de l'habileté avec laquelle Rousseau fondoit ses couleurs, suivant le sujet qu'il avoit à traiter. Pour nous peindre le passage de l'été à l'automne, il semble avoir amorti l'éclat de ses vers. Il les trace en nombres impairs, comme dans l'ode à l'abbé Courtin, et cet artifice, qui rompt la trop grande régularité du mètre, le rend plus favorable aux peintures gracieuses.

C'est dans cette saison si belle
Que Bacchus prépare à nos yeux
De son triomphe glorieux
La pompe la plus solennelle ;
Il vient de ses divines mains
Sceller l'alliance éternelle
Qu'il a faite avec les humains.

Autour de son char diaphane
Les Ris, voltigeant dans les airs,
Des soins qui troublent l'univers
Ecartent la foule profane :
Tel, sur des bords inhabités,
Il vint de la triste Ariane
Calmer les esprits agités.

Les Satyres tout hors d'haleine,
Conduisant les Nymphes des bois,
Au son du fifre et du hautbois
Dansent par troupes dans la plaine,
Tandis que les Sylvains lassés
Portent l'immobile (2) Silène
Sur leurs thyrses entrelacés.

Leur plus vive ardeur se déploie
Autour de ce Dieu belliqueux.
Cher Comte, partage avec eux
L'allégresse qu'il leur envoie ;
Et, plein d'une douce chaleur,

(2) Épithète d'un très bel effet.

Montre-toi rival de leur joie,
Comme tu l'es de sa valeur. (3)

Prends part à la juste louange
De ce Dieu si cher aux guerriers,
Qui, couvert de mille lauriers
Moissonnés jusqu'aux bords du Gange,
A trouvé mille fois plus grand
D'être le Dieu de la vendange,
Que de n'être qu'un conquérant. (4)

De ses Ménades (5) révoltées
Craignons l'impétueux courroux.
Tu sais jusqu'où ce Dieu jaloux
Porte ses fureurs irritées,
Et quelles tragiques horreurs
Des Lycurgues et des Penthées (6)
Payèrent les folles erreurs.

C'est lui qui, des fils de la terre
Châtiant la rébellion,
Sous la forme d'un fier lion
Vengea le maître du tonnerre ;
Et par lui les os de Rhœcus (7)

---

(3) Rapprochement ingénieux qui lie tout ce qui précède au but de cette ode, à l'éloge du comte de Bonnéval.

(4) Plaisanterie agréable, qu'amène et qu'autorise le sujet.

(5) Nom qu'on donne aux Bacchantes, d'un mot grec qui signifie *fureur*.

(6) Lycurgue, roi de Thrace, qui fit détruire les vignes dans ses états. Penthée, roi de Thèbes. Voyez dans Ovide la vengeance qu'en tira Bacchus.

(7) Géant tué par Bacchus dans la guerre des Titans.

Furent brisés comme le verre,
Aux yeux de ses frères vaincus.

Ici, par l'aimable paresse
Ce fameux vainqueur désarmé
Ne se montre plus enflammé
Que des feux d'une douce ivresse;
Et cherchant de plus doux combats,
Dans le temple de l'allégresse
Il s'offre à conduire nos pas.

Là, sous une voûte sacrée,
Peinte des plus riches couleurs,
Ses prêtres, couronnant de fleurs
La victime par toi parée,
Bientôt sur un autel divin
Feront couler à ton entrée
Des ruisseaux de lait et de vin.

Reçois ce nectar adorable
Versé par la main des plaisirs;
Et laisse, au gré de leur désirs,
Par cette liqueur favorable,
Remplir tes esprits et tes yeux
De cette joie inaltérable
Qui rend l'homme semblable aux Dieux.

Par elle en toutes ses disgraces,
Un cœur d'audace revêtu
Sait asservir à sa vertu
Les ennuis qui suivent ses traces,
Et, tranquille jusqu'à la mort,

Conjurer toutes les menaces
Des Dieux, et des rois, et du sort.

Par elle, bravant la puissance
De son implacable démon,
Le vaillant fils de Télamon,
Banni des lieux de sa naissance,
Au fort de ses calamités,
Rendit le calme et l'espérance
A ses compagnons rebutés.

Amis, la volage fortune
N'a, dit-il, nuls droits sur mon cœur;
Je prétends, malgré sa rigueur,
Fixer votre course importune.
Passons ce jour dans les festins
Demain les zéphyrs et Neptune
Ordonneront de nos destins.

C'est sur cet illustre modèle
Qu'à toi-même toujours égal
Tu sus, loin de ton lieu natal,
Triompher d'un astre infidèle ; (8)
Et, sous un ciel moins rigoureux,
D'une Salamine nouvelle
Jeter les fondements heureux.

(8) Le comte de Bonneval, mécontent du ministère, avoit quitté le service de France pour celui de l'Allemagne. Il fit des prodiges de valeur à la bataille de Peterwaradin, vint se marier publiquement à Paris, où il étoit proscrit, et alla prendre le turban à Constantinople, où il est mort pacha. VOLTAIRE, *Siècle de Louis XV*.

Une douleur pusillanime
Touche peu les Dieux immortels;
On aborde en vain leurs autels
Sans un cœur ferme et magnanime :
Quand nous venons les implorer,
C'est par une joie unanime
Que nous devons les honorer.

Telle est l'allégresse rustique
De ces vendangeurs altérés
Qu'on voit, à leurs yeux égarés,
Saisis d'une ivresse mystique,
Et qui, saintement furieux,
Retracent de l'orgie antique
L'emportement mystérieux.

Tandis que toute la campagne (9)
Retentit de leur doux transport,
Allons travailler à l'accord
Du Tokaye avec le Champagne,
Et, près de tes Lares assis,
Des vins de rive et de montagne
Juger le procès indécis.

Les juges, à ton arrivée,
Se trouveront tous assemblés ;
La soif qui les tient désolés
Brûle de se voir abreuvée,
Et leur appétit importun

(9) Plaisanteries pleines de naturel, louanges délicates, emploi heureux de la mythologie ; tout se trouve fondu dans cette ode avec un art qui ne se sent pas du travail.

A deux heures de relevée
S'étonne d'être encor à jeun.

ODE IV.
AUX PRINCES CHRÉTIENS.

CE n'est donc point assez que ce peuple perfide,
De la sainte cité profanateur stupide,
Ait dans tout l'Orient porté ses étendards,
Et, paisible tyran de la Grèce abattue,
  Partage à notre vue
La plus belle moitié du trône des Césars ? (1)

Déjà, pour réveiller sa fureur assoupie,
L'interprète effréné de son prophète impie
Lui promet d'asservir l'Italie à sa loi ;
Et déjà son orgueil, plein de cette assurance,
  Renverse en espérance
Le siége de l'empire et celui de la foi.

A l'aspect des vaisseaux que vomit le Bosphore,
Sous un nouveau Xercès Thétis croit voir encore
A travers de ses flots promener les forêts ; (2)
Et le nombreux amas de lances hérissées,

---

(1) Une ode n'est point un cours de politique ; d'ailleurs il faut se reporter à l'époque où cette pièce fut composée, époque à laquelle Rousseau, banni de Paris, étoit accueilli à Vienne.

(2) Belle image ; mais il falloit : *à travers ses flots*, ou *au travers de ses flots*. Boileau a fait la même faute. *Donner de l'encensoir à travers du visage.*

Contre le ciel dressées,
Egale les épis qui dorent nos guérets.

Princes, que pensez-vous à ces apprêts terribles?
Attendrez-vous encor, spectateurs insensibles,
Quels seront les décrets de l'aveugle destin;
Comme en ce jour affreux où, dans le sang noyée,
Bysance foudroyée
Vit périr sous ses murs le dernier Constantin.

O honte, ô de l'Europe infamie éternelle!
Un peuple de brigands, sous un chef infidèle,
De ses plus saints remparts détruit la sûreté;
Et le mensonge impur tranquillement repose
Où le grand Théodose
Fit régner si long-temps l'auguste vérité. (3)

Jadis, dans leur fureur non encor ralentie,
Ces esclaves chassés des marais de Scythie
Portèrent chez le Parthe et la mort et l'effroi;
Et bientôt des Persans, ravisseurs moins barbares,
Leurs conducteurs avares
Reçurent à la fois et le sceptre et la loi.

Dès-lors, courant toujours de victoire en victoire,
Des califes déchus de leur antique gloire
Le redoutable empire entre eux fut partagé;
Des bords de l'Hellespont aux rives de l'Euphrate
Par cette race ingrate
Tout fut en même temps soumis ou ravagé.

(3) Très belle antithèse.

Mais sitôt que leurs mains en ruines fécondes
Osèrent, du Jourdain souillant les saintes ondes,
Profaner le tombeau du fils de l'Eternel;
L'Occident, réveillé par ce coup de tonnerre,
     Arma toute la terre
Pour laver ce forfait dans leur sang criminel.

En vain à cette ardeur si bouillante et si vive
La folle ambition, la prudence craintive,
Prétendoient opposer leurs conseils spécieux;
Chacun comprit alors, mieux qu'au siècle où nous sommes,
     Que l'intérêt des hommes
Ne doit point balancer la querelle des cieux. (4)

Comme un torrent fougueux qui, du haut des montagnes
Précipitant ses eaux, traîne dans les campagnes
Arbres, rochers, troupeaux, par son cours emportés,
Ainsi de Godefroi les légions guerrières
     Forcèrent les barrières
Que l'Asie opposoit à leurs bras indomtés.

La Palestine enfin, après tant de ravages,
Vit fuir ses ennemis, comme on voit les nuages
Dans le vague des airs fuir devant l'Aquilon;
Et des vents du Midi la dévorante haleine
     N'a consumé qu'à peine
Leurs ossements blanchis dans les champs d'Ascalon. (5)

---

(4) Cette apologie des croisades est très poétique, et c'est tout ce qu'on peut exiger.

(5) Les images, les comparaisons, le style, tout est riche et pompeux dans ces strophes.

De ses temples détruits et cachés sous les herbes
Sion vit relever les portiques superbes,
De notre délivrance augustes monuments ;
Et d'un nouveau David la valeur noble et sainte
    Sembloit dans leur enceinte
D'un royaume éternel jeter les fondements.

Mais chez ses successeurs la Discorde insolente,
Allumant le flambeau d'une guerre sanglante,
Enerva leur puissance en corrompant leurs mœurs ;
Et le ciel irrité, ressuscitant l'audace
    D'une coupable race,
Se servit des vaincus pour punir les vainqueurs.

Rois, symboles mortels de la grandeur céleste,
C'est à vous de prévoir dans leur chute funeste
De vos divisions les fruits infortunés :
Assez et trop long-temps, implacables Achilles,
    Vos discordes civiles
De morts ont assouvi les enfers étonnés.

Tandis que, de vos mains déchirant vos entrailles,
Dans nos champs engraissés de tant de funérailles
Vous semiez le carnage et le trouble et l'horreur,
L'infidèle, tranquille au milieu des alarmes, (6)
    Forgeoit ces mêmes armes
Qu'aujourd'hui contre vous aiguise sa fureur.

Enfin l'heureuse paix, de l'amitié suivie,
A réuni les cœurs séparés par l'envie,

(6) L'espèce de calme qui règne dans ce vers fait un contraste frappant avec le fracas de ceux qui précèdent. On voit avec quel art Rousseau change de ton d'une strophe à l'autre, et souvent dans la même strophe.

Et banni loin de nous la crainte et le danger :
Paisible dans son champ, le laboureur moissonne :
    Et les dons de l'automne
Ne sont plus profanés par le fer étranger. (7)

Mais ce calme si doux que le ciel vous renvoie
N'est point le calme oisif d'une indolente joie
Où s'endort la vertu des plus fameux guerriers ;
Le démon des combats siffle encor sur vos têtes,
    Et de justes conquêtes
Vous offrent à cueillir de plus nobles lauriers.

Il est temps de venger votre commune injure.
Eteignez dans le sang d'un ennemi parjure
Du nom que vous portez l'opprobre injurieux ;
Et, sous leurs braves chefs assemblant vos cohortes,
    Allez briser les portes
D'un empire usurpé sur vos foibles aïeux.

Vous n'êtes plus au temps de ces craintes serviles
Qu'imprimoient dans le sein des peuples imbécilles
De cruels ravisseurs, à leur perte animés :
L'aigle de Jupiter (8), ministre de la foudre,
    A cent fois mis en poudre
Ces géants orgueilleux contre le ciel armés.

Belgrade, assujettie à leur joug tyrannique,
Regrette encor ce jour où le fer germanique
Renversa leur croissant du haut de ses remparts ;
Et de Salankemen les plaines infectées

---

(7) Toute cette strophe est encore remarquable par la douceur du style.

(8) Allusion aux armes de l'Empire.

LIVRE III.

Sont encore humectées
Du sang de leurs soldats sur la poussière épars.

Sous le fer abattus, consumés dans la flamme, (9)
Leur monarque insensé, le désespoir dans l'ame,
Pour la dernière fois osa tenter le sort;
Déjà, de sa fureur barbares émissaires,
Ses nombreux janissaires
Portoient de toutes parts la terreur et la mort.

Arrêtez, troupe lâche, et de pillage avide :
D'un Hercule naissant la valeur intrépide
Va bientôt démentir vos projets forcenés,
Et, sur vos corps sanglants se traçant un passage
Faire l'apprentissage
Des triomphes fameux qui lui sont destinés.

Le Tybisque, effrayé de la digue profonde
De tant de bataillons entassés dans son onde,
De ses flots enchaînés interrompit le cours;
Et le fier (10) Ottoman, sans drapeaux et sans suite,
Précipitant sa fuite,
Borna toute sa gloire au salut de ses jours.

C'en est assez, dit-il, retournons sur nos traces.
Foibles et vils troupeaux, après tant de disgraces,
N'irritons plus en vain de superbes lions; (11)

(9) Phrase employée absolument, et qui forme une espèce d'ellipse. Cette construction énergique et rapide, dont on voit de fréquents exemples dans nos grands poëtes seroit vicieuse en prose.

(10) Mustapha II.

(11) Le commencement de cette strophe et la fin de la précédente sont imités d'Horace, Liv. IV, ode iij.

Un prince nous poursuit, dont le fatal génie,
    Dans cette ignominie,
De notre antique gloire éteint tous les rayons.

Par une prompte paix, tant de fois profanée,
Conjurons la victoire à le suivre obstinée :
Prévenons du destin les revers éclatants,
Et sur d'autres climats détournons les tempêtes
    Qui, déjà toutes prêtes,
Menacent d'écraser l'empire des sultans.

ODE V.

A MALHERBE,

contre les détracteurs de l'antiquité.

Si du tranquille Parnasse
Les habitants renommés
Y gardent encor leur place,
Lorsque leurs yeux sont fermés ;
Et si, contre l'apparence,
Notre farouche ignorance
Et nos insolents propos,
Dans ces demeures sacrées,
De leurs ames épurées
Troublent encor le repos ; (1)

(1) Chaque strophe d'une ode doit, en général, former un sens complet. Mais, lorsque le repos est aussi bien marqué qu'il l'est ici, la période poétique, en se prolongeant d'une strophe à l'autre, acquiert du nombre et de la grace, et cette suspension varie les formes de l'ode.

Que dis-tu, sage Malherbe,
De voir tes maîtres proscrits
Par une foule superbe
De fanatiques esprits,
Et, dans ta propre patrie,
Renaître la barbarie
De ces temps d'infirmité (2)
Dont ton immortelle veine
Jadis avec tant de peine
Dissipa l'obscurité ?

Peux-tu, malgré tant d'hommages,
D'encens, d'honneurs et d'autels,
Voir mutiler les images
De tous ces morts immortels (3)
Qui, jusqu'au siècle où nous sommes,
Ont fait chez les plus grands hommes
Naître les plus doux transports,
Et dont les divins génies
De tes doctes symphonies
Ont formé tous les accords ?

Animé par leurs exemples,
Soutenu par leurs leçons,
Tu fis retentir nos temples
De tes célestes chansons.
Sur la montagne thébaine,
Ta lyre fière et hautaine

(2) De foiblesse, d'ignorance.
(3) Cette contradiction apparente entre deux mots, dont l'un est pris au propre et l'autre au figuré, commande l'atten-

Consacra l'illustre sort
D'un roi vainqueur de l'envie,
Vraiment roi pendant sa vie,
Vraiment grand après sa mort. (4)

Maintenant ton ombre heureuse,
Au comble de ses désirs,
De leur troupe généreuse
Partage tous les plaisirs.
Dans ces bocages tranquilles,
Peuplés de myrtes fertiles
Et de lauriers toujours verts,
Tu mêles ta voix hardie
A la douce mélodie
De leurs sublimes concerts.

Là, d'un Dieu fier et barbare
Orphée adoucit les lois ;
Ici, le divin Pindare
Charme l'oreille des rois.
Dans tes douces promenades
Tu vois les folles Ménades
Rire autour d'Anacréon,
Et les Nymphes, plus modestes,
Gémir des ardeurs funestes
De l'amante de Phaon.

A la source d'Hippocrène,
Homère, ouvrant ses rameaux,

tion, et fait bien mieux ressortir la pensée du poëte que s'il eût mis simplement : *de tous ces hommes immortels.*

(4) Henri IV.

S'élève comme un vieux chêne
Entre de jeunes ormeaux. (5)
Les savantes immortelles,
Tous les jours, de fleurs nouvelles
Ont soin de parer son front ;
Et par leur commun suffrage
Avec elles il partage
Le sceptre du double mont.

Ainsi les chastes Déesses,
Dans ces bois verts et fleuris,
Comblent de justes largesses
Leurs antiques favoris.
Mais pourquoi leur docte lyre
Prendroit-elle un moindre empire
Sur les esprits des neuf sœurs,
Si de son pouvoir suprême
Pluton, Cerbère lui-même,
Ont pu sentir les douceurs ?

Quelle est donc votre manie,
Censeurs, dont la vanité
De ces rois de l'harmonie
Dégrade la majesté ;
Et qui, par un double crime, (6)
Contre l'Olympe sublime

(5) Belle image, et souvent citée. Il y a quelque chose d'antique dans cet éloge du père de la poésie.

(6) On ne voit pas bien clairement quel est ce double crime. Le poëte a sans doute voulu dire qu'attaquer le génie, c'est attaquer le ciel même d'où il émane, et qui en est le protecteur.

Lançant vos traits venimeux;
Osez, dignes du tonnerre,
Attaquer ce que la terre
Eut jamais de plus fameux ?

Impitoyables Zoïles,
Plus sourds que le noir Pluton,
Souvenez-vous, ames viles,
Du sort de l'affreux Python. (7)
Chez les filles de Mémoire
Allez apprendre l'histoire
De ce serpent abhorré,
Dont l'haleine détestée
De sa vapeur empestée
Souilla leur séjour sacré.

Lorsque la terrestre masse
Du déluge eût bu les eaux,
Il effraya le Parnasse
Par des prodiges nouveaux ;
Le ciel vit ce monstre impie,
Né de la fange croupie
Au pied du mont Pélion,
Souffler son infecte rage
Contre le naissant ouvrage
Des mains de Deucalion. (8)

(7) Cet épisode allégorique du serpent Python, emblème de l'envie, et tué par le Dieu des arts, est d'une invention très heureuse. Rousseau, dans une de ses lettres, dit, en parlant de cette ode, qu'il la croit assez pindarique. *Cours de Littér.*

(8) L'homme nouvellement formé. Tour très poétique.

Mais le bras sûr et terrible
Du Dieu qui donne le jour
Lava dans son sang horrible
L'honneur du docte séjour.
Bientôt de la Thessalie,
Par sa dépouille ennoblie,
Les champs en furent baignés;
Et du Céphise rapide
Son corps affreux et livide
Grossit les flots indignés.

De l'écume empoisonnée
De ce reptile fatal
Sur la terre profanée
Naquit un germe infernal;
Et de là naissent les sectes
De tous ces sales insectes (9)
De qui le souffle envieux
Ose d'un venin critique
Noircir de la Grèce antique
Les célestes demi-dieux.

A peine, sur de vains titres,
Intrus au sacré vallon,
Il s'érigent en arbitres
Des oracles d'Apollon :
Sans cesse dans les ténèbres
Insultant les morts célèbres,
Ils sont comme ces corbeaux,
De qui la troupe affamée,

(9) La rime est riche, mais ne sauroit faire passer *des sectes d'insectes*. Cours de Littér.

Toujours de rage animée,
Croasse autour des tombeaux. (10)

Cependant, à les entendre,
Leurs ramages sont si doux,
Qu'aux bords même du Méandre
Le cygne en seroit jaloux;
Et quoiqu'en vain ils allument
L'encens dont ils se parfument
Dans leurs chants étudiés,
Souvent de ceux qu'ils admirent,
Lâches flatteurs, ils attirent
Les éloges mendiés.

Une louange équitable,
Dont l'honneur seul est le but,
Du mérite véritable
Est le plus juste tribut : (11)
Un esprit noble et sublime,
Nourri de gloire et d'estime,
Sent redoubler ses chaleurs;
Comme une tige élevée, (12)
D'une onde pure abreuvée,
Voit multiplier ses fleurs.

Mais cette flatteuse amorce
D'un hommage qu'on croit dû,

(10) Comparaison juste et expressive.
(11) *Une louange dont l'honneur est le but*, c'est-à-dire, qui ne s'adresse qu'à ce qu'il y a d'honorable. Cette phrase n'est pas assez claire. De même le *tribut du mérite*, pour *le tribut qu'on doit au mérite*, est une ellipse peu naturelle, et qui produit amphibologie.
(12) Comparaison charmante.

Souvent prête même force
Au vice qu'à la vertu. (13)
De la céleste rosée
La terre fertilisée,
Quand les frimas ont cessé,
Fait également éclore
Et les doux parfums de Flore,
Et les poisons de Circé. (14)

Cieux, gardez vos eaux fécondes (15)
Pour le myrte aimé des Dieux ;
Ne prodiguez plus vos ondes
A cet if contagieux.
Et vous, enfants des nuages,
Vents, ministres des orages,
Venez, fiers tyrans du Nord,
De vos brûlantes froidures
Sécher ces feuilles impures
Dont l'ombre donne la mort.

(13) Ces quatre vers sont durs et prosaïques ; mais ce qui précède, comme ce qui suit, est d'une beauté achevée.

(14) Allégorie aussi brillante que juste.

(15) Apostrophe sublime. *Ne louez que les bons ouvrages et critiquez les mauvais,* telle est la pensée que Rousseau développe en trois strophes étincelantes de beautés poétiques.

ODE VI.

A M. DE SINZINDORF,
Chancelier de la cour impériale.

L'HIVER, qui si long-temps a fait blanchir nos plaines
N'enchaîne plus le cours des paisibles ruisseaux;
Et les jeunes zéphyrs de leurs chaudes haleines
  Ont fondu l'écorce des eaux. (1)

Les troupeaux ont quitté leurs cabanes rustiques;
Le laboureur commence à lever ses guérets;
Les arbres vont bientôt, de leurs têtes antiques,
  Ombrager les vertes forêts.

Déjà la terre s'ouvre; et nous voyons éclore
Les prémices heureux de ses dons bienfaisants:
Cérès vient à pas lents, à la suite de Flore, (2)
  Contempler ses nouveaux présents.

De leurs douces chansons, instruits par la nature,
Mille tendres oiseaux font résonner les airs;
Et les nymphes des bois, dépouillant leur ceinture,
  Dansent au bruit de leurs concerts. (3)

---

(1) Depuis que Voltaire a cité ces deux vers dans le *Temple du Goût*, toutes les rhétoriques les reproduisent parmi les exemples de métaphores vicieuses. Il n'y a pas de grands poëtes où l'on ne trouvât des fautes semblables.

(2) Vers où l'harmonie est en accord parfait avec la pensée.

(3) Ces quatre premières strophes sont une imitation du commencement de l'ode d'Horace: *Solvitur acris hiems*, etc. Liv. I, ode iv.

Des objets si charmants, un séjour si tranquille,
La verdure, les fleurs, les ruisseaux, les beaux jours,
Tout invite le sage à chercher un asile
    Contre le tumulte des cours.

Mais vous, à qui Minerve et les filles d'Astrée
Ont confié le sort des terrestres humains,
Vous qui n'osez quitter la balance sacrée
    Dont Thémis a chargé vos mains ;

Ministre de la paix, qui gouvernez (4) les rênes
D'un empire puissant autant que glorieux,
Vous ne pouvez long-temps vous dérober aux chaînes
    De vos emplois laborieux.

Bientôt l'état, privé d'une de ses colonnes,
Se plaindroit d'un repos qui trahiroit le sien ;
L'orphelin vous criroit : Hélas ! tu m'abandonnes !
    Je perds mon plus ferme soutien !

Vous irez donc revoir, mais pour peu de journées,
Ces fertiles jardins, ces rivages si doux,
Que la nature et l'art, de leurs mains fortunées,
    Prennent soin d'embellir pour vous. (5)

Dans ces immenses lieux dont le sort vous fit maître
Vous verrez le soleil, cultivant leurs trésors,

(4) On ne *gouverne* pas les rênes ; on *tient* les rênes pour gouverner.

(5) Voyez la troisième ode du second livre, dont le sujet est le même, et où l'on retrouve une partie des mêmes idées avec plus de verve et un ton plus soutenu.

Se lever le matin, et le soir disparoître,
    Sans sortir de leurs riches bords. (6)
Tantôt, vous tracerez la course de votre onde;
Tantôt, d'un fer courbé dirigeant vos ormeaux,
Vous ferez remonter leur sève vagabonde
    Dans de plus utiles rameaux.

Souvent, d'un plomb subtil que le salpêtre embrase,
Vous irez insulter le sanglier glouton;
Ou, nouveau Jupiter, faire aux oiseaux du Phase
    Subir le sort de Phaéton. (7)

O doux amusements! ô charme inconcevable
A ceux que du grand monde éblouit le chaos!
Solitaires vallons, retraite inviolable
    De l'innocence et du repos;

Délices des aïeux d'une épouse adorée
Qui réunit l'éclat de toutes leurs splendeurs,
Et dans qui la vertu, par les Graces parée,
    Brille au-dessus de leurs grandeurs; (8)

Arbres verts et fleuris, bois paisibles et sombres,
A votre possesseur si doux et si charmants,
Puissiez-vous ne durer que pour prêter vos ombres
    A ses nobles délassements!

(6) Ce que l'on pouvoit dire de Philippe II, successeur de Charles-Quint, est une hyperbole un peu forte en parlant d'un seigneur d'Allemagne.

(7) On ne peut pas exprimer la chasse aux faisans d'une manière plus poétique.

(8) Ces pluriels *leurs splendeurs, leurs grandeurs*, font un mauvais effet. Il semble que Rousseau auroit pu, en employant le singulier dans le second vers, substituer *la grandeur* à *leurs grandeurs* dans le quatrième.

Mais la loi du devoir, qui lui parle sans cesse,
Va bientôt l'enlever à ses heureux loisirs;
Il n'écoutera plus que la voix qui le presse
    De s'arracher à vos plaisirs.

Bientôt vous le verrez, renonçant à lui-même,
Reprendre les liens dont il est échappé;
Toujours de l'intérêt d'un monarque qu'il aime,
    Toujours de sa gloire occupé.

Allez, illustre appui de ses vastes provinces,
Allez; mais revenez, de leur amour épris,
Organe des décrets du plus sage des princes,
    Veiller sur ses peuples chéris.

C'est pour eux qu'autrefois, loin de votre patrie,
Consacré de bonne heure à de nobles travaux,
Vous fîtes admirer votre heureuse industrie
    A ses plus illustres rivaux.

La France vit briller votre zèle intrépide
Contre le feu naissant de nos derniers débats:
Le Batave vous vit opposer votre égide
    Au cruel démon des combats.

Vos vœux sont satisfaits. La discorde et la guerre
N'osent plus rallumer leurs tragiques flambeaux;
Et les Dieux apaisés redonnent à la terre
    Des jours plus sereins et plus beaux.

Ce chef de tant d'états, à qui le ciel dispense
Tant de riches trésors, tant de fameux bienfaits,

A déjà de ces Dieux reçu la récompense
  De sa tendresse (9) pour la paix.

Il a vu naître enfin de son épouse aimée (10)
Un gage précieux de sa fécondité,
Et qui va désormais de l'Europe charmée
  Affermir la tranquillité.

Arbitre tout-puissant d'un empire invincible,
Plus maître encor du cœur de ses sujets heureux,
Qu'a-t-il à désirer, qu'un usage paisible
  Des jours qu'il a reçus pour eux;

Non, non : il n'ira point, après tant de tempêtes,
Ressusciter encor d'antiques différents ;
Il sait trop que souvent les plus belles conquêtes
  Sont la perte des conquérants.

Si toutefois l'ardeur de son noble courage
L'engageoit quelque jour au-delà de ses droits,
Écoutez la leçon d'un Socrate sauvage,
  Faite au plus puissant de nos rois.

Pour la troisième fois, du superbe Versailles
Il faisoit agrandir le parc délicieux ;
Un peuple harassé de ses vastes murailles
  Creusoit (11) le contour spacieux.

(9) Quand il est question de choses inanimées, d'êtres de raison, on n'emploie que le mot *amour*. On dit *l'amour de la patrie, des beaux-arts, de la paix*.

(10) Epithète trop foible, en ce qu'elle n'exprime qu'un devoir rempli. Il falloit *chérie, adorée*.

(11) On dit *creuser les fondements*, et cette locution abrégée, qui est une espèce de métonymie, semble très naturelle, parceque l'esprit saisit tout de suite le rapport qui existe entre des fondements et la place qu'ils doivent occuper ; mais *creuser le contour des murailles* est une ellipse trop forte.

Un seul, contre un vieux chêne appuyé sans mot dire
Sembloit à ce travail ne prendre aucune part.
A quoi rêves-tu là, dit le prince ? Hélas ! Sire,
   Répond le champêtre vieillard,

Pardonnez : je songeois que de votre héritage
Vous avez beau vouloir élargir (12) les confins ;
Quand vous l'agrandiriez trente fois davantage,
   Vous aurez toujours des voisins.

ODE VII.

A M. LE PRINCE DE VENDÔME,

ALORS GRAND-PRIEUR DE FRANCE,

sur son retour de l'île de Malte, en 1715.

Après que cette île guerrière,
Si fatale aux fiers Ottomans,
Eut mis sa puissante barrière
A couvert de leurs armements,
Vendôme, qui par sa prudence
Sut y rétablir l'abondance
Et pourvoir à tous ses besoins,
Voulut céder aux destinées,
Qui réservoient à ses années
D'autres climats et d'autres soins. (1)

(12) *Reculer* eût été le mot propre.
(1) Ce début est imposant, et amène d'une manière heu-

Mais dès que la céleste voûte
Fut ouverte au jour radieux
Qui devoit éclairer la route
De ce héros ami des Dieux,
Du fond de ses grottes profondes
Neptune éleva sur les ondes
Son char de Tritons entouré ;
Et ce Dieu, prenant la parole,
Aux superbes enfants d'Éole,
Adressa cet ordre sacré.

Allez, tyrans impitoyables
Qui désolez tout l'univers,
De vos tempêtes effroyables
Troubler ailleurs le sein des mers.
Sur les eaux qui baignent l'Afrique,
C'est au Vulturne pacifique
Que j'ai destiné votre emploi :
Partez, et que votre furie
Jusqu'à la dernière Hespérie
Respecte et subisse sa loi.

Mais vous, aimables Néréides,
Songez au sang du grand Henri,
Lorsque nos campagnes humides
Porteront ce prince chéri :
Aplanissez l'onde orageuse ;
Secondez l'ardeur courageuse
De ses fidèles matelots :
Venez ; et, d'une main agile,

reuse et naturelle la fiction par laquelle le poëte met l'éloge
de son héros dans la bouche de Neptune.

Soutenez son vaisseau fragile,
Quand il roulera sur mes flots. (2)

Ce n'est pas la première grace
Qu'il obtient de notre secours ;
Dès l'enfance sa jeune audace
Osa vous confier ses jours.
C'est vous qui, sur ce moite empire,
Au gré du volage Zéphire,
Conduisiez au port son vaisseau,
Lorsqu'il vint, plein d'un si beau zèle,
Au secours de l'île où Cybèle
Sauva Jupiter au berceau.

Dès-lors, quels périls, quelle gloire,
N'ont point signalé son grand cœur ?
Ils font le plus beau de l'histoire (3)
D'un héros en tous lieux vainqueur ;
D'un frère.... Mais le ciel, avare
De ce don si cher et si rare,
L'a trop tôt repris aux humains.
C'est à vous seuls de l'en absoudre,
Trônes ébranlés par sa foudre,
Sceptres raffermis par ses mains.

(2) Dans la strophe précédente, dit M. de Laharpe, des tyrans *impitoyables* et les tempêtes *effroyables* forment des rimes trop faciles ; mais, dans cette dernière strophe, le choix en est admirable. Ces six vers :

Aplanissez l'onde, etc.,

semblent composés de syllabes rassemblées à dessein pour peindre à l'imagination le léger sillage d'un vaisseau qui vogue par un vent favorable.

(3) Tour trop familier.

Non moins grand, non moins intrépide,
On le vit, aux yeux de son roi,
Traverser un fleuve rapide,
Et glacer ses rives d'effroi ;
Tel que d'une ardeur sanguinaire
Un jeune aiglon, loin de son aire
Emporté plus prompt qu'un éclair,
Fond sur tout ce qui se présente,
Et d'un cri jette l'épouvante
Chez tous les habitants de l'air.

Bientôt sa valeur souveraine,
Moins rebelle aux leçons de l'art,
Dans l'école du grand Turenne
Apprit à fixer le hasard.
C'est dans cette source fertile
Que son courage plus utile,
De sa gloire unique artisan,
Acquit cette hauteur suprême
Qu'admira Bellone elle-même
Dans les campagnes d'Orbassan.

Est-il quelque guerre fameuse
Dont il n'ait partagé le poids ?
Le Rhin, le Pô, l'Èbre, la Meuse,
Tour à tour ont vu ses exploits.
France, tandis que tes armées
De ses yeux furent animées,
Mars n'osa jamais les trahir ;
Et la Fortune permanente
A son étoile dominante
Fit toujours gloire d'obéir.

Mais quand de lâches artifices
T'eurent enlevé cet appui,
Tes destins, jadis si propices,
S'exilèrent tous avec lui.
Un Dieu plus puissant que tes armes
Frappa de paniques alarmes
Tes plus intrépides guerriers ;
Et sur tes frontières célèbres
Tu ne vis que cyprès funèbres
Succéder à tous tes lauriers.

O détestable Calomnie,
Fille de l'obscure fureur,
Compagne de la zizanie,
Et mère de l'aveugle erreur ! (4)
C'est toi dont la langue aiguisée
De l'austère fils de Thésée
Osa déchirer les vertus ;
C'est par toi qu'une épouse indigne
Arma contre un héros insigne
La crédulité de Prétus.

Dans la nuit et dans le silence
Tu conduis tes coups ténébreux ;
Du masque de la vraisemblance
Tu couvres ton visage affreux ;
Tu divises, tu désespères
Les amis, les époux, les frères ;

(4) *Zizanie* ne peut jamais entrer dans le style noble. *L'obscure fureur* est vague, et c'est dire trop peu de la calomnie, que de la nommer *mère de l'erreur*. Cours de Littér.

Tu n'épargnes pas les autels ;
Et ta fureur envenimée,
Contre les plus grands noms armée,
Ne fait grace qu'aux vils mortels.

Voilà de tes agents sinistres
Quels sont les exploits odieux :
Mais enfin ces lâches ministres
Épuisent la bonté des Dieux.
En vain, chéris de la fortune,
Ils cachent leur crainte importune,
Enveloppés dans leur orgueil ;
Le remords déchire leur ame,
Et la honte qui les diffame
Les suit jusque dans le cercueil.

Vous rentrerez, monstres perfides,
Dans la foule où vous êtes nés ;
Aux vengeances des Euménides
Vos jours seront abandonnés.
Vous verrez, pour comble de rage, (5)
Ce prince, après un vain orage,
Paroître en sa première fleur,
Et, sous une heureuse puissance,
Jouir des droits que la naissance
Ajoute encor à sa valeur.

Mais déjà ses humides voiles
Flottent dans les vastes déserts ;
Le soleil, vainqueur des étoiles,

---

(5) Tour trop familier. Cette tirade contre la calomnie, sans être étrangère au sujet, paroît un peu longue dans la bouche de Neptune.

Monte sur le trône des airs.
Hâtez-vous, filles de Nérée,
Allez sur la plaine azurée
Joindre vos Tritons dispersés :
Il est temps de servir mon zèle ;
Allez : Vendôme vous appelle,
Neptune parle, obéissez.

Il dit ; et la mer, qui s'entr'ouvre,
Déjà fait briller à ses yeux
De son palais qu'elle découvre
L'or et le cristal précieux.
Cependant la nef vagabonde,
Au milieu des nymphes de l'onde,
Vogue d'un cours précipité,
Telle qu'on voit rouler sur l'herbe
Un char triomphant et superbe,
Loin de la barrière emporté.

Enfin, d'un prince que j'adore
Les Dieux sont devenus l'appui :
Il revient éclairer encore
Une cour plus digne de lui.
Déjà, d'un nouveau phénomène
L'heureuse influence y ramène
Les jours d'Astrée et de Thémis :
Les vertus n'y sont plus en proie
A l'avare et brutale joie
De leurs insolents ennemis.

Un instinct né chez tous les hommes,
Et chez tous les hommes égal,

Nous force tous tant que nous sommes (6)
D'aimer notre séjour natal ;
Toutefois, quels que puissent être
Pour les lieux qui nous ont vu naître
Ces mouvements respectueux, (7)
La vertu ne se sent point née
Pour voir sa gloire profanée
Par le vice présomptueux.

Ulysse, après vingt ans d'absence,
De disgraces et de travaux,
Dans le pays de sa naissance
Vit finir le cours de ses maux ;
Mais il eût trouvé moins pénible
De mourir à la cour paisible
Du généreux Alcinoüs,
Que de vivre dans sa patrie,
Toujours en proie à la furie
D'Eurymaque ou d'Antinoüs. (8)

(6) Ce vers et le cinquième de la même strophe sont aussi durs que prosaïques.

Voltaire, dans son *Temple du Goût*, fait dire aux Poëtes par la critique :

Faites tous vos vers à Paris,
Et n'allez pas en Allemagne.

Sans applaudir à ce sarcasme peu délicat qui s'adressoit à un exilé, on ne peut disconvenir que l'âpreté des sons tudesques n'ait quelquefois gâté l'oreille de Rousseau.

(7) Terme impropre.

(8) Strophe allégorique qui termine bien cette ode.

ODE VIII.

A M. GRIMANI,

Ambassadeur de Venise à la cour de Vienne.

Ils partent, ces cœurs magnanimes,
Ces guerriers dont les noms chéris
Vont être pour jamais écrits
Entre les noms les plus sublimes :
Ils vont en de nouveaux climats
Chercher de nouvelles victimes
Au terrible Dieu des combats.

A leurs légions indomtables
Bellone inspire sa fureur :
Le bruit, l'épouvante et l'horreur
Devancent leurs flots redoutables ;
Et la mort remet dans leurs mains
Ces tonnerres épouvantables
Dont elle écrase les humains.

Un héros tout brillant de gloire
Les conduit vers ces mêmes bords
Où jadis ses premiers efforts
Ont éternisé sa mémoire.
Sous ses pas naît la liberté ;
Devant lui vole la victoire,
Et Pallas marche à son côté.

O Dieux ! Quel favorable augure
Pour ces généreux fils de Mars !
J'entends déjà de toutes parts
L'air frémir de leur doux murmure;
Je vois, sous leur chef applaudi,
Le Nord venger avec usure
Toutes les pertes du midi.

Quel triomphe pour ta patrie,
Et pour toi quel illustre honneur,
Ministre né pour le bonheur
De cette mère si chérie,
Toi de qui l'amour généreux,
Toi de qui la sage industrie
Ménagea ces secours heureux !

Cent fois nous avons vu ton zèle
Porter les pleurs de ses enfants
Jusque sous les yeux triomphants
Du prince qui s'arme pour elle,
Et qui, plein d'estime pour toi,
Attire encor dans ta querelle
Cent princes soumis à sa loi.

C'est ainsi que du jeune Atride
On vit l'éloquente douleur
Intéresser dans son malheur
Les Grecs assemblés en Aulide,
Et d'une noble ambition
Armer leur colère intrépide
Pour la conquête d'Ilion. (1)

----

(1) Cette comparaison allégorique qui occupe les quatre

En vain l'inflexible Neptune
Leur oppose un calme odieux ;
En vain l'interprète des Dieux
Fait parler sa crainte importune ; (3)
Leur invincible fermeté
Lasse enfin l'injuste Fortune,
Les vents et Neptune irrité.

La constance est le seul remède
Aux obstacles du sort jaloux.
Tôt ou tard, attendris pour nous,
Les Dieux nous accordent leur aide :
Mais ils veulent être implorés,
Et leur résistance ne cède
Qu'à nos efforts réitérés.

Ce ne fut qu'après dix années
D'épreuve et de travaux constants
Que ces glorieux combattants
Triomphèrent des destinées,
Et que, loin des bords phrygiens,
Ils emmenèrent enchaînées
Les veuves des héros troyens.

dernières strophes de cette ode, loin d'être un hors-d'œuvre, est parfaitement liée au sujet, et donne à entendre, d'une manière ingénieuse et poétique, tout ce qu'il a fallu de constance et d'habileté à M. Grimani pour obtenir sa demande.

(3) Belle épithète.

ODE IX.
PALINODIE.

Celui dont la balance équitable et sévère
Sait peser l'homme au poids de la réalité,
En payant son tribut aux vertus qu'il révère,
Peut braver les regards de la postérité. (1)

Des éloges trompeurs qu'arrache la Fortune
Il craint peu le reproche et la confusion ;
Et, trop sûr d'étouffer cette amorce commune,
Il combat seulement sa propre illusion.

J'en atteste les Dieux. L'intérêt ni la crainte
N'ont jamais dans mes mains infecté mon encens;
Mon unique ennemi fut la fatale empreinte (2)
Que l'aveugle amitié fit jadis sur mes sens.

(1) On voit à quelle occasion cette ode fut composée dans ce fragment d'une lettre que Rousseau écrivit à Brossette, lorsque la ville de Lyon fit élever une statue équestre à Louis-le-Grand. « Je sais le meilleur gré du monde à la ville « de Lyon des sentiments qu'elle fait paroître pour un grand « roi, que tant de lâches courtisans comblés de ses graces « ont accablé d'ingratitude après sa mort. C'est le sujet « d'une ode que vous verrez dans mes ouvrages, et que j'ai « composée dans le temps que ces monstres dont je parle « dansoient sur sa fosse. Je leur y ai prédit ce qui leur est « arrivé depuis. Dieu veuille que le peuple qui les a imités « ne soit pas un jour encore mieux puni qu'il ne l'est aujour- « d'hui des réjouissances qu'il a fait paroître à la mort d'un « si grand prince, qui a porté l'honneur et la puissance de la « nation au plus haut point où elle ait jamais monté ! »

(2) *Impression* vaudroit mieux ; *empreinte* ne se dit guère qu'au propre.

C'est à vous, séducteurs, que ce discours s'adresse ;
A vous, héros honteux de mes premiers écrits :
Comment avez-vous pu, séduisant ma tendresse,
Fasciner si long-temps mes yeux et mes esprits ?

Hélas ! j'aimois en vous un or faux et perfide
Par le creuset du temps en vapeur converti ;
Je croyois admirer une vertu solide,
Et j'admirois l'orgueil en vertu travesti.

Ce crédit, ce pouvoir, pour qui seuls on vous aime,
Me présentoient en vain leurs côtés les plus doux :
Vous ne l'ignorez pas ; détaché de moi-même,
Ce n'étoit que vous seuls que je cherchois en vous.

Mais vous vouliez des cœurs voués à l'esclavage,
Par l'espoir enchaînés, par la crainte soumis ;
Et, de la vérité redoutant l'œil sauvage,
Vous cherchiez des valets, et non pas des amis.

Vos yeux, importunés de la sinistre vue
D'un partisan grossier de la sincérité,
Ont enfin préféré la laideur toute nue
Aux voiles contraignants de la fausse beauté. (3)

Voilà quel fut mon crime, et ce qui me transforme
En aspic effroyable, en serpent monstrueux.
Un mortel pénétrer, quel attentat énorme,
Dans les replis sacrés de nos cœurs tortueux !

(3) Vers bien faits, et qui, ainsi que les deux strophes suivantes, font allusion au changement subit qu'on vit alors s'opérer à la cour. Les courtisans qui affichoient la dévotion pour plaire à Louis XIV, déposèrent le masque dès les premiers jours de la régence.

Que son exemple apprenne à ne plus nous déplaire ;
Qu'il périsse à jamais cet Icare odieux,
Ce profane Actéon, de qui l'œil téméraire
Souille de ses regards la retraite des Dieux !

Ainsi parla bientôt votre haine ombrageuse ;
Et dès-lors l'imposture, accourant au secours,
Excita par vos cris la tempête orageuse
De cent foudres mortels lancés contre mes jours.

Je n'en fus point surpris : je connois vos maximes.
Eh ! comment échapper à vos traits médisants,
Quand ceux dont vous tenez tous vos titres sublimes,
Quand vos rois au tombeau n'en peuvent être exempts.

Ce monarque fameux qui, de ses mains prodigues,
D'honneurs non mérités vous combla tant de fois,
Les yeux à peine éteints, voit par vos lâches brigues
Diffamer ses vertus et détester ses lois.

Tandis qu'il a vécu c'étoit l'ange céleste,
Le Dieu conservateur du peuple et des autels.
C'en est fait ; il n'est plus : c'est un tyran funeste,
Le fléau de la terre et l'effroi des mortels.

On ne gémira plus sous cet injuste maître ;
Les Dieux ont pris pitié de ses tristes sujets.
La paix va refleurir ; les beaux jours vont renaître ;
Vous allez réparer tous les maux qu'il a faits.

Quoi ! ne craignez-vous point, à ce discours horrible,
Les reproches affreux de son ombre en courroux ?

Ne la voyez-vous pas, furieuse et terrible,
Du séjour de la mort s'élever contre vous ? (4)

Le feu de la colère en ses yeux étincelle.
Elle vient. Elle parle. Où fuir ? Où vous cacher ? (5)
Tremblez, lâches, tremblez: reconnoissez, dit-elle,
Celui que sans frémir vous n'osiez approcher.

Traîtres, c'est donc ainsi qu'outrageant ma mémoire
Vous osez me punir de mes propres bontés ?
Je n'ai donc sur vos jours répandu tant de gloire,
Que pour accréditer vos infidélités ?

Répondez-moi ; parlez. Sous quels fameux auspices
Occupez-vous le rang où l'on vous voit assis ?
Quelles rares vertus, quels exploits, quels services,
Ont pu fléchir pour vous les destins endurcis ?

Sans moi, sans mes bienfaits, dans une foule obscure
Vos noms seroient encor cachés et confondus ;
J'ai vaincu ma raison, j'ai forcé la nature,
Pour vous charger de biens qui ne vous sont pas dus.

Ah ! je connoissois peu vos retours ordinaires :
Sur vos seuls intérêts vous réglez vos transports.
Vous croyez ne pouvoir, courtisans mercenaires,
Honorer les vivants, sans déchirer les morts.

Connoissez mieux, ingrats, le prince magnanime (6)
Qui reçoit aujourd'hui votre hommage suspect.

(4) Belle image, et qui amène d'une manière poétique la prosopopée qu'on va lire.
(5) Vers très rapide.
(6) Le régent.

Voulez-vous mériter ses dons et son estime?
Secondez ses travaux; imitez son respect.

Craignez sur-tout, craignez la honte et les disgraces
Qu'attire enfin l'abus d'un injuste pouvoir;
Craignez les Dieux vengeurs, qui déjà sur vos traces
Conduisent les remords, enfants du désespoir.

Nous avons vu des jours plus sereins que les vôtres
D'orages imprévus sinistres précurseurs;
Les grandeurs ont leur cours. Vous succédez à d'autres,
Mais d'autres quelque jour seront vos successeurs.

C'est ainsi que ce roi vous parle et vous conseille:
Mais ses discours sont vains; vous ne l'écoutez pas
La voix de la sagesse offense votre oreille;
Le mensonge trompeur a bien d'autres appas.

Un favori superbe, enflé de son mérite,
Ne voit point ses défauts dans le miroir d'autrui,
Et ne peut rien sentir, que l'odeur favorite
De l'encens fastueux qui brûle devant lui.

Il n'entend que le son des flatteuses paroles;
Toute autre mélodie interrompt son repos
Il faut, pour le charmer, que les Muses frivoles
L'exaltent aux dépens des Dieux et des héros.

C'est alors, qu'ébloui par un si doux prestige,
De tous les dons du ciel il se croit revêtu:
Regardez-moi, mortels; vous voyez un prodige
D'honneur, de probité, de gloire et de vertu.

Dites, dites plutôt, ame farouche et dure:
Je suis un imposteur tout gangrené d'orgueil,
Un cadavre couvert de pourpre et de dorure,
Et tout rongé de vers au fond de son cercueil.

Sous un masque éclatant je me cache à moi-même
De mon visage affreux la livide maigreur;
Et, trompé le premier, ma volupté suprême
Est de faire par-tout respecter mon erreur.

Mais, malgré ce respect, toujours, je le confesse,
La triste vérité vient affliger mes yeux;
Et ce dragon fatal, qui me poursuit sans cesse,
Change mes plus beaux jours en des jours ennuyeux.

Par ce sincère aveu vous ferez disparoître
L'idolâtre concours de tous vos corrupteurs;
Ne vous admirant plus, vous deviendrez peut-être
Plus digne de trouver de vrais admirateurs.

On peut mettre à profit un légitime hommage,
Lorsque l'on tient sur soi les yeux toujours ouverts;
Et le plus insensé commence d'être sage,
Dès l'instant qu'il commence à à sentir son travers. (7)

(7) Cette ode, qui ne se trouve pas dans la plupart des éditions de Rousseau, est remarquable par l'énergie du style et par la force des pensées. Rien ne fait plus d'honneur au caractère de ce grand poëte, que cet hommage, qu'il a rendu publiquement à Louis XIV, à une époque où un autre langage eût pu lui obtenir son rappel.

ODE X.

SUR LA BATAILLE DE PÉTERWARADIN.

Ainsi le glaive fidèle (1)
De l'ange exterminateur
Plongea dans l'ombre éternelle
Un peuple profanateur,
Quand l'Assyrien terrible
Vit, dans une nuit horrible,
Tous ses soldats égorgés
De la fidèle Judée,
Par ses armes obsédée,
Couvrir les champs saccagés.

Où sont ces fils de la terre
Dont les fières légions
Devoient allumer la guerre
Au sein de nos régions ?
La nuit les vit rassemblées ;
Le jour les voit écoulées,
Comme de foibles ruisseaux
Qui, gonflés par quelque orage,
Viennent inonder la plage
Qui doit engloutir leurs eaux. (2)

(1) Rousseau procède ici bien différemment de ce qu'il a fait dans la plupart des odes précédentes: ni préparations, ni détours; il est tout de suite sur le champ de bataille, et cette vivacité brusque est parfaitement analogue au sujet. *Cours de Litter.*

(2) Comparaison admirable.

Déjà ces monstres sauvages,
Qu'arma l'infidélité,
Marchoient le long des rivages
Du Danube épouvanté :
Leur chef, guidé par l'audace,
Avoit épuisé la Thrace
D'armes et de combattants,
Et des bornes de l'Asie
Jusqu'à la double Mésie
Conduit leurs drapeaux flottants.

A ce déluge barbare
D'effroyables bataillons
L'infatigable Tartare
Joint encor ses pavillons.
C'en est fait; leur insolence
Peut rompre enfin le silence;
L'effroi ne les retient plus :
Ils peuvent, sans nulle crainte,
D'une paix trompeuse et feinte
Briser les nœuds superflus.

C'est en vain qu'à notre vue
Un guerrier, par sa valeur,
De leur attaque imprévue
A repoussé la chaleur :
C'est peu qu'après leur défaite
Sa triomphante retraite
Sur nos confins envahis
Ait, avec sa renommée,

Consacré dans leur armée
La honte de leurs spahis.
Ils s'aigrissent par leurs pertes ;
Et déjà de toutes parts
Nos campagnes sont couvertes
De leurs escadrons épars.
Venez, troupe meurtrière ;
La nuit, qui, dans sa carrière,
Fuit à pas précipités,
Va bientôt laisser éclore
De votre dernière aurore
Les foudroyantes clartés. (3)

Un prince dont le génie
Fait le destin des combats
Veut de votre tyrannie
Purger enfin nos états :
Il tient cette même foudre
Qui vous fit mordre la poudre
En ce jour si glorieux
Où, par vingt mille victimes,
La mort expia les crimes
De vos funestes aïeux.

Hé quoi ! votre ardeur glacée
Délibère à son aspect ?
Ah ! la saison est passée
D'un orgueil si circonspect.
En vain de lâches tranchées
Couvrent vos têtes cachées ;

(3) Périphrase très poétique pour annoncer la victoire du lendemain.

Eugène est près d'avancer :
Il vient, il marche en personne ;
Le jour luit, la charge sonne,
Le combat va commencer. (4)

Wirtemberg, sous sa conduite,
A la tête de nos rangs,
Déjà certain de leur fuite
Attaque leurs premiers flancs.
Merci, qu'un même ordre enflamme,
Parmi les feux et la flamme
Qui tonnent aux environs,
Force, dissipe, renverse,
Détruit tout ce qui traverse
L'effort de ses escadrons.

Nos soldats, dans la tempête,
Par cet exemple affermis,
Sans crainte exposent leur tête
A tous les feux ennemis ;
Et chacun, malgré l'orage,
Suivant d'un même courage
Le chef présent en tous lieux,
Plein de joie et d'espérance,
Combat avec l'assurance
De triompher à ses yeux.

De quelle ardeur redoublée
Mille intrépides guerriers
Viennent-ils dans la mêlée
Chercher de sanglants lauriers !

(4) Vers très rapides.

O héros à qui la gloire
D'une si belle victoire
Doit son plus ferme soutien,
Que ne puis-je dans ces rimes
Consacrant vos noms sublimes,
Immortaliser le mien !

Mais quel désordre incroyable
Parmi ces corps séparés
Grossit la nue effroyable
Des ennemis rassurés?
Près de leur moment suprême,
Ils osent, en fuyant même,
Tenter de nouveaux exploits:
Le désespoir les excite;
Et la crainte ressuscite
Leur espérance aux abois.

Quel est ce nouvel Alcide (5)
Qui seul, entouré de morts,
De cette foule homicide
Arrête tous les efforts?
A peine un fer détestable
Ouvre son flanc redoutable,
Son sang est déjà payé,
Et son ennemi, qui tombe,
De sa troupe qui succombe
Voit fuir le reste effrayé.

Eugène a fait ce miracle ;
Tout se rallie à sa voix :

(5) Le comte de Bonneval.

L'infidèle, à ce spectacle,
Recule encore une fois.
Aremberg, dont le courage
De ces monstres pleins de rage
Soutient le dernier effort,
D'un air que Bellone avoue
Les poursuit, et les dévoue
Au triomphe de la mort.

Tout fuit, tout cède à nos armes :
Le visir, percé de coups,
Va, dans Belgrade en alarmes,
Rendre son ame en courroux.
Le camp s'ouvre ; et ses richesses,
Le fruit des vastes largesses
De cent peuples asservis,
Dans cette nouvelle Troie
Vont être aujourd'hui la proie
De nos soldats assouvis. (7)

Rendons au Dieu des armées
Nos honneurs les plus touchants ;
Que ces voûtes parfumées
Retentissent de nos chants :
Et lorsqu'envers sa puissance
Notre humble reconnoissance
Aura rempli ce devoir,
Marchons, pleins d'un nouveau zèle,

(7) On voit que cette ode est une description d'un bout a l'autre ; mais elle est pleine de feu et de la plus entraînante rapidité : la critique la plus sévère n'y pourroit presque rien reprendre. *Cours de Litter.*

A la victoire nouvelle
Qui flatte encor notre espoir.

Temeswar, de nos conquêtes
Deux fois le fatal écueil,
Sous nos foudres toutes prêtes
Va voir tomber son orgueil :
Par toi seul, prince invincible,
Ce rempart inaccessible
Pouvoit être renversé.
Va, par son illustre attaque,
Rompre les fers du Valaque
Et du Hongrois oppressé.

Et toi qui, suivant les traces
Du premier de tes aïeux,
Eprouves, par tant de graces,
La bienveillance des cieux ;
Monarque aussi grand que juste,
Reconnois le prix auguste
Dont le monarque des rois
Paie avec tant de clémence
Ta piété, ta constance,
Et ton zèle pour ses lois.

FIN DU LIVRE TROISIÈME.

LIVRE QUATRIÈME.

ODE I.

A L'EMPEREUR,

après la conclusion de la quadruple alliance.

Dans sa carrière féconde
Le soleil, sortant des eaux,
Couvre d'une nuit profonde (1)
Tous les célestes flambeaux.
Entre les causes premières,
Tout cède aux vives lumières
Du feu créé pour les Dieux ;
Et des dons que nous étale
La richesse orientale
L'or est le plus radieux.

Telle, ô prince magnanime,
Ta lumineuse clarté
Offusque l'éclat sublime
De toute autre majesté.
Dans un roi d'un sang illustre
Nous admirons le haut lustre

---

(1) Figure très hardie. Le soleil produit sur les étoiles l'effet de la nuit la plus noire, et dès qu'il se montre, le ciel est désert, suivant l'expression sublime qu'emploie Pindare dans le début de la première olympique, dont toute cette strophe est imitée. Voyez la huitième réflexion critique de Boileau sur Longin.

Du premier (2) de ses états;
En toi la royauté même
Honore le diadème
Du premier des potentats.

Mais dis-nous quelle est la source
De cette auguste splendeur
Qui du midi jusqu'à l'Ourse
Fait révérer ta grandeur.
Est-ce cette antique race
D'aïeux dont tu tiens la place
Sur le trône des Romains?
Est-ce cet amas de princes,
De peuples et de provinces
Dont le sort est dans tes mains?

Du vaste empire des Mages
Les fastueux héritiers
S'applaudissoient des hommages
De mille peuples altiers;
Du rivage de l'Aurore
Jusqu'au-delà du Bosphore
Ils faisoient craindre leurs lois,
Et, de l'univers arbitres,
Ajoutoient à tous leurs titres
Le titre de rois des rois.

Cependant la Grèce unie
Avoit déjà sur leurs fronts

(2) De celui qui est le premier d'un état, qui y tient le premier rang. Ce vers est obscur, et le suivant est à peu près inintelligible. Qu'est-ce que la royauté qui honore le diadème? Rousseau a-t-il voulu dire que le titre de roi ajoutoit encore à l'éclat de la couronne impériale.

Imprimé l'ignominie
De mille sanglants affronts ;
Quand la colère céleste
Fit naître en son sein (3), funeste
A ces tyrans amollis,
Celui dont la main superbe
Devoit enterrer sous l'herbe
Les murs de Persépolis.

Non, non, le servile crainte
De cent peuples différents
Ne mit jamais hors d'atteinte
La gloire des conquérants :
Les lauriers les plus fertiles,
Sans l'art de les rendre utiles,
Leur sont vainement promis ;
Et leur puissance n'est stable
Qu'autant qu'elle est profitable
Aux peuples qu'ils ont soumis.

C'est cette sainte maxime
Qui, contre tous les revers,
T'affermira sur la cime
Des grandeurs de l'univers :
Tes sujets, pleins d'allégresse,
Des marques de ta tendresse
Feront leur seul entretien ;
Et leur amour secourable

(3) Au sein de la Grèce, phrase équivoque. L'épithète *funeste,* qui termine ce vers et qui régit le suivant, produit un mauvais effet.

De ta puissance durable
Sera l'éternel soutien.

Ton invincible courage,
Signalé dans tous les temps,
Fonda le pénible ouvrage
De tes destins éclatants :
C'est lui qui de la Fortune,
De Bellone et de Neptune
Bravant les légèretés, (4)
Dans leurs épreuves diverses
T'a conduit par les traverses
Au sein des prospérités.

Déjà l'horrible tourmente (5)
De cent tonnerres épars
De Barcelone fumante
Avoit brisé les remparts ;
Et bientôt, si ta constance
N'eût armé la résistance
De ses braves combattants,
Tes rivaux sur ses murailles
Auroient fait les funérailles
De ses derniers habitants.

En vain pour sauver ta tête
La mère t'offroit sur ses eaux,
A ton secours toute prête,
L'asile de ses vaisseaux :
A tes amis plus fidèle,

(4) L'inconstance ; *légèrete* ne s'emploie qu'au singulier.
(5) *Tourmente* ne se dit que des tempêtes sur la mer.

Tu voulus, malgré leur zèle,
Vaincre ou mourir avec eux;
Et ta vertu, toujours ferme,
Les protégea jusqu'au terme
De leurs travaux belliqueux. (6)

Mais sur le trône indomtable
Où commandoient tes aïeux
Quel objet épouvantable
S'offrit encore à tes yeux ;
Quand l'implacable furie,
Qui sur ta triste patrie
Déployoit ses cruautés,
Vint jusqu'en ta capitale
Souffler la vapeur fatale
De ses venins empestés?

Dans sa course dévorante
Rien n'arrêtoit ce torrent :
L'épouse tomboit mourante
Sur son époux expirant :
Le fils, aux bras de son père,
La fille, au sein de sa mère,
S'arrachoit avec horreur ;
Et la mort, livide et blême,
Remplissoit ton palais même
De sa brûlante fureur.

Tu pouvois braver la foudre
Sous un ciel moins dangereux;

---

(6) Charles VI, auquel cette ode est adressée, n'étoit alors qu'archiduc et compétiteur de Philippe V, roi d'Espagne.

Mais rien ne put te résoudre
A quitter des malheureux.
Rois, qui bornez vos tendresses;
Dans ces publiques détresses,
Au soin de vous épargner,
Apprenez, à cette marque,
Qu'un prince n'est point monarque
Pour vivre, mais pour régner.

Oui, j'ose encor le redire,
Cette illustre fermeté
Est de ton solide empire
L'appui le plus redouté:
C'est elle qui déconcerte
L'envie obscure et couverte
De tes foibles ennemis;
C'est elle dont l'influence
Fait l'indomtable défense
De tes sujets affermis.

De leur ardeur aguerrie
Par son exemple éternel
Tu laissas dans l'Ibérie
Un monument solennel,
Quand, sur les rives de l'Èbre
Cherchant le laurier célèbre
A ta valeur réservé,
Tes yeux devant Saragosse
Virent tomber le colosse
Contre ta gloire élevé. (7)

(7) A la bataille de Saragosse, gagnée en 1710 par les

Fléau de la tyrannie
Des Thraces ambitieux,
N'a-t-on pas vu ton génie,
Toujours protégé des cieux,
Montrer à ces fiers esclaves
Que les efforts les plus braves (8)
Et les plus inespérés
Deviennent bientôt possibles
A des guerriers invincibles
Par tes ordres inspirés ?

Mais une vertu plus rare
Chez les héros de nos jours
Dans tes voisins te prépare
Encor de nouveaux secours.
C'est cette épreuve avérée
Et cent fois réitérée
De ton équitable foi,
Vertu sans qui tout le reste
N'est souvent qu'un don funeste
Au bonheur du plus grand roi.

Vous qui, dans l'indépendance
Des nœuds les plus respectés,
Masquez du nom de prudence
Toutes vos duplicités,
Infidèles politiques,
Qui nous cachez vos pratiques

---

troupes de l'archiduc contre celles de Philippe V. Les deux concurrents n'étoient point au combat.

(8) *Brave* ne se dit que des personnes.

Sous tant de voiles épais,
Cessez de troubler la terre,
Moins terribles dans la guerre,
Que sinistres dans la paix.

En vain sur les artifices
Et le faux déguisement,
De vos frêles édifices
Vous posez le fondement :
Contre vos sourdes intrigues
Bientôt de plus justes ligues
Joignent vos voisins nombreux ;
Et leur vengeance unanime
Vous plonge enfin dans l'abîme
Que vous creusâtes pour eux.

C'est en suivant cette voie
Que tes ennemis flattés
Deviendront la juste proie
De leurs complots avortés ;
Tandis qu'aux yeux du ciel même
Par ton équité suprême
Justifiant tes exploits,
Les premiers princes du monde
Armeront la terre et l'onde
Pour le maintien de tes droits.

Ils savent que ta justice,
Sourde aux vaines passions,
Est la seule directrice
De toutes tes actions, (9)

---

(9) Vers prosaïques. Le défaut de beautés, et sur-tout de mouvement, se fait souvent sentir dans cette ode, où l'on ne

Et que la vigueur austère
De ton sage ministère,
Toujours inspiré par toi,
Inaccessible aux foiblesses,
Lui fait des moindres promesses
Une inviolable loi.

Ainsi jamais ni la crainte,
Ni les soupçons épineux,
D'une alliance si sainte
Ne pourront troubler les nœuds;
Et cette amitié durable,
Qui d'un repos désirable
Fonde en eux le ferme espoir,
Leur rendra toujours sacrée
L'incorruptible durée
De ton suprême pouvoir.

ODE II.
A M. LE PRINCE EUGÈNE DE SAVOIE,
Après la paix de Passarowits.

Les cruels oppresseurs de l'Asie indignée
Qui, violant la foi d'une paix dédaignée,

découvre aucune trace d'inspiration, et qui a été commandée à Rousseau par le désir de reconnoître la protection que lui accordoit la cour de Vienne. Les odes de ce quatrième livre, comme le remarque M. de Laharpe, sont en total fort inférieures à celles du précédent, et le déclin de l'auteur s'y fait apercevoir. Il y a cependant de belles strophes dans les odes II, V et VIII.

Forgeoient déjà les fers qu'ils nous avoient promis,
De leur coupable sang ont lavé cette injure,
  Et payé leur parjure
De trois vastes états par nos armes soumis. (1)

Deux fois l'Europe a vu leur brutale furie,
De trois cent mille bras armant la barbarie,
Faire voler la mort au milieu de nos rangs ;
Et deux fois on a vu leurs corps sans sépulture
  Devenir la pâture
Des corbeaux affamés et des loups dévorants.

O vous qui, combattant sous les heureux auspices
D'un monarque, du ciel l'amour et les délices,
Avez rempli leurs champs de carnage et de morts ;
Vous par qui le Danube, affranchi de sa chaîne,
  Peut désormais sans peine
Du Tage débordé réprimer les efforts ;

Prince, n'est-il pas temps, après tant de fatigues,
De goûter un repos que les destins prodigues,
Pour prix de vos exploits, accordent aux humains?
N'osez-vous profiter de vos travaux sans nombre,
  Et vous asseoir à l'ombre
Des paisibles lauriers moissonnés par vos mains?

Non, ce seroit en vain que la paix renaissante
Rendroit à nos cités leur pompe florissante,

(1) Cette ode est bien supérieure à la précédente. Ce n'est pas qu'on y retrouve cet élan pindarique, et ces fictions dont Rousseau fait un si heureux emploi dans la plupart des odes du troisième livre ; mais ici l'absence de grands mouvements est compensée par une harmonie imposante, par un style toujours élégant et soutenu, et par des beautés de détail.

Si ses charmes flatteurs vous pouvoient éblouir :
Son bonheur, sa durée impose à votre zèle
    Une charge nouvelle ;
Et vous êtes le seul qui n'osez en jouir.

Mais quel heureux génie, au milieu de vos veilles,
Vous rend encor épris des savantes merveilles
Qui firent de tout temps l'objet de votre amour ?
Pouvez-vous des neuf sœurs concilier les charmes
    Avec le bruit des armes,
Le poids du ministère, et les soins de la cour ?

Vous le pouvez sans doute ; et cet accord illustre,
Peu connu des héros sans éloge (2) et sans lustre,
Fut toujours réservé pour les héros fameux :
C'est aux grands hommes seuls à sentir le mérite
    D'un art qui ressuscite
L'héroïque vertu des grands hommes comme eux.

Leurs hauts faits peuvent seuls enflammer le génie
De ces enfants chéris du Dieu de l'harmonie,
Dont l'immortelle voix se consacre aux guerriers :
Une gloire commune, un même honneur anime
    Leur tendresse unanime ; (3)
Et leur front fut toujours ceint des mêmes lauriers.

Entre tous les mortels que l'univers voit naître,
Peu doivent aux aïeux dont ils tiennent leur être

(2) Qui n'ont pas été loués ; tournure d'une concision remarquable.

(3) Pour la poésie, sans doute, qui immortalise celui qui chante et celui qui est chanté. Ces mots, *leur tendresse unanime*, ne se rapportent à rien.

17

Le respect de la terre, et la faveur des rois :
Deux moyens seulement d'illustrer leur naissance
  Sont mis en leur puissance ;
Les sublimes talents, et les fameux exploits.

C'est par-là qu'au travers de la foule importune
Tant d'hommes renommés, malgré leur infortune,
Se sont fait un destin illustre et glorieux,
Et que leurs noms, vainqueurs de la nuit la plus sombre,
  Ont su dissiper l'ombre
Dont les obscurcissoit le sort injurieux. (4)

Dans l'enfance du monde encor tendre et fragile,
Quand le souffle des Dieux eut animé l'argile
Dont les premiers humains avoient été pétris,
Leurs rangs n'étoient marqués d'aucune différence,
  Et nulle préférence
Ne distinguoit encor leur mérite et leur prix.

Mais ceux qui, pénétrés de cette ardeur divine,
Sentirent les premiers leur sublime origine,
S'élevèrent bientôt par un vol généreux ;
Et ce céleste feu dont ils tenoient la vie
  Leur fit naître l'envie
D'éclairer l'univers, et de le rendre heureux.

De là ces arts divins, en tant de biens fertiles ;
De là ces saintes lois, dont les règles utiles
Firent chérir la paix, honorer les autels ;
Et de là ce respect des peuples du vieil âge,
  Dont le pieux hommage
Plaça leurs bienfaiteurs au rang des immortels.

(4) Belle épithète.

Les Dieux dans leur séjour reçurent ces grands hommes :
Le reste, confondus dans la foule où nous sommes,
Jouissoient des travaux de leurs sages aïeux ;
Lorsque l'ambition, la discorde, et la guerre,
  Vils enfants de la terre,
Vinrent troubler la paix de ces enfants des Dieux.

Alors, pour soutenir la débile innocence,
Pour réprimer l'audace et domter la licence,
Il fallut à la gloire immoler le repos :
Les veilles, les combats, les travaux mémorables,
  Les périls honorables,
Furent l'unique emploi des rois et des héros.

Mais combien de grands noms, couverts d'ombres funèbres,
Sans les écrits divins qui les rendent célèbres,
Dans l'éternel oubli languiroient inconnus !
Il n'est rien que le temps n'absorbe et ne dévore ;
  Et les faits qu'on ignore
Sont bien peu différents des faits non avenus.

Non, non, sans le secours des filles de Mémoire,
Vous vous flattez en vain, partisans de la gloire,
D'assurer à vos noms un heureux souvenir :
Si la main des neuf sœurs ne pare vos trophées,
  Vos vertus étouffées
N'éclaireront jamais les yeux de l'avenir. (5)

Vous arrosez le champ de ces nymphes sublimes :
Mais vous savez aussi que vos faits magnanimes

---

(5) Belle image,

Ont besoin des lauriers cueillis dans leur vallon:
Ne cherchons point ailleurs la cause sympathique
    De l'alliance antique
Des favoris de Mars avec ceux d'Apollon.

Ce n'est point chez ce Dieu qu'habite la fortune;
Son art, peu profitable à la vertu commune,
Au vice qui le craint fut toujours odieux:
Il n'appartient qu'à ceux que leurs vertus suprêmes
    Egalent aux Dieux mêmes
De savoir estimer le langage des Dieux.

Vous, qu'ils ont pénétré de leur plus vive flamme,
Vous, qui leur ressemblez par tous les dons de l'ame,
Non moins que par l'éclat de vos faits lumineux,
Ne désavouez point une muse fidèle,
    Et souffrez que son zèle
Puisse honorer en vous ce qu'elle admire en eux.

Souffrez qu'à vos neveux elle laisse une image
De ce qu'ont de plus grand l'héroïque courage,
L'inébranlable foi, l'honneur, la probité,
Et mille autres vertus qui, mieux que vos victoires,
    Feront de nos histoires
Le modèle éternel de la postérité.

Cependant, occupé de soins plus pacifiques,
Achevez d'embellir ces jardins magnifiques,
De vos travaux guerriers nobles délassements;
Et rendez-nous encor, par vos doctes largesses,
    Les savantes richesses
Que vit périr l'Egypte et ses embrasements. (6)

(6) L'incendie de la fameuse bibliothèque d'Alexandrie.

Dans nos arts florissants quelle adresse pompeuse,
Dans nos doctes écrits quelle beauté trompeuse
Peuvent se dérober à vos vives clartés?
Et, dans l'obscurité des plus sombres retraites,
    Quelles vertus secrètes,
Quel mérite timide échappe à vos bontés?

Je n'en ressens que trop l'influence féconde:
Tandis que votre bras faisoit le sort du monde,
Vos bienfaits ont daigné descendre jusqu'à moi,
Et me rendre, peut-être à moi seul, chérissable
    La gloire périssable
Des stériles travaux qui font tout mon emploi.

C'est ainsi qu'au milieu des palmes les plus belles
Le vainqueur généreux du Granique et d'Arbelles
Cultivoit les talents, honoroit le savoir;
Et, de Chérile même excusant la manie,
    Au défaut du génie,
Récompensoit en lui le désir d'en avoir. (7)

ODE III.

A L'IMPÉRATRICE AMÉLIE.

Muse qui, des vrais Alcées
Soutenant l'activité,
A leurs captives pensées

---

(7) Toute cette ode est aussi bien pensée que purement écrite. On n'y trouve presque rien à reprendre, et elle peut, dans son genre, être citée parmi les meilleures pièces de Rousseau.

Fais trouver la liberté,
Viens à ma timide verve,
Que le froid repos énerve,
Redonner un feu nouveau,
Et délivre ma Minerve
Des prisons de mon cerveau. (1)

Si la céleste puissance,
Pour l'honneur de ses autels,
Vouloit rendre l'innocence
Aux infortunés mortels ;
Et si l'aimable Cybèle
Sur cette terre infidèle
Daignoit redescendre encor,
Pour faire vivre avec elle
Les vertus de l'âge d'or ; (2)

Quels organes, quels ministres
Dignes d'obtenir son choix,
Pourroient, en ces temps sinistres,
Nous faire entendre sa voix ?
Seroient-ce ces doctes mages,
Des peuples de tous les âges
Réformateurs consacrés,
Bien moins pour les rendre sages
Que pour en être honorés ?

Mais les divines merveilles
Qui font chérir leurs leçons
Dans nos superbes oreilles

---

(1) On ne voit ni le motif de cette invocation, ni sa liaison avec ce qui suit.

(2) Strophe harmonieuse et qui auroit pu commencer l'ode.

N'exciteroient que des sons.
Quel siècle plus mémorable
Vit d'un glaive secourable
Le vice mieux combattu ?
Et quel siècle misérable
Vit régner moins de vertu ?

L'éloquence des paroles
N'est que l'art ingénieux
D'amuser nos sens frivoles
Par des tours harmonieux.
Pour rendre un peuple traitable, (3)
Vertueux, simple, équitable,
Ami du ciel et des lois,
L'éloquence véritable
Est l'exemple des grands rois. (4)

C'est ce langage visible
Dans nos vrais législateurs
Qui fait la règle infaillible
Des peuples imitateurs.
Contre une loi qui nous gêne
La nature se déchaîne
Et cherche à se révolter ;
Mais l'exemple nous entraîne,
Et nous force à l'imiter.

En vous, en votre sagesse,
De ce principe constant

---

(3) Epithète qui manque de noblesse.
(4) La justesse de la pensée entraîne le plus souvent celle de l'expression. Ces premières strophes n'offrent presque rien à reprendre.

Je vois, auguste princesse,
Un témoignage éclatant ;
Et, dans la splendeur divine
De ces vertus qu'illumine (5)
Tout l'éclat du plus grand jour,
Je reconnois l'origine
Des vertus de votre cour.

La bonté qui brille en elle
De ses charmes les plus doux
Est une image de celle (6)
Qu'elle voit briller en vous ;
Et, par vous seule enrichie,
Sa politesse, affranchie
Des moindres obscurités, (7)
Est la lueur réfléchie
De vos sublimes clartés.

Et quel âge si fertile, (8)
Quel règne si renommé,
Vit d'un éclat plus utile
Le diadème animé ?
Quelle piété profonde,
Quelle lumière féconde
En nobles instructions,

(5) *Illumine*, au figuré, ne se dit guère qu'en matière de religion.

(6) *Celle* à la fin du vers seroit à peine tolérable dans une chanson.

(7) *Obscurités* pour *défauts*, *sublimes clartés* au lieu de *vertus aimables*, mots impropres.

(8) Cette apostrophe est une espèce de contradiction de ce qu'on vient de lire quelques strophes plus haut, et la similitude du tour rend ce défaut plus sensible.

Du premier trône du monde
Rehaussa mieux les rayons !

Des héros de ses écoles
La Grèce a beau se targuer ; (9)
La pompe de leurs paroles
Ne m'apprend qu'à distinguer, (10)
De l'autorité puissante
D'une sagesse agissante,
Qui règne sur mes esprits,
La sagesse languissante
Que j'honore en leurs écrits.

Non, non, la philosophie
En vain se fait exalter ;
On n'écoute que la vie
De ceux qu'on doit imiter :
Vous seuls, ô divine race,
Grands rois, qui tenez la place
Des rois au ciel retirés,
Pouvez conserver la trace
De leurs exemples sacrés.

Pendant la courte durée
De cet âge radieux
Qui vit la terre honorée
De la présence des Dieux,
L'homme, instruit par l'habitude,
Marchant avec certitude
Dans leurs sentiers lumineux,

(9) Mot beaucoup trop familier pour l'ode.
(10) Il devroit y avoir un repos après ce quatrième vers.

Imitoit, sans autre étude,
Ce qu'il admiroit en eux.

Dans l'innocence première
Affermi par ce pouvoir,
Chacun puisoit sa lumière
Aux sources du vrai savoir,
Et, dans ce céleste livre,
Des leçons qu'il devoit suivre
Toujours prêt à se nourrir,
Préféroit l'art de bien vivre
A l'art de bien discourir. (11)

Mais dès que ces heureux guides,
Transportés loin de nos yeux,
Sur l'aile des vents rapides
S'envolèrent vers les cieux,
La science opiniâtre,
De son mérite idolâtre,
Vint au milieu des clameurs
Edifier son théâtre
Sur la ruine des mœurs.

Dès-lors, avec l'assurance
De s'attirer nos tributs,
La fastueuse éloquence
Prit la place des vertus :
L'art forma leur caractère ;
Et de la sagesse austère (12)

(11) Cette ode, pour le fonds des idées, a quelques rapports avec celle qui est adressée au marquis de La Fare ; mais elle lui est fort inférieure pour la vivacité des tours et pour la pureté de l'expression.

(12) *Austère, aimable,* mots peu compatibles.

L'aimable simplicité
Ne devint plus qu'un mystère (13)
Par l'amour-propre inventé.

Dépouillez donc votre écorce,
Philosophes sourcilleux,
Et, pour nous prouver la force
De vos secours merveilleux,
Montrez-nous, depuis Pandore,
Tous les vices qu'on abhorre
En terre (14) mieux établis
Qu'aux siècles que l'on honore
Du nom de siècles polis. (15)

Avant que, dans l'Italie,
Sous de sinistres aspects,
La vertu se fût polie
Par le mélange des Grecs,
La foi, l'honneur, la constance,
L'intrépide résistance
Dans les plus mortels dangers,
Y régnoient, sans l'assistance
Des préceptes étrangers.

Mais, malgré l'exemple antique,
Elle laissa dans son sein
Des disciples du portique
Glisser le premier essaim :

(13) Un déguisement.
(14) Sur la terre. *En terre* n'est pas françois dans ce sens, et présente une autre idée.
(15) Il ne falloit pas vanter quelques strophes plus haut la politesse de la cour d'Allemagne.

Rome, en les voyant paroître,
Cessa de se reconnoître
Dans ses tristes rejetons ;
Et le même âge vit naître
Les Gracques et les Catons.

ODE IV.

AU ROI DE LA GRANDE BRETAGNE.

Tandis que l'Europe étonnée (1)
Voit ses peuples les plus puissants
Traîner dans les besoins pressants
Une importune destinée,
Grand roi, loin de ton peuple heureux,
Quel Dieu propice et généreux,
Détournant ces tristes nuages,
Semble pour lui seul désormais
Réserver tous les avantages
De la victoire et de la paix?

Quelle inconcevable puissance
Fait fleurir sa gloire au-dehors !
Quel amas d'immenses trésors
Dans son sein nourrit l'abondance !
La Tamise, reine des eaux,
Voit ses innombrables vaisseaux

(1) Cette ode est une de celles qui font doublement regretter que la France se soit privée de Rousseau. On voit le talent de ce grand poëte s'affoiblir loin de son pays natal, et c'est à des nations étrangères ou même ennemies que la reconnoissance le force d'adresser ses éloges.

Porter sa loi dans les deux mondes,
Et forcer jusqu'au Dieu des mers
D'enrichir ses rives fécondes
Des tributs de tout l'univers.

De cette pompeuse largesse
Ici tout partage le prix ;
A l'aspect de ces murs chéris
La pauvreté devient richesse :
Dieux ! quel déluge d'habitants
Y brave depuis si long-temps
L'indigence ailleurs si commune !
Quel prodige, encore une fois,
Semble y faire de la fortune
L'exécutrice (2) de ses lois ?

Peuples, vous devez le connoître :
Ce comble de félicité
N'est dû qu'à la sage équité
Du meilleur roi qu'on ait vu naître.
De vos biens, comme de vos maux,
Les gouvernements (3) inégaux
Ont toujours été la semence :
Vos rois sont, dans la main de Dieux,
Les instruments de la clémence
Ou de la colère des cieux.

Oui, grand prince, j'ose le dire,
Tes sujets, de biens si comblés,

(2) Mot qui n'est ni harmonieux ni poétique. On ne le dit guère en prose que dans cette phrase : *exécutrice testamentaire*.

(3) *Différents* eût été le mot propre.

Languiroient peut-être accablés
Sous le joug de tout autre empire :
Le ciel, jaloux de leur grandeur,
Pour en assurer la splendeur
Leur devoit un maître équitable,
Qui préférât leurs libertés
A la justice incontestable
De ses droits les plus respectés.

Mais, grand roi, de ces droits sublimes
Le sacrifice généreux
T'assure d'autres droits sur eux
Bien plus forts et plus légitimes :
Les faveurs qu'ils tiennent de toi
Sont des ressources de leur foi (4)
Toujours prêtes pour ta défense,
Qui leur font chérir leur devoir,
Et qui n'augmentent leur puissance
Que pour affermir ton pouvoir.

Un roi qui ravit par contrainte
Ce que l'amour doit accorder,
Et qui, content de commander,
Ne veut régner que par la crainte,
En vain, fier de ses hauts projets,
Croit, en abaissant ses sujets,
Relever son pouvoir suprême :
Entouré d'esclaves soumis,
Tôt ou tard il devient lui-même
Esclave de ses ennemis.

(4) Phrase obscure et mal construite, dont voici le sens :
Les faveurs que tu leur as accordées sont des ressources que
leur fidélité tient toujours prêtes pour ta défense.

Combien plus sage et plus habile
Est celui qui, par ses faveurs,
Songe à s'élever dans les cœurs
Un trône durable et tranquille;
Qui ne connoît point d'autres biens
Que ceux que ses vrais citoyens
De sa bonté peuvent attendre;
Et qui, prompt à les discerner,
N'ouvre les mains que pour répandre,
Et ne reçoit que pour donner ! (5)

Noble et généreuse industrie
Des Antonins et des Titus,
Source de toutes les vertus
D'un vrai père de la patrie !
Hélas ! par ce titre fameux
Peu de princes ont su comme eux
S'affranchir de la main des Parques;
Mais ce nom si rare, grand roi,
Qui jamais d'entre les monarques
S'en rendit plus digne que toi ?

Qui jamais vit le diadème
Armer contre ses ennemis
Un vengeur aux lois plus soumis
Et plus détaché de soi-même ?
La sûreté de tes états
Peut bien, contre quelques ingrats,
Changer ta clémence en justice,
Mais ce mouvement étranger

(5) Anthithèse belle et juste,

Redevient clémence propice
Quand tu n'as plus qu'à te venger.

Et c'est cette clémence auguste
Qui souvent de l'autorité
Etablit mieux la sûreté
Que la vengeance la plus juste :
Ainsi le plus grand des Romains, (6)
De ses ennemis inhumains
Confondant les noirs artifices,
Trouva l'art de se faire aimer
De ceux que l'horreur des supplices
N'avoit encor pu désarmer.

Que peut contre toi l'impuissance
De quelques foibles mécontents
Qui sur l'infortune des temps
Fondent leur dernière espérance,
Lorsque, contre leurs vains souhaits,
Tu réunis par tes bienfaits
La cour, les villes, les provinces;
Et lorsqu'aidés de ton soutien
Les plus grands rois, les plus grands princes,
Trouvent leur repos dans le tien ?

Jusqu'à toi toujours désunie,
L'Europe, par tes soins heureux
Voit ses chefs les plus généreux
Inspirés du même génie :

---

(6) Tout le monde ne reconnoîtra pas Auguste sous ce titre du *plus grand des Romains*. Rousseau lui-même le caractérise tout autrement dans l'ode à la Fortune.

La crainte heureusement déçue, (7)
Et déracinée à jamais
La haine si souvent reçue
En survivance de la paix.
Poursuis, monarque magnanime :
Achève de leur inspirer
Le désir de persévérer
Dans cette concorde unanime :
Commande à ta propre valeur
D'éteindre en toi cette chaleur
Qu'allume ton goût pour la gloire ;
Et donne au repos des humains
Tous les lauriers que la victoire
Offre à tes invincibles mains.

Mais vous, peuples à sa puissance
Associés par tant de droits,
Songez que de toutes vos lois
La plus sainte est l'obéissance :
Craignez le zèle séducteur
Qui, sous le prétexte flatteur
D'une liberté plus durable,
Plonge souvent, sans le vouloir,
Dans le chaos inséparable
De l'abus d'un trop grand pouvoir.

Athènes, l'honneur de la Grèce,
Et, comme vous, reine des mers,
Eût toujours rempli l'univers

(7) On dit : *son attente, son espérance ont été déçues ;* mais ce mot ici s'applique assez bien à la crainte, parce que l'adverbe *heureusement* lui sert de correctif.

De sa gloire et de sa sagesse ;
Mais son peuple, trop peu soumis,
Ne put, dans les termes permis
Contenir sa puissance extrême,
Et, trahi par la vanité,
Trouva, dans sa liberté même,
La perte de sa liberté. (8)

ODE V.

AU ROI DE POLOGNE,

sur les vœux que les peuples de Saxe faisoient pour son retour.

C'est trop long-temps, grand roi, différer ta promesse,
Et d'un peuple qui t'aime épuiser les désirs :
Reviens de ta patrie en proie à la tristesse
  Calmer les déplaisirs.

Elle attend ton retour, comme une tendre épouse
Attend son jeune époux absent depuis un an,
Et que retient encor sur son onde jalouse
  L'infidèle océan. (1)

(8) Rousseau finit assez souvent ses odes par un trait historique. Celui-ci est d'un choix heureux et d'une application assez juste.

(1) Comparaison charmante.

LIVRE IV.

Plongée, à ton départ, dans une nuit obscure,
Ses yeux n'ont vu lever que de tristes soleils:
Rends-lui, par ta présence, une clarté plus pure
    Et des jours plus vermeils. (2)

Mais non; je vois l'erreur du zèle qui m'anime:
Ta patrie est par-tout, grand roi, je le sais bien,
Où peut de tes états le bonheur légitime
    Exiger ton soutien.

Les peuples nés aux bords que la Vistule arrose
Sont, par adoption, devenus tes enfants:
Tu leur dois compte enfin, le devoir te l'impose,
    De tes jours triomphants.

N'ont-ils pas vu ton bras, au milieu des alarmes,
Même avant qu'à ta loi leur choix les eût soumis,
Faire jadis l'essai de ses premières armes
    Contre leurs ennemis?

Cent fois d'une puissance impie et sacrilège
Leurs yeux t'ont vu braver les feux, les javelots,
Et, le fer à la main, briguer le privilège
    De mourir en héros.

Ce n'est pas que le feu de ta valeur altière
N'eût pour premier objet la gloire et les lauriers;
Tu ne cherchois alors qu'à t'ouvrir la barrière
    Du temple des guerriers.

En mille autres combats, sous l'œil de la Victoire,
Des plus affreux dangers affrontant le concours,
Tu semblois ne vouloir assurer ta mémoire
    Qu'aux dépens de tes jours.

(2) Sereins; *vermeil* se diroit plutôt de l'aurore.

Telle est de tes pareils l'ardeur héréditaire :
Ils savent qu'un héros par son rang exalté (3)
Ne doit qu'à la vertu ce que doit le vulgaire
    A la nécessité.

Mais le ciel protégeoit une si belle vie :
Il vouloit voir sur toi ses desseins accomplis,
Et par toi relever au sein de ta patrie
    Ses honneurs abolis.

Un royaume fameux, fondé par tes ancêtres,
Devoit mettre en tes mains la suprême grandeur,
Et ses peuples par toi voir de leurs premiers maîtres
    Revivre la splendeur.

En vain le Nord frémit, et fait gronder l'orage
Qui sur eux tout à coup va fondre avec effroi :
Le ciel t'offre un péril digne de ton courage ;
    Mais il combat pour toi.

Ce superbe ennemi des princes de la terre, (4)
Contre eux, contre leurs droits, si fièrement armé,
Tombe, et meurt foudroyé par le même tonnerre
    Qu'il avoit allumé.

Tu règnes cependant, et tes sujets tranquilles
Vivent sous ton appui dans un calme profond,
A couvert des larcins et des courses agiles
    Du Scythe vagabond.

Les troupeaux rassurés broutent l'herbe sauvage ;
Le laboureur content cultive ses guérets ;

(3) Élevé ; *exalter* signifie louer, vanter.
(4) Charles XII, qui avoit forcé Auguste d'abdiquer, et qui fut tué au siège de *Fréderickshall*, lorsqu'il songeoit à le détrôner une seconde fois.

Le voyageur est libre, et, sans peur du pillage,
　　Traverse les forêts.

Le peuple ne craint plus de tyran qui l'opprime ;
Le foible est soulagé, l'orgueilleux abattu ;
La force craint la loi ; la peine suit le crime ;
　　Le prix suit la vertu.

Grand roi, si le bonheur d'un royaume paisible
Fait la félicité d'un prince généreux,
Quel héros couronné, quel monarque invincible
　　Fut jamais plus heureux ?

Quelle alliance enfin plus noble et plus sacrée,
Eternisant ta gloire en ta postérité,
Pouvoit mieux affermir l'infaillible durée
　　De ta prospérité ?

Ce sont là les faveurs dont la bonté céleste
A payé ton retour au culte fortuné (5)
Que tes pères, séduits par un guide funeste,
　　Avoient abandonné.

N'en doute point, grand roi ; c'est l'arbitre suprême
Qui, pour mieux t'élever, voulut t'assujettir,
Et qui couronne en toi les faveurs que lui-même
　　Daigna te départir.

C'est ainsi qu'autrefois dans les eaux de sa grace
Des fiers héros saxons il lava les forfaits, (6)
Afin de faire un jour éclater sur leur race
　　Sa gloire et ses bienfaits.

　(5) Auguste, à son avènement au trône de Pologne, avoit abjuré la religion protestante.
　(6) Charlemagne, après trente ans d'une guerre opiniâtre, força les Saxons à embrasser le christianisme.

L'empire fut le prix de leur obéissance :
Ils choisit les Othons, et voulut par leurs mains (7)
Du joug des Albérics et des fers de Crescence
  Affranchir les Romains.

Des-lors (que ne peut point un exemple sublime
Transmis des souverains au reste des mortels !)
L'univers vit par-tout un encens légitime
  Fumer sur ses autels.

Des héros de leur sang la piété soumise
Triompha six cents ans avec le même éclat,
Sans jamais séparer l'étendard de l'église
  Des drapeaux de l'état.

Rome enfin ne voyoit dans ces augustes princes
Que des fils généreux qui, fermes dans sa loi,
Maintenoient la splendeur de leurs vastes provinces
  Par celle de la foi.

O siècles lumineux, votre clarté célèbre
Devoit-elle à leurs yeux dérober son flambeau?
Falloit-il que la nuit vînt d'un voile funèbre
  Couvrir un jour si beau?

L'héritier de leur nom, l'héritier de leur gloire, (8)
Ose applaudir, que dis-je? ose appuyer l'erreur,
Et d'un vil apostat, l'opprobre de l'histoire,
  Adopter la fureur.

(7) *Othon le Grand*, fils de *Henri l'Oiseleur*, duc de Saxe, fut sacré empereur des Romains vers 962. *Othon III* fit décapiter *Crescentius*, qui prenoit le titre de consul, et qui vouloit rétablir à Rome le gouvernement républicain.

(8) *Frédéric le Sage*, électeur de Saxe, qui avoit refusé l'empire, protégea ouvertement Luther.

L'auguste vérité le voit s'armer contre elle,
Et, sous le nom du ciel combattant pour l'enfer,
Tout le Nord révolté soutenir sa querelle
    Par la flamme et le fer.

Ah! c'en est trop! je cède à ma douleur amère;
Retirons-nous, dit-elle, en de plus doux climats,
Et cherchons des enfants qui du sang de leur mère
    Ne souillent point leurs bras.

Fils ingrat, c'est par toi que mon malheur s'achève;
Tu détruis mon pouvoir, mais le tien va finir;
Un Dieu vengeur te suit; tremble, son bras se lève
    Tout prêt à te punir.

Je vois, je vois le trône où ta fureur s'exerce
Tomber sur tes neveux de sa chute écrasés,
Comme un chêne orgueilleux que l'orage renverse
    Sur ses rameaux brisés.

Mais sur le tronc aride une branche élevée
Doit un jour réparer ses débris éclatants,
Par mes mains et pour moi nourrie et conservée
    Jusqu'à la fin des temps.

Rejeton fortuné de cette tige illustre,
Un prince aimé des cieux rentrera sous mes lois;
Et mes autels détruits reprendront tout le lustre
    Qu'ils eurent autrefois.

Je règnerai par lui sur des peuples rebelles;
Il règnera par moi sur des peuples soumis;
Et j'anéantirai les complots infidèles
    De tous leurs ennemis.

Peuples vraiment heureux ! veuillent les destinées
De son empire aimable éterniser le cours,
Et, pour votre bonheur, prolonger ses années
    Aux dépens de vos jours !

Puisse l'auguste fils qui marche sur ses traces,
Et que le ciel lui-même a pris soin d'éclairer,
Conserver à jamais les vertus et les graces
    Qui le feront adorer !

Digne fruit d'une race en héros si féconde,
Puisse-t-il égaler leur gloire et leurs exploits,
Et devenir, comme eux, les délices du monde
    Et l'exemple des rois !

ODE VI.
SUR LES DIVINITÉS POÉTIQUES.

C'est vous encor que je réclame,
Muses, dont les accords hardis
Dans les sens les plus engourdis
Versent cette céleste flamme
Qui dissipe leur sombre nuit,
  Et qui, flambeau sacré de l'ame,
L'éclaire, l'échauffe et l'instruit.

Nymphes, à qui le ciel indique
Ses mystères les plus secrets,
Je viens chercher dans vos forêts

LIVRE IV.

L'origine et la source antique
De ces Dieux, fantômes charmants,
De votre verve prophétique
Indisputables éléments.

Je la vois ; c'est l'ombre d'Alcée (1)
Qui me la découvre à l'instant,
Et qui déjà, d'un œil content,
Dévoile à ma vue empressée
Ces déités d'adoption,
Synonymes de la pensée,
Symboles de l'abstraction.

C'est lui ; la foule qui l'admire
Voit encore, au son de ses vers,
Fuir ces tyrans de l'univers
Dont il extermina l'empire :
Mais déjà, sur de nouveaux tons,
Je l'entends accorder sa lyre :
Il s'approche, il parle ; écoutons.

Des sociétés temporelles
Le premier lien est la voix,
Qu'en divers sons l'homme, à son choix,
Modifie et fléchit pour elles ;
Signes communs et naturels,
Où les ames incorporelles (2)
Se tracent aux sens corporels.

(1) Cette évocation de l'ombre d'Alcée et le plan de cette ode sont très poétiques ; mais elle laisse beaucoup à désirer pour l'exécution.

(2) Rousseau tombe ici dans le défaut qu'il reprochoit à La Motte, il substitue aux images une froide métaphysique et des antithèses de mauvais goût.

Mais, pour peindre à l'intelligence
Leurs immatériels objets,
Ces signes, à l'erreur sujets,
Ont besoin de son indulgence;
Et, dans leurs secours impuissants,
Nous sentons toujours l'indigence
Du ministère de nos sens.

Le fameux chantre d'Ionie
Trouva dans ses tableaux heureux
Le secret d'établir entre eux
Une mutuelle harmonie :
Et ce commerce leur apprit
L'art, inventé par Uranie,
De peindre l'esprit à l'esprit.

Sur la scène incompréhensible
De cet interprète des Dieux
Tout sentiment s'exprime aux yeux,
Tout devient image sensible ;
Et, par un magique pouvoir,
Tout semble prendre un corps visible,
Vivre, parler, et se mouvoir. (3)

Oui, c'est toi, peintre inestimable,
Trompette d'Achille et d'Hector,
Par qui de l'heureux siècle d'or
L'homme entend le langage aimable,
Et voit, dans la variété
Des portraits menteurs de la fable,
Les rayons de la vérité.

(3) Vers foibles et qui rappellent ce beau morceau de l'Art poétique, chant III.e *Là, pour nous enchanter,* etc.

Il voit l'arbitre du tonnerre
Réglant le sort par ses arrêts :
Il voit sous les yeux de Cérès
Croître les trésors de la terre :
Il reconnoît le Dieu des mers
A ces sons qui calment la guerre
Qu'Éole excitoit dans les airs.

Si dans un combat homicide
Le devoir engage ses jours,
Pallas, volant à son secours,
Vient le couvrir de son égide :
S'il se voue au maintien des lois,
C'est Thémis qui lui sert de guide,
Et qui l'assiste en ses emplois.

Plus heureux, si son cœur n'aspire
Qu'aux douceurs de la liberté,
Astrée est la divinité
Qui lui fait chérir son empire :
S'il s'élève au sacré vallon,
Son enthousiasme est la lyre
Qu'il reçoit des mains d'Apollon.

Ainsi consacrant le système
De la sublime fiction,
Homère, nouvel Amphion, (4)
Change par la vertu suprême
De ses accords doux et savants,
Nos destins, nos passions même,
En êtres réels et vivants.

(4) On ne saisit pas trop le rapport que Rousseau établit ici entre Homère et Amphion.

Ce n'est plus l'homme qui pour plaire
Etale ses dons ingénus ;
Ce sont les Graces, c'est Vénus,
Sa divinité tutélaire :
La sagesse qui brille en lui,
C'est Minerve dont l'œil l'éclaire,
Et dont le bras lui sert d'appui.

L'ardente et fougueuse Bellone
Arme son courage aveuglé :
Les frayeurs dont il est troublé
Sont le flambeau de Tisiphone :
Sa colère est Mars en fureur ;
Et ses remords sont la Gorgone
Dont l'aspect le glace d'horreur. (5)

Le pinceau même d'un Apelle
Peut, dans les temples les plus saints,
Attacher les yeux des humains
A l'objet d'un culte fidèle,
Et peindre sans témérité,
Sous une apparence mortelle,
La divine immortalité.

Vous donc, réformateurs austères
De nos privilèges sacrés,
Et vous non encore éclairés
Sur nos symboliques mystères,
Eloignez-vous, pâles censeurs,
De ces retraites solitaires
Qu'habitent les neuf doctes sœurs.

(5) Les images de cette strophe sont rapides et pleines de chaleur.

Ne venez point sur un rivage
Consacré par leur plus bel art
Porter un aveugle regard :
Et loin d'elles tout triste sage
Qui, voilé d'un sombre maintien,
Sans avoir appris leur langage,
Veut jouir de leur entretien !

Ici l'ombre impose silence
Aux doctes accents de sa voix :
Et déjà dans le fond des bois,
Impétueuse, elle s'élance ;
Tandis que je cherche des sons
Dignes d'atteindre à l'excellence
De ses immortelles leçons.

ODE VII.

SUR LE DEVOIR ET LE SORT DES GRANDS HOMMES.

Nous honorons du nom de sage
Celui qui, content de son sort,
Et loin des vents et de l'orage
Goûtant les délices du port,
Sait, au milieu de l'abondance,
Dans une noble indépendance
Trouver la gloire et le repos ;
Mais cette sagesse tranquille,
Vertu dans un mortel stérile,
N'est point vertu dans un héros.

Pour jouir d'une paix chérie
Les cieux ne nous l'ont point prêté ;
Il est comptable à sa patrie
Des dons qu'il tient de leur bonté :
Cette influence souveraine
N'est pour lui qu'une illustre chaîne (1)
Qui l'attache au bonheur d'autrui ;
Tous les brillants qui l'embellissent,
Tous les talents qui l'ennoblissent,
Sont en lui, mais non pas à lui.

Il sait, et c'est un avantage
Peu connu de ses vains rivaux,
Que son véritable partage
Sont les veilles et les travaux ;
Que sur tous les êtres du monde
Des Dieux la sagesse profonde
Etend ses regards généreux ;
Et qu'éclos de leurs mains fertiles,
Les uns naissent pour être utiles,
Les autres pour n'être qu'heureux.

Ainsi, victime préparée
Pour le bonheur du genre humain,
Victime non moins consacrée
A l'empire du souverain,
Soit sur la mer, soit sur la terre,
Soit dans la paix, soit dans la guerre,

(1) Belle métaphore. Tout ce commencement est bien pensé et bien écrit, et l'on n'y peut tout au plus reprendre que le tour un peu recherché qui termine la seconde strophe.

D'une foi mâle revêtu,
Son prince, dont il est l'organe,
Sa propre vertu le condamne
A s'immoler à sa vertu. (2)

La dépendance est le salaire
Des présents que nous font les cieux.
Un roi parle ; il faut, pour lui plaire,
Quitter sa patrie et ses Dieux :
Héros guerriers, héros paisibles,
Il faut à ses lois invincibles
Asservir vos talents vainqueurs : (3)
Partez, volez, ames viriles ;
Courez lui soumettre les villes ;
Allez lui conquérir les cœurs.

Toutefois si de votre zèle
Vous voulez recevoir le prix,
Revenez ; l'absence infidèle
Enfante peu de favoris ;
Les récompenses les plus dues
Sont souvent des dettes perdues
Pour qui tarde à les répéter ;
Et sur l'absent qui les mérite

(2) La strophe qui précède est excellente et celle-ci n'en est qu'un développement foible de style et d'idées. *Une foi mâle*, pour *une fidélité à toute épreuve*, est une mauvaise expression ; et *sa vertu qui le condamne à s'immoler à sa vertu* est une phrase qui au vice de l'affectation joint celui de l'obscurité.

(3) *Lois invincibles, talents vainqueurs*, antithèse qui manque de justesse, en ce qu'il n'y a point d'opposition réelle entre la volonté du prince à laquelle il faut obéir, et les talents de ses ministres ou de ses généraux, qui lui concilient les hommes ou lui soumettent les états.

Le présent qui les sollicite
Est toujours sûr de l'emporter.

Le mérite oublié du maître,
Et souvent même dédaigné,
Ne se fait jamais bien connoître
Dans un point de vue éloigné :
En vain sous d'illustres auspices
Produiroit-il de ses services
Le témoignage glorieux ;
Sa présence est le seul langage
Qui puisse en assurer le gage :
Les rois ont le cœur dans les yeux. (4)

C'est à ces astres vénérables
D'illuminer ses actions ;
C'est de leurs rayons favorables
Qu'il doit tirer tous ses rayons :
Bientôt leur céleste influence
Va le combler d'une affluence
De biens, de gloire et de splendeurs,
Et, l'éclairant d'un nouveau lustre,
Porter sa destinée illustre
Au plus haut sommet des grandeurs.

Installé dans le rang sublime
Où l'ont placé leurs justes lois,
Il peut d'un pouvoir légitime
Exercer les plus vastes droits ;
Il peut, pour foudroyer le vice,
De la force et de la justice

(4) Tour d'une concision énergique.

Réunir le double soutien ;
Il peut enfin, fidèle oracle,
Faire trouver, sans nul obstacle,
Le bonheur public dans le sien.

Mais si jamais un noir orage,
Long-temps suspendu dans son cours,
Fait sur lui crever le nuage
Elevé durant ses beaux jours ;
C'est alors que, libre de crainte,
Le dépit que masquoit la feinte
Se change en mortelles fureurs,
Et que l'envie empoisonnée,
Par l'impunité déchaînée,
Dépouille toutes ses terreurs.

Sa gloire aussitôt obscurcie,
Vaine ombre d'un jour éclipsé,
Disparoît, souillée et noircie
Par le mensonge intéressé ;
Canal impur, qui, dans leurs courses
Infectant les plus belles sources,
Change en erreur la vérité,
L'industrie en extravagance,
La grandeur d'ame en arrogance,
Et le zèle en témérité.

Tout fuit, tout cherche un nouveau maître ;
Ses complaisants les plus flatteurs
Sont les premiers qu'on voit paroître
Entre ses prudents déserteurs ;

En vain ses qualités suprêmes
Forcent les témoignages mêmes
A l'équité les moins soumis ;
En vain par ses bontés célèbres
Cent noms sont sortis des ténèbres ;
Les malheureux n'ont point d'amis.

O vous que la bonne fortune
Maintient à l'abri des revers,
De la terre charge importune,
Peuple inutile à l'univers,
Au sein de la béatitude,
Bornez-vous, fixez votre étude
Au choix des plaisirs les plus doux ;
Et, dans l'oisive nonchalance
De votre paisible opulence,
Ne songez qu'à vivre pour vous :

Tandis que le zèle héroïque,
Esclave de sa dignité,
A la félicité publique
Consacrera sa liberté,
Ou, perdu dans la foule obscure,
Et d'une vie ingrate et dure
Traînant les soucis épineux,
Verra, sans murmure et sans peine,
De la prospérité hautaine
Briller le faste dédaigneux.

ODE VIII.
A LA PAIX.

O Paix, tranquille Paix, secourable, immortelle,
Fille de l'harmonie et mère des plaisirs,
Que fais-tu dans les cieux, tandis que de Cybèle
Les sujets désolés t'adressent leurs soupirs ?

Si, par l'ambition de la terre bannie,
Tu crois devoir ta haine à tes profanateurs,
Que t'a fait l'innocence injustement punie
De l'inhumanité de tes persécuteurs ?

Equitable déesse, entends nos voix plaintives ;
Vois ces champs ravagés, vois ces temples brûlants,
Ces peuples éplorés, ces mères fugitives,
Et ces enfants meurtris entre leurs bras sanglants.

De quels débordements de sang et de carnage
La terre a-t-elle vu ses flancs plus engraissés ?
Et quel fleuve jamais vit border son rivage
D'un plus horrible amas de mourants entassés ?

Telle autour d'Ilion la mort livide et blême
Moissonnoit les guerriers de Phrygie et d'Argos,
Dans ces combats affreux où le dieu Mars lui-même
De son sang immortel vit bouillonner les flots. (1)

(1) Cet épisode plein de chaleur et de mouvement, et qui se lie très bien au sujet, est en grande partie imité du cinquième livre de l'Iliade.

D'un cri pareil au bruit d'une armée invincible
Qui s'avance au signal d'un combat furieux,
Il ébranla du ciel la voûte inaccessible,
Et vint porter sa plainte au monarque des Dieux.

Mais le grand Jupiter, dont la présence auguste
Fait rentrer d'un coup d'œil l'audace en son devoir,
Interrompant la voix de ce guerrier injuste,
En ces mots foudroyants confondit son espoir :

Va, tyran des mortels, Dieu barbare et funeste,
Va faire retentir tes regrets loin de moi ;
De tous les habitants de l'olympe céleste
Nul n'est à mes regards plus odieux que toi.

Tigre, à qui la pitié ne peut se faire entendre,
Tu n'aimes que le meurtre et les embrasements,
Les remparts abattus, les palais mis en cendre,
Sont de ta cruauté les plus doux monuments.

La frayeur et la mort vont sans cesse à ta suite,
Monstre nourri de sang, cœur abreuvé de fiel,
Plus digne de régner sur les bords du Cocyte,
Que de tenir ta place entre les Dieux du ciel.

Ah ! lorsque ton orgueil languissoit dans les chaînes
Où les fils d'Aloüs te faisoient soupirer,
Pourquoi, trop peu sensible aux misères humaines
Mercure, malgré moi, vint-il t'en délivrer ?

La discorde, dès-lors avec toi détrônée,
Eût été pour toujours reléguée aux enfers ;
Et l'altière Bellone, au repos condamnée,
N'eût jamais exilé la Paix de l'univers.

La Paix, l'aimable Paix fait bénir son empire ;
Le bien de ses sujets fait son soin le plus cher :
Et toi, fils de Junon, c'est elle qui t'inspire
La fureur de régner par la flamme et le fer.

Chaste Paix, c'est ainsi que le maître du monde
Du fier Mars et de toi sait discerner le prix :
Ton sceptre rend la terre en délices féconde ;
Le sien ne fait régner que les pleurs et les cris.

Pourquoi donc aux malheurs de la terre affligée
Refuser le secours de tes divines mains ?
Pourquoi, du roi des cieux chérie et protégée,
Céder à ton rival l'empire des humains ?

Je t'entends : c'est en vain que nos vœux unanimes
De l'olympe irrité conjurent le courroux ;
Avant que sa justice ait expié nos crimes,
Il ne t'est pas permis d'habiter parmi nous.

Et quel siècle jamais mérita mieux sa haine ?
Quel âge plus fécond en Titans orgueilleux ?
En quel temps a-t-on vu l'impiété hautaine
Lever contre le ciel un front plus sourcilleux ?

La peur de ses arrêts n'est plus qu'une foiblesse ;
Le blasphème s'érige en noble liberté,
La fraude au double front en prudente sagesse,
Et le mépris des lois en magnanimité.

Voilà, peuples, voilà ce qui sur vos provinces
Du ciel inexorable attire la rigueur ;
Voilà le Dieu fatal qui met à tant de princes
La foudre dans les mains, la haine dans le cœur.

Des douceurs de la paix, des horreurs de la guerre,
Un ordre indépendant détermine le choix :
C'est le courroux des rois qui fait armer la terre ;
C'est le courroux des Dieux qui fait armer les rois.

C'est par eux que sur nous la suprême vengeance
Exerce les fléaux de sa sévérité,
Lorsqu'après une longue et stérile indulgence
Nos crimes ont du ciel épuisé la bonté.

Grands Dieux, si la rigueur de vos coups légitimes
N'est point encor lassée après tant de malheurs ;
Si tant de sang versé, tant d'illustres victimes,
N'ont point fait de nos yeux couler assez de pleurs ;

Inspirez-nous du moins ce repentir sincère,
Cette douleur soumise et ces humbles regrets
Dont l'hommage peut seul, en ces temps de colère,
Fléchir l'austérité de vos justes décrets.

Echauffez notre zèle, attendrissez nos ames,
Élevez nos esprits au céleste séjour,
Et remplissez nos cœurs de ces ardentes flammes
Qu'allument le devoir, le respect, et l'amour.

Un monarque vainqueur, arbitre de la guerre,
Arbitre du destin de ses plus fiers rivaux,
N'attend que ce moment pour poser son tonnerre,
Et pour faire cesser la rigueur de nos maux.

Que dis-je ? ce moment de jour en jour s'avance ;
Les Dieux sont adoucis, nos vœux sont exaucés :
D'un ministre adoré l'heureuse providence
Veille à notre salut ; il vit, c'en est assez.

Peuples, c'est par lui seul que Bellone asservie
Va se voir enchaîner d'un éternel lien :
C'est à votre bonheur qu'il consacre sa vie ;
C'est à votre repos qu'il immole le sien.

Reviens donc, il est temps que son vœu se consomme
Reviens, divine Paix, en recueillir le fruit ;
Sur ton char lumineux fais monter ce grand homme,
Et laisse-toi conduire au Dieu qui le conduit.

Ainsi, du ciel calmé rappelant la tendresse,
Puissions-nous voir changer par ses dons souverains
Nos peines en plaisirs, nos pleurs en allégresse,
Et nos obscures nuits en jours purs et sereins ! (2)

ODE IX.

A M. LE COMTE DE LANNOI,

GOUVERNEUR DE BRUXELLES,

sur une attaque de paralysie qu'eut l'auteur en 1738. (1)

Celui qui des cœurs sensibles
Cherche à devenir vainqueur
Doit, pour les rendre flexibles,
Consulter son propre cœur ;

---

(2) Cette ode, pleine de beaux vers, est d'une harmonie soutenue. C'est celle de tout ce livre, si l'on en excepte l'ode seconde, où le talent de Rousseau paroît le moins affoibli.

(1) L'obscurité, la recherche, l'impropriété des termes se font souvent sentir dans l'ode IX.

C'est notre plus sûr arbitre :
Les Dieux ne sont qu'à ce titre (2)
De nos offrandes jaloux.
Si Jupiter veut qu'on l'aime,
C'est qu'il nous prévient lui-même
Par l'amour qu'il a pour nous.

C'est cette noble industrie,
Comte, qui, par tant de nœuds,
T'attache dans ta patrie
Tous les cœurs et tous les vœux :
Rappelle dans ta pensée,
A la nouvelle annoncée
Du dernier prix de ta foi,
Tous ces torrents de tendresse
Dont la publique allégresse
Signala son feu pour toi. (3)

En moi-même, ô preuve insigne !
Jusqu'où n'a point éclaté
D'un caractère si digne
L'intarissable bonté !
Dans le calme, dans l'orage,
Toujours même témoignage,
Sur-tout dans ces tristes jours
Dont la lumière effacée
De ma planète éclipsée
Me fait sentir le décours.

Malheureux l'homme qui fonde
L'avenir sur le présent.

---

(2) Les mots *à ce titre* sont vagues et ne se rapportent à rien.
(3) *Son feu*, pour *son attachement*, terme impropre.

Et qu'endort au sein de l'onde
Un zéphyre séduisant !
Jamais l'adverse fortuné,
Ma surveillante importune,
Ne parut plus loin de moi ;
Et jamais aux doux mensonges
Des plus agréables songes
Je ne prêtai tant de foi.

C'est dans ces routes fleuries
Où mes volages esprits
Promenoient leurs rêveries,
D'un charme trompeur épris,
Que, contre moi révoltée,
L'impatiente Adrastée, (4)
Némésis avoit caché,
Vengeresse impitoyable,
Le précipice effroyable
Où mes pas ont trébuché.

Tel qu'un arbre stable et ferme,
Quand l'hiver, par sa rigueur,
De la sève qu'il renferme
A refroidi la vigueur,
S'il perd l'utile assistance
Des appuis dont la constance (5)
Soutient ses bras relâchés,
Sa tête altière et hautaine

(4) Surnom de Némésis.
(5) *La constance* au lieu de *la force constante; ses bras relâchés* pour *ses bras affoiblis;* expressions qui manquent de justesse.

Cachera bientôt l'arène
Sous ses rameaux desséchés.

Tel, quand le secours robuste,
Dont mon corps est étayé
En laisse à mon sang aduste
Régir la foible moitié,
L'autre moitié qui succombe
Hésite, chancelle, tombe,
Et sent que, malgré l'effort
Que sa vertu fait renaître,
Le plus foible est toujours maître,
Et triomphe du plus fort. (6)

Par mes désirs prévenue,
Près de mon lit douloureux
Déjà la mort est venue
Asseoir son squelette affreux,
Et le regard homicide
De son cortège perfide
Porte à son dernier degré
L'excès toujours plus terrible
D'un accablement horrible
Par l'insomnie ulcéré. (7)

Quelle vapeur vous enivre,
Mortels qui, chéris du sort,
Ne désirez que de vivre,
Et ne craignez que la mort ?

(6) Strophe obscure et entortillée dont voici le sens : Quand le bâton qui me sert d'appui abandonne à elle-même la partie paralysée de mon corps, cette moitié malade entraîne dans sa chute la moitié saine.

(7) Périphrase traînante.

Souvent, malgré leurs promesses,
Vos dignités, vos richesses,
Affligent leurs possesseurs :
Pour les ames généreuses,
Du vrai bonheur amoureuses, (8)
La mort même a ses douceurs.

On a beau se plaindre d'elle ;
Quelque horreur que l'on en ait,
Les guerriers la trouvent belle,
Quand elle vient d'un seul trait
Les frapper à l'improviste : (9)
Mais, juste ciel ! qu'elle est triste,
Et quel rigoureux travail,
Quand ses approches moins vives
Par des pertes successives
Nous détruisent en détail !

Près de ma dernière aurore,
En vain dit-on que les cieux
De quelques beaux jours encore
Pourront éclairer mes yeux :
O promesse imaginaire !
Quel emploi pourrois-je faire,
Soleil, céleste flambeau,
De ta lumière suprême,
Quand la moitié de moi-même
Est déjà dans le tombeau ?

(8) *Eprises* eût été le mot propre.
(9) Le repos nécessaire à cette espèce de strophe, et sans lequel elle n'a aucune grace, n'est observé ni dans cette strophe ni dans la suivante.

Achève donc ton ouvrage,
Viens, ô favorable mort,
De ce caduc assemblage
Rompre le fragile accord :
Par ce coup où je t'invite
Permets que mon corps s'acquitte
De ce qu'il doit au cercueil,
Et que mon ame y révoque (10)
Cette constance équivoque
Dont la douleur est l'écueil.

Ainsi, parmi les ténèbres
Les yeux vainement fermés,
Dans mille pensers funèbres
Mes sens étoient abîmés ;
Lorsque d'une voix amie
Mon oreille raffermie
Crut reconnoître les sons :
C'étoit l'ombre de Malherbe
Qui, sur sa lyre superbe,
Vint m'adresser ces leçons : (11)

Sous quelles inquiétudes,
Ami, te vois-je abattu ?
Que t'ont servi nos études ?
Qu'as-tu fait de ta vertu ;
Toi qui, disciple d'Horace,
Par les nymphes du Parnasse

---

(10) Y rappelle ; *révoque*, en ce sens, est un latinisme.

(11) Cette évocation de l'ombre de Malherbe est poétique; mais les vers que Rousseau met dans sa bouche ne sont malheureusement dignes ni de l'un ni de l'autre.

Dès ton jeune âge nourri,
Semblois, sur ces espérances,
Contre toutes les souffrances
T'être fait un sûr abri?

Ignores-tu donc encore
Que tous les fléaux tirés
De la boîte de Pandore
Se sont du monde emparés;
Que l'ordre de la nature
Soumet la pourpre et la bure
Aux mêmes sujets de pleurs;
Et que, tout fiers que nous sommes,
Nous naissons tous, foibles hommes,
Tributaires des douleurs?

Prétendois-tu que les Parques
Dussent, filant tes instants,
Signaler des mêmes marques
Ton hiver et ton printemps?
Quel Dieu te rend si plausible
La jouissance impossible
D'un privilège inouï,
Réservé pour l'empyrée,
Et dont, pendant leur durée,
Jamais mortels n'ont joui?

En recevant l'existence
Que le ciel nous daigne offrir,
Nous recevons la sentence
Qui nous condamne à souffrir:
A sa vigueur naturelle

En vain notre corps appelle
De ce décret hasardeux ;
Notre ame subordonnée,
Par les soucis dominée,
Paie assez pour tous les deux.

Quelle fièvre plus cruelle
Que ses mortels déplaisirs,
Quand la fortune infidèle
Vient traverser ses désirs ?
En tout pays, à tout âge,
La douleur est son partage
Jusqu'à l'heure du trépas :
Dans le sein des grandeurs même,
Le sceptre et le diadème
Ne l'en affranchissent pas.

Que dirai-je du supplice
Où l'exposent tous les jours
L'imposture et la malice
Que farde l'art du discours,
Quand elle voit à sa place
L'hypocrisie et l'audace
Triompher de leurs larcins,
Et la timide innocence,
Sans ressource et sans défense,
Livrée à ses assassins ?

Si donc, par des lois certaines,
L'ame et le corps, son rempart,
Ont leurs plaisirs et leurs peines,
Leurs biens et leurs maux à part ;

N'est-ce pas une fortune,
Quand d'une charge commune
Deux moitiés portent le faix,
Que la moindre le réclame,
Et que du bonheur de l'ame
Le corps seul fasse les frais ? (12)

L'espérance consolante
D'un plus heureux avenir
De ta douleur accablante
Doit chasser le souvenir :
C'étoit le dernier désastre
Que de ton malheureux astre
Exigeoit l'inimitié :
Calme ton ame inquiète ;
Némésis est satisfaite,
Et ton tribut est payé.

ODE X.
A LA POSTÉRITÉ.

Déesse des héros, qu'adorent en idée
Tant d'illustres amants dont l'ardeur hasardée
Ne consacre qu'à toi ses vœux et ses efforts ;
Toi qu'ils ne verront point, que nul n'a jamais vue,
Et dont pour les vivants la faveur suspendue
  Ne s'accorde qu'aux morts ;

(12) Les strophes précédentes ne sont que foibles ; celle-ci est recherchée et de mauvais goût ; mais la suivante est assez bonne.

Vierge non encor née, en qui tout doit renaître (1),
Quand le temps dévoilé viendra te donner l'être,
Laisse-moi dans ces vers te tracer mes malheurs;
Et ne refuse pas, arbitre vénérable,
Un regard généreux au récit déplorable
  De mes longues douleurs.

Le ciel, qui me créa sous le plus dur auspice,
Me donna pour tout bien l'amour de la justice,
Un génie ennemi de tout art suborneur,
Une pauvreté fière, une mâle franchise,
Instruite à détester toute fortune acquise
  Aux dépens de l'honneur.

Infortuné trésor! importune largesse!
Sans le superbe appui de l'heureuse richesse
Quel cœur impunément peut naître généreux?
Et l'aride vertu, limitée en soi-même,
Que sert-elle, qu'à rendre un malheureux qui l'aime
  Encor plus malheureux?

Craintive, dépendante, et toujours poursuivie
Par la malignité, l'intérêt et l'envie,
Quel espoir de bonheur lui peut être permis,
Si, pour avoir la paix, il faut qu'elle s'abaisse
A toujours se contraindre, et courtiser sans cesse
  Jusqu'à ses ennemis?

Je n'ai que trop appris qu'en ce monde où nous sommes
Pour souverain mérite on ne demande aux hommes

---

(1) Il y a de la recherche dans cette antithèse, et la strophe qui précède n'en est pas tout-à-fait exempte. D'ailleurs cette ode, fort supérieure à celle que l'on vient de lire, est sur-tout remarquable en ce qu'elle est une espèce de profession de foi de Rousseau.

Qu'un vice complaisant de graces revêtu,
Et que des ennemis que l'amour-propre inspire
Les plus envenimés sont ceux que nous attire
    L'inflexible vertu.

C'est cet amour du vrai, ce zèle antipathique
Contre tout faux brillant, tout éclat sophistique;
Où l'orgueil frauduleux va chercher ses atours,
Qui lui seul suscita cette foule perverse
D'ennemis forcenés dont la rage traverse
    Le repos de mes jours.

Ecartons, ont-ils dit, ce censeur intraitable
Que des plus beaux dehors l'attrait inévitable
Ne fit jamais gauchir contre la vérité;
Détruisons un témoin qu'on ne sauroit séduire,
Et, pour la garantir(2), perdons ce qui peut nuire
    A notre vanité.

Inventons un venin dont la vapeur infâme,
En soulevant l'esprit, pénètre jusqu'à l'ame;
Et sous son nom connu répandons ce poison :
N'épargnons contre lui mensonge ni parjure;
Chez le peuple troublé, la fureur et l'injure
    Tiendront lieu de raison.

Imposteurs effrontés, c'est par cette souplesse
Que j'ai vu tant de fois votre scélératesse
Jusque chez mes amis me chercher des censeurs,
Et, des yeux les plus purs bravant le témoignage;
Défigurer mes traits, et souiller mon visage
    De vos propres noirceurs.

(2) Cette inversion est vicieuse, et la rime de l'hémistiche avec la fin du vers produit un mauvais effet.

Toutefois, au milieu de l'horrible tempête
Dont, malgré ma candeur, pour écraser ma tête,
L'autorité séduite arma leurs passions, (3)
La chaste vérité prit en main ma défense,
Et fit luire en tout temps sur ma foible innocence
  L'éclat de ses rayons.

Aussi, marchant toujours sur mes antiques traces,
Combien n'ai-je pas vu dans mes longues disgraces
D'illustres amitiés consoler mes ennuis,
Constamment honoré de leur noble suffrage,
Sans employer d'autre art que le fidèle usage
  D'être ce que je suis !

Telle est sur nous du ciel la sage providence,
Qui, bornant à ces traits l'effet de sa vengeance,
D'un plus âpre tourment m'épargnoit les horreurs:
Pouvoit-elle acquitter par une moindre voie
La dette des excès d'une jeunesse en proie
  A mes folles erreurs?

Objets de sa bonté, même dans sa colère,
Enfants toujours chéris de cette tendre mère,
Ce qui nous semble un fruit de son inimitié
N'est en nous que le prix d'une vie infidèle,
Châtiment maternel, qui n'est jamais en elle
  Qu'un effet de pitié.

Révérons sa justice, adorons sa clémence,
Qui, jusque dans les maux que sa main nous dispense,

---

(3) Rousseau, pendant toute sa vie et au lit de la mort, nia constamment qu'il fût l'auteur des couplets qui l'avoient fait exiler.

Nous présente un moyen d'expier nos forfaits,
Et qui, nous imposant ces peines salutaires,
Nous donne en même temps les secours nécessaires
    Pour en porter le faix.

Juste postérité qui me feras connoître,
Si mon nom vit encor quand tu viendras à naître,
Donne-moi pour exemple à l'homme infortuné,
Qui, courbé sous le poids de son malheur extrême,
Pour asile dernier n'a que l'asile même
    Dont il fut détourné.

Dis-lui qu'en mes écrits il contemple l'image
D'un mortel qui, du monde embrassant l'esclavage,
Trouva, cherchant le bien, le mal qu'il haïssoit,
Et qui, dans ce trompeur et fatal labyrinthe,
De son miel le plus pur vit composer l'absinthe
    Que l'erreur lui versoit.

Heureux encor pourtant, même dans son naufrage,
Que le ciel l'ait toujours assisté d'un courage
Qui de son seul devoir fit sa suprême loi,
De vils tempéraments combattant la mollesse,
Sans s'exposer jamais par la moindre foiblesse
    A rougir devant toi !

Voilà quel fut celui qui t'adresse sa plainte,
Victime abandonnée à l'envieuse feinte,
De sa seule innocence en vain accompagné ;
Toujours persécuté, mais toujours calme et ferme,
Et, surchargé de jours, n'aspirant plus qu'au terme
    A leur nombre assigné.

Le pinceau de Zeuxis, rival de la nature,
A souvent de ses traits ébauché la peinture;
Mais du sage lecteur les équitables yeux,
Libres de préjugés, de colère et d'envie,
Verront que ses écrits, vrai tableau de sa vie,
    Le peignent encor mieux. (4)

(4) Sur dix odes qui composent ce livre, trois rappellent le bon temps de Rousseau, et une quatrième, qui est celle qu'on vient de lire, n'est ni sans mérite, ni sans intérêt. Nous nous sommes bornés à quelques remarques principales sur ce qu'on pouvoit trouver de défectueux dans les six autres, bien persuadés que les élèves, accoutumés au beau par tout ce qui précède, distingueront d'eux-mêmes la foiblesse et les vices de ces dernières odes.

FIN DU LIVRE QUATRIÈME.

ODES EN MUSIQUE,

ou

CANTATES ALLÉGORIQUES.

CANTATE I.

DIANE.

A peine le soleil, au fond des antres sombres
Avoit du haut des cieux précipité les ombres;
Quand la chaste Diane, à travers les forêts,
  Aperçut un lieu solitaire,
Où le fils de Vénus et les dieux de Cythère
  Dormoient sous un ombrage frais.
Surprise, elle s'arrête; et sa prompte colère
S'exhale en ce discours qu'elle adresse tout bas (1)
A ces dieux endormis, qui ne l'entendent pas :

  Vous, par qui tant de misérables
  Gémissent (2) sous d'indignes fers,
  Dormez, Amours inexorables,
  Laissez respirer l'univers.

  Profitons de la nuit profonde
  Dont le sommeil couvre leurs yeux;

---

(1) Ces mots *tout bas* détruisent l'effet du vers suivant. Quoique Diane doive craindre d'éveiller les amours, une *prompte colère qui s'exhale* oublie les précautions.
(2) On ne dit pas gémir *sous* les fers, mais *dans* les fers.

Assurons le repos au monde,
En brisant leurs traits odieux.

Vous, par qui tant de misérables
Gémissent sous d'indignes fers,
Dormez, Amours inexorables,
Laissez respirer l'univers.

A ces mots elle approche; et ses nymphes timides,
Portant sans bruit leurs pas vers ces dieux homicides,
D'une tremblante main saisissent leurs carquois,
Et bientôt des débris de leurs flèches perfides
  Sèment les plaines et les bois.
Tous les dieux des forêts, des fleuves, des montagnes,
Viennent féliciter leurs heureuses campagnes;
Et, de leurs ennemis bravant les vains efforts,
  Expriment ainsi leurs transports :

  Quel bonheur ! quelle victoire !
  Quel triomphe ! quelle gloire !
  Les Amours sont désarmés.

  Jeunes cœurs, rompez vos chaînes :
  Cessons de craindre les peines
  Dont nous étions alarmés.

  Quel bonheur ! quelle victoire !
  Quel triomphe ! quelle gloire !
  Les Amours sont désarmés.

L'amour s'éveille au bruit de ces chants d'allégresse:
  Mais quels objets lui sont offerts !
  Quel réveil ! dieux ! quelle tristesse,
Quand de ses dards brisés il voit les champs couverts !
Un trait me reste encor dans ce désordre extrême;

Perfides, votre exemple instruira l'univers.
Il parle; le trait vole, et, traversant les airs,
Va percer Diane elle-même :
Juste, mais trop cruel revers
Qui signale, grand Dieu, ta vengeance suprême!

Respectons l'Amour
Tandis qu'il sommeille,
Et craignons qu'un jour
Ce Dieu ne s'éveille.

En vain nous romprons
Tous les traits qu'il darde
Si nous ignorons
Le trait qu'il nous garde.

Respectons l'Amour
Tandis qu'il sommeille,
Et craignons qu'un jour
Ce Dieu ne s'éveille. (3)

(3) Nous avons remarqué deux légères taches dans cette cantate; mais il faudroit des notes presque à chaque vers, si l'on vouloit s'étendre sur les beautés. Les cantates de Rousseau, dit M. de Laharpe, sont des morceaux achevés, c'est un genre de poésie dont il a fait présent à notre langue; et dans lequel il n'a ni modèle ni imitateur. C'est là qu'il paroît avoir eu le plus de souplesse et de flexibilité. Il sait choisir ses sujets, les diversifier et les remplir. Ce sont des morceaux peu étendus, mais finis. Le récit est toujours poétique, les couplets sont toujours élégants, etc.

CANTATE II.

ADONIS.

Le dieu Mars et Vénus, blessés des mêmes traits,
　　Goûtoient les biens les plus parfaits
Qu'aux cœurs bien enflammés le tendre Amour apprête;
　　Mais ce Dieu superbe et jaloux,
D'un œil de conquérant regardant sa conquête,
Fit bientôt aux plaisirs succéder les dégoûts.

　　Un cœur jaloux ne fait paroître
　　Que des feux qui le font haïr ;
　　Et, pour être toujours le maître,
　　L'amant doit toujours obéir.

　　L'Amour ne va point sans les Graces ;
　　On n'arrache point ses faveurs :
　　L'emportement ni les menaces
　　Ne font point le lien des cœurs.

　　Un cœur jaloux ne fait paroître
　　Que des feux qui le font haïr ;
　　Et, pour être toujours le maître,
　　L'amant doit toujours obéir.

La Déesse déjà ne craint plus son absence;
Et, cessant de l'aimer sans s'en apercevoir,
Fait atteler son char, pleine d'impatience,
Et vole vers les bords soumis à son pouvoir.
　　Là ses jours couloient sans alarmes,

Lorsqu'un jeune chasseur se présente à ses yeux :
Elle croit voir son fils ; il en a tous les charmes ;
Jamais rien de plus beau ne parut sous les cieux ;
Et le vainqueur de l'Inde étoit moins gracieux
Le jour que d'Ariane il vint sécher les larmes.

   La froide Naïade (1)
   Sort pour l'admirer ;
   La jeune Dryade
   Cherche à l'attirer ;
   Faune d'un sourire
   Approuvé leur choix ;
   Le jaloux Satyre
   Fuit au fond des bois ;
   Et Pan qui soupire
   Brise son hautbois.

Il aborde en tremblant la charmante Déesse ;
Sa timide pudeur relève ses appas :
  Les Graces, les Ris, la Jeunesse,
  Marchent au-devant de ses pas ;
Et du plus haut des airs l'Amour avec adresse
Fait partir à l'instant le trait dont il les blesse.
  Que désormais Mars en fureur
  Gronde, menace, tonne, éclate ;
Amants, profitez tous de sa jalouse erreur :
Des feux trop violents font souvent une ingrate ;
On oublie aisément un amour qui fait peur,
  En faveur d'un amour qui flatte.

(1) Cette suite de petits vers, après une période composée d'alexandrins, sont d'un effet très agréable, et le tableau qu'ils présentent est achevé. Le peintre qui parviendroit à rendre les images du poëte, feroit une composition charmante.

Que le soin de charmer
Soit votre unique affaire ;
Songez que l'art d'aimer
N'est que celui de plaire.

Voulez-vous dans vos feux
Trouver des biens durables?
Soyez moins amoureux,
Devenez plus aimables.

Que le soin de charmer
Soit votre unique affaire :
Songez que l'art d'aimer
N'est que celui de plaire. (2)

CANTATE III.

LE TRIOMPHE DE L'AMOUR.

FILLES du Dieu de l'univers,
Muses, que je me plais dans vos douces retraites!
Que ces rivages frais, que ces bois toujours verts,
Sont propres à charmer les ames inquiètes!
    Quel cœur n'oubliroit ses tourments
Au murmure flatteur de cette onde tranquille?
Qui pourroit résister aux doux ravissements
    Qu'excite votre voix fertile?

(2) Dans toutes ces stances que Rousseau entremêle si heureusement à ses cantates, on retrouve l'agrément et la facilité des chansons joints à l'élégance et à la poésie d'un genre plus élevé.

Non, ce n'est qu'en ces lieux charmants
Que le parfait bonheur a choisi son asile.

    Heureux qui de vos doux plaisirs
      Goûte la douceur toujours pure !
    Il triomphe des vains désirs,
    Et n'obéit qu'à la nature.

    Il partage avec les héros
    La gloire qui les environne ;
    Et le puissant Dieu de Délos
    D'un même laurier les couronne.

    Heureux qui de vos doux plaisirs
      Goûte la douceur toujours pure !
    Il triomphe des vains désirs,
      Et n'obéit qu'à la nature. (1)

Mais que vois-je, grands Dieux ! quels magiques efforts
    Changent la face de ces bords !
Quelles danses ! quels jeux ! quels concerts d'allégresse !
Les Graces, les Plaisirs, les Ris et la Jeunesse,
    Se rassemblent de toutes parts.
Quel songe me transporte au-dessus du tonnerre !
    Je ne reconnois point la terre
Au spectacle enchanteur qui frappe mes regards.

(1) L'oreille la moins exercée et la moins délicate ne pourra s'empêcher de reconnoître la différence de ton qui existe entre ces vers et ceux qu'on va lire. Tout le morceau qui précède semble respirer le calme et la paix. La coupe des phrases est par-tout la même ; leur longueur est égale, leur tour uniforme, et l'harmonie en est pour ainsi dire tranquille comme le bonheur dont elle est l'expression. Dans ce qui suit, au contraire, quelle rapidité de style ! quelle variété d'images ! Des phrases vives, coupées, inégales, annoncent le changement de situation, la surprise et le ravissement.

> Est-ce la cour suprême
> Du souverain des Dieux?
> Ou Vénus elle-même
> Descend-elle des cieux?
>
> Les compagnes de Flore
> Parfument ces côteaux;
> Une nouvelle Aurore
> Semble sortir des eaux;
> Et l'olympe se dore
> De ses feux les plus beaux.
>
> Est-ce la cour suprême
> Du souverain des Dieux?
> Ou Vénus elle-même
> Descend-elle des cieux?

Nymphes, quel est ce Dieu qui reçoit votre hommage?
Quel charme en le voyant, quel prodige nouveau
De mes sens interdits me dérobe l'usage!
 Pourquoi cet arc et ce bandeau?
Adieu, Muses, adieu; je renonce à l'envie
De mériter les biens dont vous m'avez flatté;
 Je renonce à ma liberté:
Sous de trop douces lois mon ame est asservie;
Et je suis plus heureux dans ma captivité
 Que je ne le fus de ma vie
Dans le triste bonheur dont j'étois enchanté.

CANTATE IV.

L'HYMEN.

Ce fut vers cette rive, où Junon adorée
Des peuples de Sidon reçoit les vœux offerts
    Que la divine Cythérée
Pour la première fois parut dans l'univers.
    Jamais beauté plus admirée
    Ne brilla sur les vastes mers :
Les Tritons, rassemblés de mille endroits divers,
Autour d'elle flottoient sur l'onde tempérée ; (1)
    Et les filles du vieux Nérée
Faisoient devant son char retentir ces concerts :

    Qu'Éole en ses gouffres enchaîne
    Les vents, ennemis des beaux jours ;
    Qu'il dompte leur bruyante haleine,
    Et ne permette qu'aux Amours
    De voler sur l'humide plaine.

    Dieux du ciel, venez en ces lieux
    Admirer un objet si rare :
    Avouez que, même à vos yeux,
    Les beautés dont la mer se pare
    Effacent les beautés des cieux.

---

(1) Apaisée, tranquille. Cette épithète *tempérée* est employée ici dans le sens du verbe latin *temperare*.

Qu'Eole en ses gouffres enchaîne
Les vents, ennemis des beaux jours;
Qu'il dompte leur bruyante haleine,
Et ne permette qu'aux Amours
De voler sur l'humide plaine.

Jalouse de l'éclat de ces honneurs nouveaux,
Amphitrite se cache au plus profond des eaux.
Cependant Palémon conduisoit l'immortelle
Vers cette île enchantée où tendoient ses souhaits;
Et c'est là que la terre, à sa gloire fidèle,
Met le comble aux honneurs qu'ont reçus ses attraits.

    L'Amant de l'Aurore
    Des yeux qu'il adore
    Perd le souvenir;
    La timide Flore
    Craint de perdre encore
    Son jeune Zéphyr.
    De sa grace extrême
    Minerve elle-même
    Reconnoît le prix;
    Et par sa surprise (2)
    Junon autorise
    Le choix de Pâris.

  Frappés de l'éclat de ses yeux,
Neptune, Jupiter, que dis-je? tous les Dieux
  En font l'objet de leurs conquêtes;
Ils vont tous de l'Hymen implorer les faveurs.

(2) Trait ingénieux qui loue encore mieux la beauté de Vénus que tout ce qui précède.

Les faveurs de l'Hymen! aveugles que vous êtes,
L'Hymen est-il donc fait pour assortir les cœurs?
  Jupiter étoit roi du monde;
  Neptune commandoit sur l'onde;
Mars avoit pour partage un courage indomté,
Mercure la jeunesse, Apollon la beauté.
Si de ces Dieux l'Amour eût été le refuge, (3)
Entre eux du moins son choix se seroit déclaré;
  Mais ils prirent l'hymen pour juge,
  Et Vulcain se vit préféré.

CANTATE V.

AMYMONE.

Sur les rives d'Argos, près de ces bords arides
Où la mer vient briser ses flots impérieux,
  La plus jeune des Danaïdes,
Amymone, imploroit l'assistance des Dieux :
Un Faune poursuivoit cette belle craintive;
  Et, levant ses mains vers les cieux,
Neptune, disoit-elle, entends ma voix plaintive,
Sauve-moi des transports d'un amant furieux.

  A l'innocence poursuivie,
   Grand Dieu, daigne offrir ton secours;
   Protège ma gloire et ma vie
   Contre de coupables amours.

(3) Le recours.

Hélas ! ma prière inutile
Se perdra-t-elle dans les airs ?
Ne me reste-t-il plus d'asile
Que le vaste abîme des mers ?

A l'innocence poursuivie,
Grand Dieu, daigne offrir ton secours ;
Protège ma gloire et ma vie
Contre de coupables amours.

La Danaïde en pleurs faisoit ainsi sa plainte,
Lorsque le Dieu des eaux vint dissiper sa crainte.
Il s'avance entouré d'une superbe cour :
Tel jadis il parut aux regards d'Amphitrite,
Quand il fit marcher à sa suite
L'Hyménée et le Dieu d'amour.
Le Faune, à son aspect, s'éloigne du rivage ;
Et Neptune enchanté, surpris,
L'amour peint dans les yeux, adresse ce langage
A l'objet dont il est épris :

Triomphez, belle princesse,
Des amants audacieux :
Ne cédez qu'à la tendresse
De qui sait aimer le mieux.

Heureux le cœur qui vous aime,
S'il étoit aimé de vous !
Dans les bras de Vénus même
Mars en deviendroit jaloux.

Triomphez, belle princesse,
Des amants audacieux ;

Ne cédez qu'à la tendresse
De qui sait aimer le mieux.

Qu'il est facile aux Dieux de séduire une belle !
Tout parloit en faveur de Neptune amoureux,
 L'éclat d'une cour immortelle,
Le mérite récent d'un secours généreux.

 Tous les amants savent feindre ;
 Nymphes, craignez leurs appas : (1)
 Le péril le plus à craindre
 Est celui qu'on ne craint pas.

 L'audace d'un téméraire
 Est aisée à surmonter :
 C'est l'amant qui sait nous plaire
 Que nous devons redouter.

 Tous les amants savent feindre ;
 Nymphes, craignez leurs appas :
 Le péril le plus à craindre
 Est celui qu'on ne craint pas.

CANTATE VI.

THÉTIS.

Près de l'humide empire où Vénus prit naissance,
Dans un bois consacré par le malheur d'Atys,

---

(1) *Appas*, dans ces vers, est mis pour *appâts*, car il n'est point ici question de la beauté des amants, mais de leurs moyens de séduction.

Ces deux homonymes ont la même étymologie, et, en poésie, on donne souvent au premier le sens du second

Le Sommeil et l'Amour, tous deux d'intelligence,
A l'amoureux Pélée avoient livré Thétis. (1)
Qu'eût fait Minerve même en cet état réduite ?
Mais, dans l'art de Protée en sa jeunesse instruite,
Elle sut éluder un amant furieux :
D'une ardente lionne elle prend l'apparence.
Il s'émeut; et, tandis qu'il songe à sa défense,
La nymphe, en rugissant, se dérobe à ses yeux.

 Où fuyez-vous, Déesse inexorable,
 Cruel lion de carnage altéré ?
 Que craignez-vous d'un amant misérable
 Que vos rigueurs ont déjà déchiré ? (2)

 Il ne craint point une mort rigoureuse ;
 Il s'offre à vous sans armes, sans secours ;
 Et votre fuite est pour lui plus affreuse
 Que les lions, les tigres, et les ours.

 Où fuyez-vous, Déesse inexorable,
 Cruel lion de carnage altéré ?
 Que craignez-vous d'un amant misérable
 Que vos rigueurs ont déjà déchiré ?

Ce héros malheureux exprimoit en ces mots
 Sa honte et sa douleur extrême ;
 Quand tout à coup du fond des flots
 Protée apparoissant lui-même,

---

(1) Jupiter, Apollon et Neptune vouloient épouser Thétis, mais instruits par un oracle qu'il devoit naître d'elle un enfant plus grand que son père, ils la cédèrent à Pélée. La Déesse refusa long-temps d'accepter un mortel pour époux, et sa résistance est le sujet de cette cantate.

(2) Des rigueurs ne *déchirent pas*. Ce rapprochement entre la cruauté de Thétis et celle du lion dont elle prenoit la forme est de mauvais goût, ou du moins mal exprimé.

Que fais-tu, lui dit il, foible et timide amant?
Pourquoi troubler les airs de plaintes éternelles?
  Est-ce d'aujourd'hui que les belles
  Ont recours au déguisement?
Répare ton erreur. La nymphe qui te charme
  Va rentrer dans le sein des mers :
Attends-la sur ces bords; mais que rien ne t'alarme,
Et songe que tu dois Achille à l'univers.

  Le guerrier qui délibère
  Fait mal sa cour au dieu Mars :
  L'amant ne triomphe guère,
  S'il n'affronte les hasards.

  Quand le péril nous étonne,
  N'importunons point les Dieux :
  Vénus, ainsi que Bellone,
  Aime les audacieux.

  Le guerrier qui délibère
  Fait mal sa cour au dieu Mars :
  L'amant ne triomphe guère,
  S'il n'affronte les hasards.

Pélée, à ce discours, portant au loin sa vue,
Voit paroître l'objet qui le tient sous ses lois;
Heureux que pour lui seul l'occasion perdue
  Renaisse une seconde fois!
  Le cœur plein d'une noble audace,
Il vole à la Déesse, il l'approche, il l'embrasse.
Thétis veut se défendre, et, d'un prompt changement
  Employant la ruse ordinaire,
Redevient à ses yeux lion, tigre, panthère;

Vains objets qui ne font qu'irriter son amant.
 Ses désirs ont vaincu sa crainte ;
Il la retient toujours d'un bras victorieux ;
Et, lasse de combattre, elle est enfin contrainte
De reprendre sa forme, et d'obéir aux Dieux.

 Amants, si jamais quelque belle,
 Changée en lionne cruelle,
 S'efforce à vous faire trembler,
 Moquez-vous d'une image feinte ;
 C'est un fantôme que sa crainte
 Vous présente pour vous troubler.

Elle peut, en prenant l'image
D'un tigre ou d'un lion sauvage,
Effrayer les jeunes Amours ;
Mais, après un effort extrême,
Elle redevient elle-même,
Et ces Dieux triomphent toujours.

CANTATE VII.

CIRCÉ.

Sur un rocher désert, l'effroi de la nature, (1)
Dont l'aride sommet semble toucher les cieux,

(1) La cantate de Circé, dit M. de Laharpe, a toute la richesse et l'élévation des plus belles odes de Rousseau, avec plus de variété : c'est un des chefs-d'œuvre de la poésie françoise. La course du poëte n'est pas longue, mais il la fournit d'un élan qui rappelle celui des chevaux de Neptune, dont Homère a dit qu'en trois pas ils atteignoient aux bornes du monde.

Circé, pâle, interdite, et la mort dans les yeux,
   Pleuroit sa funeste aventure.
   Là, ses yeux errant sur les flots
D'Ulysse fugitif sembloient suivre la trace.
Elle croit voir encor son volage héros ;
Et, cette illusion soulageant sa disgrace,
   Elle le rappelle en ces mots,
Qu'interrompent cent fois ses pleurs et ses sanglots:

   Cruel auteur des troubles de mon ame,
   Que la pitié retarde un peu tes pas :
   Tourne un moment tes yeux sur ces climats ;
   Et, si ce n'est pour partager ma flamme,
   Reviens du moins pour hâter mon trépas.

   Ce triste cœur, devenu ta victime,
   Chérit encor l'amour qui l'a surpris :
   Amour fatal ! ta haine en est le prix.
   Tant de tendresse, ô Dieux ! est-elle un crime,
   Pour mériter de si cruels mépris ?

   Cruel auteur des troubles de mon ame,
   Que la pitié retarde un peu tes pas :
   Tourne un moment tes yeux sur ces climats ;
   Et, si ce n'est pour partager ma flamme,
   Reviens du moins pour hâter mon trépas.

C'est ainsi qu'en regrets sa douleur se déclare ;
Mais bientôt, de son art employant le secours
Pour rappeler l'objet de ses tristes amours,
Elle invoque à grands cris tous les dieux du Ténare,
Les Parques, Némésis, Cerbère, Phlégéton,
Et l'inflexible Hécate, et l'horrible Alecton.

Sur un autel sanglant l'affreux bûcher s'allume ;
La foudre dévorante aussitôt le consume ;
Mille noires vapeurs obscurcissent le jour ;
Les astres de la nuit interrompent leur course ;
Les fleuves étonnés remontent vers leur source ;
Et Pluton même tremble en son obscur séjour.

  Sa voix redoutable (2)
  Trouble les enfers
  Un bruit formidable
  Gronde dans les airs ;
  Un voile effroyable
  Couvre l'univers ;
  La terre tremblante
  Frémit de terreur ;
  L'onde turbulente
  Mugit de fureur ;
  La lune sanglante
  Recule d'horreur.

Dans le sein de la mort ses noirs enchantements
  Vont troubler le repos des ombres :
Les mânes effrayés quittent leurs monuments ;
L'air retentit au loin de leurs longs hurlements ;
Et les vents, échappés de leurs cavernes sombres,
Mêlent à leurs clameurs d'horribles sifflements.
Inutiles efforts ! amante infortunée,

---

(2) On a essayé plusieurs fois de mettre en musique cette belle cantate ; mais le poëte n'a rien laissé à faire au musicien. Que pourroit-on ajouter à l'expression de ces vers aussi riches en harmonie qu'en images, et qui, par l'accord parfait des sons avec les idées qu'ils représentent, satisfont également l'esprit et l'oreille ?

D'un Dieu plus fort que toi dépend ta destinée :
Tu peux faire trembler la terre sous tes pas
Des enfers déchaînés allumer la colère ;
  Mais tes fureurs ne feront pas
  Ce que tes attraits n'ont pu faire.

  Ce n'est point par effort qu'on aime,
  L'Amour est jaloux de ses droits ;
  Il ne dépend que de lui-même,
  On ne l'obtient que par son choix.
  Tout reconnoît sa loi suprême ;
  Lui seul ne connoît point de lois

Dans les champs que l'hiver désole
Flore vient rétablir sa cour ;
L'alcyon fuit devant Eole ;
Eole le fuit à son tour :
Mais sitôt que l'Amour s'envole,
Il ne connoît plus de retour. (3)

CANTATE VIII.

CÉPHALE.

La nuit d'un voile obscur couvroit encor les airs,
Et la seule Diane éclairoit l'univers,
  Quand, de la rive orientale,
L'Aurore, dont l'amour avance le réveil,

---

(3) Ces dernières images sont très gracieuses, et le paroissent encore plus après les peintures fortes et sombres que le poëte vient d'offrir.

Vint trouver le jeune Céphale
Qui reposoit encor dans le sein du sommeil.
Elle approche, elle hésite, elle craint, elle admire ;
La surprise enchaîne ses sens,
Et l'amour du héros pour qui son cœur soupire
A sa timide voix arrache ces accents :

Vous qui parcourez cette plaine,
Ruisseaux, coulez plus lentement ;
Oiseaux, chantez plus doucement ;
Zéphyrs, retenez votre haleine.

Respectez un jeune chasseur
Las d'une course violente,
Et du doux repos qui l'enchante
Laissez-lui goûter la douceur.

Vous qui parcourez cette plaine,
Ruisseaux, coulez plus lentement ;
Oiseaux, chantez plus doucement ;
Zéphyrs, retenez votre haleine.

Mais que dis-je ? où m'emporte une aveugle tendresse ?
Lâche amant, est-ce là cette délicatesse
Dont s'énorgueillit ton amour ?
Viens-je donc en ces lieux te servir de trophée ?
Est-ce dans les bras de Morphée
Que l'on doit d'une amante attendre le retour ?

Il en est temps encore,
Céphale, ouvre les yeux :
Le jour plus radieux
Va commencer d'éclore,
Et le flambeau des cieux

Va faire fuir l'Aurore.
Il en est temps encore,
Céphale, ouvre les yeux.

Elle dit; et le Dieu qui répand la lumière,
De son char argenté lançant les premiers feux, (1)
Vint ouvrir, mais trop tard, la tranquille paupière
D'un amant à la fois heureux et malheureux.
Il s'éveille, il regarde, il la voit, il l'appelle;
Mais, ô cris, ô pleurs superflus!
Elle fuit, et ne laisse à sa douleur mortelle
Que l'image d'un bien qu'il ne possède plus.

CANTATE IX.

BACCHUS.

C'est toi, divin Bacchus, dont je chante la gloire.
Nymphes, faites silence, écoutez mes concerts.
Qu'un autre apprenne à l'univers
Du fier vainqueur d'Hector la glorieuse histoire;
Qu'il ressuscite dans ses vers
Des enfants de Pélops l'odieuse mémoire :
Puissant dieu des raisins, digne objet de nos vœux,
C'est à toi seul que je me livre;
De pampres, de festons, couronnant mes cheveux,
En tous lieux je prétends te suivre;
C'est pour toi seul que je veux vivre
Parmi les festins et les jeux.

(1) Cette épithète *argenté*, qui ne se dit ordinairement que de la lune, peint assez bien la lumière encore blanchâtre du soleil levant.

Des dons les plus rares
Tu combles les cieux
C'est toi qui prépares
Le nectar des Dieux.

La céleste troupe,
Dans ce jus vanté,
Boit à pleine coupe
L'immortalité.

Tu prêtes des armes
Au Dieu des combats ;
Vénus sans tes charmes
Perdroit ses appas.

Du fier Poliphème
Tu domtes les sens ;
Et Phébus lui-même
Te doit ses accents.

Mais quels transports involontaires
Saisissent tout à coup mon esprit agité ?
Sur quel vallon sacré, dans quels bois solitaires
Suis-je en ce moment transporté ?
Bacchus à mes regards dévoile ses mystères.
Un mouvement confus de joie et de terreur
M'échauffe d'une sainte audace ;
Et les Ménades en fureur
N'ont rien vu de pareil dans les antres de Thrace.

Descendez, mère d'Amour,
Venez embellir la fête
Du Dieu qui fit la conquête
Des climats où naît le jour.

Descendez, mère d'Amour ;
Mars trop long-temps vous arrête.

Déjà le jeune Sylvain,
Ivre d'amour et de vin,
Poursuit Doris dans la plaine ;
Et les nymphes des forêts
D'un jus pétillant et frais
Arrosent le vieux Silène.

Descendez, mère d'Amour,
Venez embellir la fête
Du Dieu qui fit la conquête
Des climats où naît le jour.
Descendez, mère d'Amour ;
Mars trop long-temps vous arrête.

Profanes, fuyez de ces lieux ;
Je cède aux mouvements que ce grand jour m'inspire.
Fidèles sectateurs du plus charmant des Dieux,
Ordonnez le festin, apportez-moi ma lyre ;
Célébrons entre nous un jour si glorieux.
Mais, parmi les transports d'un aimable délire,
Eloignons loin d'ici ces bruits séditieux
    Qu'une aveugle vapeur attire :
    Laissons aux Scythes inhumains
Mêler dans leurs banquets le meurtre et le carnage ;
    Les dards du Centaure sauvage
Ne doivent point souiller nos innocentes mains.

    Bannissons l'affreuse Bellone
    De l'innocence des repas :

Les Satyres, Bacchus et Faune
Détestent l'horreur des combats.

Malheur aux mortels sanguinaires
Qui, par de tragiques forfaits,
Ensanglantent les doux mystères
D'un Dieu qui préside à la paix!

Bannissons l'affreuse Bellone
De l'innocence des repas :
Les Satyres, Bacchus et Faune
Détestent l'horreur des combats.

Veut-on que je fasse la guerre?
Suivez-moi, mes amis; accourez, combattez.
Emplissons cette coupe; entourons-nous de lierre.
Bacchantes, prêtez-moi vos thyrses redoutés.
Que d'athlètes soumis! que de rivaux par terre!
O fils de Jupiter, nous ressentons enfin
    Ton assistance souveraine.
Je ne vois que buveurs étendus sur l'arène,
    Qui nagent dans les flots de vin.

  Triomphe! victoire!
  Honneur à Bacchus!
  Publions sa gloire.
  Triomphe! victoire!
  Buvons aux vaincus.

  Bruyante trompette,
  Secondez nos voix,
  Sonnez leur défaite.
  Bruyante trompette,
  Chantez nos exploits.

Triomphe ! victoire !
Honneur à Bacchus !
Publions sa gloire.
Triomphe ! victoire !
Buvons aux vaincus.

CANTATE X.

LES FORGES DE LEMNOS.

Dans ces antres fameux où Vulcain nuit et jour
Forge de Jupiter les foudroyantes armes,
Vénus faisoit remplir le carquois de l'amour ;
Les Graces, les Plaisirs lui prêtoient tous leurs charmes ;
Et son époux, couvert de feux étincelants,
Animoit en ces mots les Cyclopes brûlants :

Travaillons, Vénus nous l'ordonne ;
Excitons ces feux allumés ;
Déchaînons ces vents enfermés ;
Que la flamme nous environne.

Que l'airain écume et bouillonne,
Que mille dards en soient formés ;
Que, sous nos marteaux enflammés,
A grand bruit l'enclume résonne. (1)

(1) Remarquez avec quel art le poëte commence trois vers de suite dans sa première strophe par trois mots d'une même consonnance et d'un nombre égal de syllabes : *travaillons, excitons, déchaînons*; tandis qu'à la strophe suivante le même mot et le même tour se reproduit encore dans les trois premiers vers. Cette similitude, ces répétitions, le redouble-

> Travaillons, Vénus nous l'ordonne :
> Excitons ces feux allumés ;
> Déchaînons ces vents enfermés ;
> Que la flamme nous environne.

C'est ainsi que Vulcain, par l'amour excité,
Armoit contre lui-même une épouse volage ;
Quand le dieu Mars, encor tout fumant de carnage,
Arrive, l'œil en feu, le bras ensanglanté.
Que faites-vous, dit-il, de ces armes fragiles,
Fils de Junon, et vous, Chalybes assemblés?
Est-ce pour amuser des enfants inutiles
Que cet antre gémit de vos coups redoublés !

> Hâtez-vous de réduire en poudre
> Ce fruit de vos travaux honteux :
> Renoncez à forger la foudre,
> Ou quittez ces frivoles jeux.

Mais, tandis qu'il s'emporte en des fureurs si vaines,
Il se sent tout à coup frappé d'un trait vengeur.
Quel changement! quel feu répandu dans ses veines
Couvre son front guerrier de honte et de rougeur !
Il veut parler ; sa voix sur ses lèvres expire :
Il lève au ciel les yeux, il se trouble, il soupire ;
Toute sa fierté cède ; et ses regards confus,
Par les yeux de l'Amour arrêtés au passage,
> Achèvent de faire naufrage
> Contre un sourire de Vénus. (2)

ment des rimes, tout concourt à peindre le travail uniforme de la forge, et il semble que le marteau, en tombant sur l'enclume, a marqué la mesure de ces vers.

(2) Idée charmante qui est le dernier trait d'un tableau tracé de main de maître.

Fiers vainqueurs de la terre,
Cédez à votre tour :
Le vrai Dieu de la guerre
Est le Dieu de l'amour.

N'offensez point sa gloire ;
Gardez de l'irriter :
C'est perdre la victoire
Que de la disputer.

Fiers vainqueurs de la terre,
Cédez à votre tour :
Le vrai Dieu de la guerre
Est le Dieu de l'amour.

CANTATE XI.

LES BAINS DE TOMERI.

Quel spectacle pompeux orne ce bord tranquille !
    Diane, avec toute sa cour,
    Vient-elle y chercher un asile
    Contre les feux du Dieu du jour ?
Pour voir ces déités nouvelles,
Le soleil tient encor ses coursiers arrêtés :
La nymphe qui préside à ces bords enchantés
    Épuise ses regards sur elles,
Et rassemble en ces mots ses compagnes fidèles,
    Pour rendre hommage à leurs beautés :

    Venez voir votre souveraine,
    Nymphes, sortez de vos roseaux ;

C'est Thétis qui vient sur la Seine
Goûter la fraîcheur de mes eaux.

Coulez, coulez, eaux fugitives :
Et vous, oiseaux, quittez les bois ;
Chantez sur ces aimables rives,
Chantez l'honneur que je reçois.

Venez voir votre souveraine,
Nymphes, sortez de vos roseaux :
C'est Thétis qui vient sur la Seine
Goûter la fraîcheur de mes eaux.

Nouvelles déités qui flottez sur mes ondes,
Que d'attraits inconnus vous offrez à mes yeux !
   Jamais dans ses grottes profondes
Amphitrite n'a vu rien de si précieux.
Mais n'en rougissez pas, dans cette cour charmante
       La Déesse qui vous conduit
Brille comme au milieu des astres de la nuit ;
Du jeune Endymion (1) on voit briller l'amante.
Quel cœur résisteroit à des attraits si doux ?
Naïades, approchez ; Tritons, éloignez-vous.

Vous qui rendez Flore immortelle,
Rassemblez-vous, tendres Zéphirs ;
Une divinité plus belle
Est réservée à vos soupirs.

Venez sur mes humides plaines
Caresser ces jeunes beautés ;
Venez de vos douces haleines
Échauffer mes flots argentés.

(1) Ce heurt de deux nasales est désagréable.

Vous qui rendez Flore immortelle,
Rassemblez-vous, tendres Zéphirs ;
Une divinité plus belle
Est réservée à vos soupirs.

Et vous dont le pouvoir s'étend sur tout le monde,
Amours, si les attraits de la fille des mers
 Ont pu vous attirer sur l'onde,
Accourez sur ma rive, et traversez les airs ;
Une Vénus nouvelle exige votre hommage :
Et bientôt vous verrez que celle de Paphos
 Lui cède autant que mon rivage
Le cède aux vastes bords de l'empire des flots. (2)

Tendres Amours, accourez tous ;
Venez, volez, troupe immortelle :
La beauté languiroit sans vous,
Et vous expireriez sans elle.

S'il est vrai que le Dieu d'amour
A la beauté doit sa naissance,
La beauté, par un doux retour,
Doit à l'Amour seul sa puissance.

Tendres Amours, accourez tous ;
Venez, volez, troupe immortelle :
La beauté languiroit sans vous,
Et vous expireriez sans elle.

(2) Rapprochement ingénieux et très poétiquement exprimé.

CANTATE XII.

CONTRE L'HIVER.

Arbres dépouillés de verdure,
Malheureux cadavres des bois, (1)
Que devient aujourd'hui cette riche parure
Dont je fus charmé tant de fois ?
Je cherche vainement dans cette triste plaine
Les oiseaux, les zéphirs, les ruisseaux argentés :
Les oiseaux sont sans voix, les zéphirs sans haleine,
Et les ruisseaux dans leur cours arrêtés.
Les aquilons fougueux règnent seuls sur la terre,
Et mille horribles sifflements
Sont les trompettes (2) de la guerre
Que leur fureur déclare à tous les éléments.

Le soleil, qui voit l'insolence,
De ces tyrans audacieux,
N'ose étaler en leur présence
L'or de ses rayons précieux.

La crainte a glacé son courage ;
Il est sans force et sans vigueur,
Et la pâleur sur son visage
Peint sa tristesse et sa langueur. (3)

(1) Métaphore outrée et de mauvais goût.
(2) Autre abus de la métaphore.
(3) Ces deux strophes sont poétiques ; mais la seconde n'est pas exempte de recherche.

Le soleil, qui voit l'insolence
De ces tyrans audacieux,
N'ose étaler en leur présence
L'or de ses rayons précieux.

Du tribut que la mer reçoit de nos fontaines
Indignés et jaloux, leur souffle mutiné
    Tient les fleuves chargés de chaînes,
Et soulève contre eux l'océan déchaîné. (4)
    L'orme est brisé, le cèdre tombe,
    Le chêne le plus dur succombe
    Sous leurs efforts impérieux ;
Et les saules couchés, étalant leurs ruines,
Semblent baisser leur tête et lever leurs racines
    Pour implorer la vengeance des cieux. (5)

    Bois paisibles et sombres,
    Qui prodiguiez vos ombres
    Aux larcins amoureux,
    Expiez tous vos crimes,
    Malheureuses victimes
    D'un hiver rigoureux ;

    Tandis qu'assis à table,
    Dans un réduit aimable,
    Sans soins et sans amour,
    Près d'un ami fidèle,
    De la saison nouvelle
    J'attendrai le retour. (6)

(4) Si le poëte avoit opposé à dessein *les fleuves chargés de chaînes* à *l'océan déchaîné*, l'antithèse seroit puérile.
(5) Très belle image.
(6) Strophe d'une grace et d'une facilité charmante.

CANTATE XIII.

POUR L'HIVER.

Vous dont le pinceau téméraire (1)
Représente l'hiver sous l'image vulgaire
    D'un vieillard foible et languissant,
Peintres injurieux, redoutez la colère
    De ce Dieu terrible et puissant.
    Sa vengeance est inexorable,
Son pouvoir jusqu'aux cieux sait porter la terreur ;
Les efforts des Titans n'ont rien de comparable
    Au moindre effet de sa fureur.

    Plus fort que le fils d'Alcmène,
    Il met les fleuves aux fers ;
    Le seul vent de son haleine
    Fait trembler tout l'univers.

    Il déchaîne sur la terre
    Les Aquilons furieux :
    Il arrête le tonnerre
    Dans la main du roi des Dieux. (2)

    Plus fort que le fils d'Alcmène,
    Il met les fleuves aux fers ;

(1) Cette apologie de l'hiver est bien supérieure à la pièce précédente.
(2) Ces idées, quoique grandes, n'ont rien de forcé, et l'on ne pouvoit pas dire d'une manière plus poétique qu'il ne tonne pas en hiver.

Le seul vent de son haleine
Fait trembler tout l'univers.

Mais si sa force est redoutable,
Sa joie est encor plus aimable :
C'est le père des doux loisirs,
Il réunit les cœurs, il bannit les soupirs,
Il invite aux festins, il anime la scène :
Les plus belles saisons sont les saisons de peine,
La sienne est celle des plaisirs.
Flore peut se vanter des fleurs qu'elle nous donne,
Cérès des biens qu'elle produit ;
Bacchus peut s'applaudir des trésors de l'automne :
Mais l'hiver, l'hiver seul en recueille le fruit. (3)

Les Dieux du ciel et de l'onde,
Le soleil, la terre, et l'air,
Tout travaille dans le monde
Au triomphe de l'hiver.

C'est son pouvoir qui rassemble
Bacchus, l'Amour, et les Jeux :
Ces Dieux ne règnent ensemble
Que quand il règne avec eux.

Les Dieux du ciel et de l'onde,
Le soleil, la terre, et l'air,
Tout travaille dans le monde
Au triomphe de l'hiver.

(3) Tout ici est ingénieux, plein de justesse et bien exprimé.

CANTATE XIV.

CALISTO.

Déesse des forêts, à vos pieds je m'engage
A mépriser l'amour, à détester ses feux :
Puissé-je devenir, si je trahis mes vœux,
Des objets de ces bois l'objet le plus sauvage !
Calisto, ce fut là ton serment ; mais, hélas !
Ta fatale beauté ne le confirmoit pas.

    O beauté, partage funeste,
    A tous les autres préféré,
    Vous êtes du courroux céleste
    Le gage le plus assuré !

    Mille embûches toujours certaines
    Semblent conjurer vos malheurs :
    La volupté forme vos chaînes,
    Votre orgueil les couvre de fleurs.

    O beauté, partage funeste,
    A tous les autres préféré,
    Vous êtes du courroux céleste
    Le gage le plus assuré !

En vain mille mortels avoient brûlé pour elle,
Sa constante vertu lui fut toujours fidèle.
Mais qui peut, Dieux cruels, braver votre pouvoir ?
Jupiter, sous les traits de Diane elle-même,
    Séduit enfin cette nymphe qu'il aime,
Et la force à trahir ses vœux et son devoir.

Feux illégitimes,
Trompeuse douceur,
Dans quels noirs abîmes
Plongez-vous mon cœur?

La sombre tristesse
Toujours me poursuit;
La crainte me presse,
Le repos me fuit.

Feux illégitimes,
Trompeuse douceur,
Dans quels noirs abîmes
Plongez-vous mon cœur?

C'en est fait, et déjà la sévère Diane
A reconnu le fruit d'un malheureux amour.
Sors de mes yeux, objet profane,
Ne souille plus, dit-elle, un si chaste séjour;
Transformée en ourse effroyable
Va cacher dans les bois ta honte et tes plaisirs :
Sous cette forme épouvantable,
Que Jupiter, s'il veut, t'offre encor ses soupirs. (1)

Vous qui dans l'esclavage
Tenez le cœur des Dieux,
Craignez toujours l'hommage
Qu'ils rendent à vos yeux.

Aux douceurs du mystère
Le calme est attaché :
Ce que la gloire éclaire
N'est pas long-temps caché. (2)

(1) Dans Ovide, c'est Junon qui métamorphose Calisto.
(2) Pensée très ingénieuse.

Vous qui dans l'esclavage
Tenez le cœur des Dieux,
Craignez toujours l'hommage
Qu'ils rendent à vos yeux

CANTATE XV.

SUR UN ARBRISSEAU.

Jeune et tendre arbrisseau, l'espoir de mon verger,
Fertile nourrisson de Vertumne et de Flore,
Des faveurs de l'hiver redoutez le danger,
Et retenez vos fleurs qui se pressent d'éclore,
Séduites par l'éclat d'un beau jour passager. (1)

    Imitez la sage anémone,
    Craignez Borée et ses retours;
    Attendez que Flore et Pomone
    Vous puissent prêter leur secours.

    Philomèle est toujours muette,
    Progné craint de nouveaux frissons;

(1) Cette pièce charmante est une nouvelle preuve de la flexibilité du talent de Rousseau, et une réponse de plus à faire à ceux qui, affectant d'oublier et plusieurs de ses odes et la plupart de ses cantates, lui refusent la mollesse et la grace, parceque son génie et le genre lyrique l'ont le plus souvent entraîné vers une poésie mâle et sublime. C'est ainsi que les détracteurs de Boileau ont voulu réduire son mérite à celui d'une versification correcte, comme si plusieurs de ses Épîtres, son Art Poétique et sur tout son Lutrin n'offroient pas une foule de vers qui peuvent soutenir la comparaison avec ce que La Fontaine, Racine et tous les poëtes anciens et modernes ont jamais produit de plus facile et de plus brillant.

Et la timide violette
Se cache encor sous les gazons.

Imitez la sage anémone,
Craignez Borée et ses retours,
Attendez que Flore et Pomone
Vous puissent prêter leur secours.

Soleil, père de la nature,
Viens répandre en ces lieux tes fécondes chaleurs :
Dissipe les frimas, écarte la froidure
 Qui brûle nos fruits et nos fleurs :
 Cérès, pleine d'impatience,
N'attend que ton retour pour enrichir nos bords ;
 Et sur ta fertile présence
Bacchus fonde l'espoir de ses nouveaux trésors. (2)

Les lieux d'où tu prends ta course
Virent ses premiers combats ;
Mais loin des climats de l'ourse
Il porta toujours ses pas.

Quand les Amours favorables
Voulurent le rendre heureux,
Ce fut sur des bords aimables (3)
Qu'échauffoient tes plus doux feux.

Les lieux d'où tu prends ta course
Virent ses premiers combats ;
Mais loin des climats de l'ourse
Il porta toujours ses pas.

(2) Tour très poétique.
(3) A Naxos, où il vint trouver Ariane abandonnée par Thésée.

CANTATE XVI.

JUPITER ET EUROPE.

EUROPE.

Quel prodige mystérieux !
O ciel ! qu'est devenu ce monstre audacieux
Dont le perfide effort en ce lieu m'a conduite ? (1)
Un mortel s'offre seul à ma vue interdite.
Mais que dis-je, un mortel ! Europe, ouvre les yeux :
Au changement soudain que tu vois en ces lieux,
A l'éclat qui t frappe, au trouble qui t'agite,
  Peux-tu méconnoître les Dieux ?

JUPITER.

Rendez le calme, Europe, à votre ame étonnée.
Oui, le maître des Dieux vient s'offrir à vos fers ;
De vous seule aujourd'hui dépend la destinée
Du Dieu de qui dépend celle de l'univers.
  Partagez les feux et la gloire
  D'un cœur charmé de vos beautés ;
  Que le Dieu que vous soumettez
  Applaudisse à votre victoire.

EUROPE.

O gloire qui m'alarme autant qu'elle m'enchante !
Gloire qui fait déjà trembler mon cœur jaloux !

(1) Voyez dans Ovide l'enlèvement d'Europe par Jupiter transformé en taureau.

Plus votre rang m'élève, et plus il m'épouvante.
Ah! les Dieux sont-ils faits pour aimer comme nous?
A cette égalité qui forme un amour tendre,
  Hélas! quel moyen d'arriver?
Un mortel jusqu'aux Dieux ne sauroit s'élever :
Un Dieu jusqu'aux mortels veut rarement descendre.

JUPITER.

Non, non, ne craignez pas de vous laisser toucher :
L'amour fait disparoître une gloire importune. (2)

TOUS DEUX ENSEMBLE.

Non, non, ne craignez pas de vous laisser toucher :
L'amour fait disparoître une gloire importune.
  C'est à l'amour de rapprocher
  Ce que sépare la fortune.

JUPITER.

  Venez partager avec moi
Cet honneur qu'en naissant j'ai reçu de Cybèle.
  Pour premier gage de ma foi,
Recevez aujourd'hui le titre d'immortelle.

EUROPE.

Ah! ne me privez point de l'unique secours
  Où je pourrois avoir recours,
Si votre cœur pour moi se lassoit d'être tendre.
Vous dire que je crains votre légèreté,
  N'est-ce pas assez faire entendre
  Que je crains l'immortalité?

(2) *Non bene conveniunt, nec in unâ sede morantur Majestas et amor.* Métam. d'OVIDE, liv. II.

JUPITER.

Non, rien n'affoiblira l'ardeur dont je vous aime :
J'en jure par l'amour, j'en jure par vous-même.
 Puisse expirer l'astre brillant du jour
  Avant que ma tendresse expire !
 Puissé-je voir la fin de mon empire
  Avant la fin de mon amour !

TOUS DEUX.

Que de notre bonheur l'Amour seul soit le maître !
Qu'à jamais notre encens brûle sur ses autels ! (3)
  Puisse nos feux être immortels
  Comme le Dieu qui les fit naître !

(3) Quel que soit le pouvoir de l'Amour, auquel les Dieux et les hommes sont soumis, il ne paroît pas trop convenable à la dignité du maître du tonnerre de dire qu'il brûlera de l'encens sur l'autel d'un autre Dieu.

FIN DES CANTATES.

ÉPITRES.

LIVRE PREMIER.

FRAGMENTS DE L'ÉPITRE I.

AUX MUSES.

Filles du ciel, chastes et doctes fées, (1)
Qui, des héros consacrant les trophées,
Garantissez du naufrage des temps
Les noms fameux et les faits éclatants ;
Des vrais lauriers sages dispensatrices,
Muses, jadis mes premières nourrices,
De qui le sein ne fit, presque en naissant,
Téter un lait plus doux que nourrissant ;
Je vous écris, non pour vous rendre hommage
D'un vain talent que, dès mon plus jeune âge,
A cultivé votre amour maternel,
Mais pour vous dire un adieu solennel....
Vous m'offririez le laurier d'Euripide,
Si, comme lui, dans quelque roche aride,
Pour recueillir mon esprit dissipé,
J'allois chercher un sépulcre escarpé ;
Si je pouvois, sublime misanthrope,
Fuir les humains pour suivre Calliope ;

(1) Le nom de *fée*, qui est d'invention moderne, ne peut pas être donné à des divinités antiques.

A tous plaisirs constamment renoncer,
Le jour écrire, et la nuit effacer,
Sécher six mois sur les strophes d'une ode,
Et, de moi-même Aristarque incommode,
A vous poursuivre épuiser mes chaleurs, (2)
Pour vous ravir quelqu'une de ces fleurs
Qu'à pleines mains, pour tant d'autres avares,
Vous prodiguez aux Chaulieux, aux La Fares.
Non, non, jamais de vos dons trop épris,
Je n'obtiendrai vos lauriers à ce prix.
J'abjurerois et Phébus et Minerve,
Si, possédé d'une importune verve,
Il me falloit, pour de douteux succès,
Passer ma vie en d'éternels accès;
Toujours troublé de fureurs convulsives,
De mon plancher ébranler les solives;
Et, rejetant toute société,
Ecrire en sage, et vivre en hébété....
Muses, gardez vos faveurs pour quelque autre.
Ne perdons plus ni mon temps ni le vôtre
Dans ces débats où nous nous égayons.
Tenez, voilà vos pinceaux, vos crayons :
Reprenez tout. J'abandonne sans peine
Votre Hélicon, vos bois, votre Hippocrène,
Vos vains lauriers d'épine enveloppés,
Et que la foudre a si souvent frappés. (3)
Car aussi-bien, quel est le grand salaire

(2) *Chaleur*, au pluriel, signifie l'*activité*, le *feu de la jeunesse;* mais il est peu usité en ce sens.

(3) Allusion à l'opinion des anciens qui croyoient que les lauriers n'étoient jamais frappés par la foudre.

D'un écrivain au-dessus du vulgaire?
Quel fruit revient aux plus rares esprits
De tant de soins à polir leurs écrits,
A rejeter les beautés hors de place,
Mettre d'accord la force avec la grace,
Trouver aux mots leur véritable tour,
D'un double sens démêler le faux jour,
Fuir les longueurs, éviter les redites,
Bannir enfin tous ces mots parasites,
Qui, malgré vous, dans le style glissés,
Rentrent toujours, quoique toujours chassés?
Quel est le prix d'une étude si dure?
Le plus souvent une injuste censure,
Ou, tout au plus, quelque léger regard
D'un courtisan qui vous loue au hasard,
Et qui peut-être avec plus d'énergie
S'en va prôner quelque fade élégie.
Et quel honneur peut espérer de moins
Un écrivain libre de tous ces soins,
Que rien n'arrête, et qui, sûr de se plaire,
Fait, sans travail, tous les vers qu'il veut faire?
Il est bien vrai qu'à l'oubli condamnés,
Ses vers souvent sont des enfants morts-nés:
Mais chacun l'aime, et nul ne s'en défie;
A ses talents aucun ne porte envie.
Il a sa place entre les beaux esprits,
Fait des sonnets, des bouquets pour Iris;
Quelquefois même aux bons mots s'abandonne,
Mais doucement, et sans blesser personne;
Toujours discret, et toujours bien disant,

Et, sur le tout, aux belles complaisant.
Que si jamais, pour faire une œuvre en forme,
Sur l'Hélicon Phébus permet qu'il dorme,
Voilà d'abord tous ses chers confidents,
De son mérite admirateurs ardents,
Qui, par cantons répandus dans la ville,
Pour l'élever dégraderont Virgile;
Car il n'est point d'auteur si désolé
Qui dans Paris n'ait un parti zélé ;
Rien n'est moins rare. *Un sot*, dit la satire,
Trouve toujours un plus sot qui l'admire........
Tous ces discours sont fort beaux, direz-vous.
Mais revenons. Parle ; et confesse-nous
Qu'en tes écrits un peu trop de licence
A certains bruits a pu donner naissance;
Que ton corroux bien vite est allumé,
Et que le ciel en naissant t'a formé,
Aux moindres traits que sur toi l'on décoche,
Un peu malin. Moi? D'où vient ce reproche?
Où sont-ils donc, puisqu'il faut tout peser,
Ces traits malins dont on peut m'accuser ?....
Est-ce un forfait à décrier ma veine ?
Et dites-moi : quand jadis La Fontaine,
De son pays l'homme le moins mordant
Et le plus doux, mais homme cependant,
De ses bons mots sur plus d'une matière,
Contre Lulli, Quinault et Furetière,
Fit rejaillir l'enjoûment bilieux,
Fut-il traité d'auteur calomnieux ?
Tout vrai poëte est semblable à l'abeille :

LIVRE I.

C'est pour nous seuls que l'aurore l'éveille,
Et qu'elle amasse, au milieu des chaleurs,
Ce miel si doux tiré du suc des fleurs ;
Mais la nature, au moment qu'on l'offense,
Lui fit présent d'un dard pour sa défense,
D'un aiguillon qui, prompt à la venger,
Cuit plus d'un jour à qui l'ose outrager. (4)
   J'entends d'ici, muses, votre réponse.
Tous ces arrêts que la haine prononce,
Ces vains propos.... ce courroux sans pouvoir,
Les crains-tu tant ? et que peux-tu prévoir ?.
Ce que je crains ? Vous allez le connoître
Dans un seul mot de Despréaux mon maître:
Vos ennemis prônent de tous côtés,
Lui disoit-on, *que vous les redoutez;*
Que vous craignez leur vaste compagnie.
Ils ont raison ; je crains la calomnie,
Répondit-il. Et quel ravage affreux
N'excite point ce monstre ténébreux,
A qui l'envie, au regard homicide,
Met dans les mains son flambeau parricide ;
Mais dont le front est peint avec tout l'art
Que peut fournir le mensonge et le fard ?
Le faux soupçon, lui consacrant ses veilles,
Pour l'écouter ouvre ses cent oreilles ;
Et l'ignorance, avec des yeux distraits,
Sur son rapport prononce nos arrêts.
Voilà quels sont les infidèles juges
A qui la fraude, heureuse en subterfuges,

(4) Comparaison juste et ingénieuse.

Fait avaler son poison infernal ;
Et tous les jours devant leur tribunal
Par les cheveux l'innocence traînée
Sans se défendre est d'abord condamnée.
Votre ennemi passe en vain pour menteur.
Messieurs, disoit un fameux délateur
Aux courtisans de Philippe son maître,
Quelque grossier qu'un mensonge puisse être,
Ne craignez rien ; calomniez toujours :
Quand l'accusé confondroit vos discours,
La plaie est faite ; et, quoiqu'il en guérisse,
On en verra du moins la cicatrice. (5)
Où donc aller ? Quel mur, quel triple airain
Nous sauvera d'une invisible main ?
Est-il mortel qui s'en puisse défendre ?
Sans doute. Et qui ? L'homme qui sait attendre,
Concluez-vous. Vainement l'art obscur
Sur la vertu jette son voile impur :
La vérité tôt ou tard se relève,
Le rayon perce, et le nuage crève.....

~~~~~~~~~~~~~~~~~~~~~~~~~~~~~~~~

FRAGMENTS DE L'ÉPITRE III.

A MAROT.

Ami Marot, l'honneur de mon pupître,
Mon premier maître, acceptez cette épître

---

(5) Vers passés en proverbe.

Que vous écrit un humble nourrisson
Qui sur Parnasse a pris votre écusson,
Et qui jadis, en maint genre d'escrime,
Vint chez vous seul étudier la rime.
Par vous, en France, épîtres, triolets,
Rondeaux, chansons, ballades, virelais,
Gente épigramme et plaisante satire
Ont pris naissance. En sorte qu'on peut dire :
De Prométhée hommes sont émanés,
Et de Marot joyeux contes sont nés....

   O triste emploi que celui de la rime !
En tout autre art, même sans qu'on y prime,
Devant ses pairs on est interrogé.
Par Cassini l'astronome est jugé :
Homberg peut seul évoquer le chimiste,
Et du Verney citer l'anatomiste.
Mais dans les vers tous s'estiment docteurs :
Bourgeois, pédants, écoliers, colporteurs.
Hé, mes amis, un peu moins de superbe.
Vous avez lu quelque ode de Malherbe ?
Soit. Richelet jadis en raccourci
Vous a de l'art les règles dégrossi ?
Je le veux bien. Vous avez sur la scène
En vers bouffis fait hurler Melpomène ?
C'est un grand point ; mais ce n'est pas assez.
Ce métier-ci n'est ce que vous pensez.....
Accostez-vous de fidèles critiques :
Fouillez, puisez dans les sources antiques ;
Lisez les Grecs, savourez les Latins ;
Je ne dis tous, car Rome a ses Cotins ;

J'entends tous ceux qui, d'une aile assurée,
Quittant la terre, ont atteint l'empyrée.....
Le grand Virgile enseigne à ses bergers
L'art d'emboucher les chalumeaux légers ;
Au laboureur, par des leçons utiles,
Fait de Cérès hâter les dons fertiles ;
Puis tout à coup, la trompette à la main,
Dit les combats du fondateur romain,
Ses longs travaux couronnés de victoire,
Et des Césars prophétise la gloire.
Ovide, en vers doux et mélodieux,
Sut débrouiller l'histoire de ses dieux :
Trop indulgent au feu de son génie ;
Mais varié, tendre, plein d'harmonie,
Savant, utile, ingénieux, profond,
Riche, en un mot, s'il étoit moins fécond.
Non moins brillant, quoique sans étincelle,
Le seul Horace en tous genres excelle ;
De Cythérée exalte les faveurs,
Chante les Dieux, les héros, les buveurs ;
Des sots auteurs berne les vers ineptes,
Nous instruisant par gracieux préceptes,
Et par sermons de joie antidotés.
Catulle en grace et naïves beautés
Avant Marot mérita la couronne ;
Et suis marri que le poivre assaisonne
Un peu trop fort ses petits madrigaux.
Tibulle enfin, sur patins inégaux,
Faisant marcher la boiteuse élégie,
De Cupidon traite à fond la magie.

Voilà les chefs qu'il vous faut consulter,
Lire, relire, apprendre, méditer.
Lors votre goût conduisant votre oreille
Ne prendra plus le bourdon pour l'abeille,
Ni les fredons du (1) chantre cordouan
Pour les vrais airs du cygne mantouan.....

FRAGMENTS DE L'ÉPITRE VI.

A M. LE BARON DE BRETEUIL.

Illustre appui d'une muse agitée,
Morte trois ans, et puis ressuscitée
Par le pouvoir de ce sage enchanteur, (1)
De mon naufrage heureux réparateur,
Par qui ma barque errante et vagabonde
Fut dérobée au caprice de l'onde ;
Puisque sa loi, que je dois respecter,
Sur l'Hélicon m'oblige à remonter,
Daignez, de grace, à votre heure commode,
Vous qui vivez aux sources de la mode,
Me dire un mot du style et des écrits
Qui sont en vogue aujourd'hui dans Paris ;
Car vous savez qu'un air de mode impose
A nos François plus que tout autre chose ;
Et que par-là le plus mince oripeau
Se vend parfois mieux que l'or le plus beau.

(1) Lucain.
(1) Le comte du Luc.

J'ai vu le temps, mais, Dieu merci, tout passe,
Que Calliope au sommet du Parnasse,
Chaperonnée en burlesque docteur,
Ne savoit plus qu'étourdir l'auditeur
D'un vain ramas de sentences usées,
Qui, de l'Olympe excitant les nausées,
Faisoient souvent, en dépit de ses sœurs,
Transir de froid jusqu'aux applaudisseurs.
Nous avons vu, presque durant deux lustres, (2)
Le Pinde en proie à de petits illustres,
Qui, traduisant Sénèque en madrigaux,
Et rebattant des sons toujours égaux,
Fous de sang-froid, s'écrioient : *Je m'égare;*
Pardon, messieurs, j'imite trop Pindare :
Et supplioient le lecteur morfondu
De faire grace à leur feu prétendu.
Comme eux alors apprenti philosophe,
Sur le papier nivelant chaque strophe,
J'aurois bien pu du bonnet doctoral
Embéguiner mon Apollon moral,
Et rassembler, sous quelques jolis titres,
Mes froids dixains rédigés en chapitres;
Puis grain à grain tous mes vers enfilés,
Bien arrondis, et bien intitulés,
Faire servir votre nom d'épisode,
Et vous offrir, sous le pompeux nom d'ode,
A la faveur d'un éloge écourté,
De mes sermons l'ennuyeuse beauté.

(2) Rousseau se moque ici très plaisamment de l'enthousiasme factice de La Motte, et du ton froidement sententieux de ses odes, aujourd'hui oubliées.

Mais mon génie a toujours, je l'avoue,
Fui ce faux air dont le bourgeois s'engoue,
Et ne sait point, prêcheur fastidieux,
D'un sot lecteur éblouissant les yeux,
Analyser une vérité fade
Qui fait vomir ceux qu'elle persuade,
Et qui, traînant toujours le même accord,
Nous instruit moins qu'elle ne nous endort.

LIVRE DEUXIÈME.

FRAGMENTS DE L'ÉPITRE II.

AU R. P. BRUMOY,
AUTEUR DU THÉATRE DES GRECS.

Oui, cher Brumoy, ton immortel ouvrage
Va désormais dissiper le nuage
Où parmi nous le théâtre avili,
Depuis trente ans semble être enseveli,
Et, l'éclairant de ta propre lumière,
Lui rendre enfin sa dignité première.
De ses débris zélé restaurateur,
Et chez les Grecs hardi navigateur,
Toi seul as su, dans ta pénible course,
De ses beautés nous déterrer la source,
Et démêler les détours sinueux
De ce dédale oblique et tortueux,

Ouvert jadis par la sœur de Thalie
Aux seuls auteurs du Cid et d'Athalie;
Mais après eux, hélas! abandonné
Au goût pervers d'un siècle efféminé,
Qui, ne prenant pour conseil et pour guide
Que des leçons de Tibulle et d'Ovide,
Et n'estimant dignes d'être applaudis
Que les héros par l'amour affadis,
Nous a produit cette foule incommode
D'auteurs glacés qui, séduits par la mode,
N'exposent plus à nos yeux fatigués,
Que des romans en vers dialogués;
Et, d'un fatras de rimes accolées
Assaisonnant leurs fadeurs ampoulées,
Semblent vouloir par d'immuables lois
Borner tout l'art du théâtre françois
A commenter dans leurs scènes dolentes
Du doux Quinault les pandectes galantes.

Mais de ce tyle efflanqué, sans vigueur,
J'aime encor mieux l'insipide langueur,
Que l'emphatique et burlesque étalage
D'un faux sublime enté sur l'assemblage
De ces grands mots, clinquant de l'oraison,
Enflés de vents et vides de raison, (1)
Dont le concours discordant et barbare
N'est qu'un vain bruit, une sotte fanfare,

(1) Une partie de cette épître est dirigée contre Voltaire, et l'on pourroit ne la considérer que comme une représaille; mais comme le ressentiment est toujours injuste, nous avons supprimé tout ce que cette sortie offroit de trop personnel, pour ne conserver que ce qui est d'un application générale.

Et qui, par force et sans choix enrôlés,
Hurlent d'effroi de se voir accouplés.....
Pour discerner, par un choix équitable,
L'or de billon d'avec le véritable,
Il est encor des juges éclairés,
Des esprits sains et des yeux épurés;
N'en doutons point: mais.. que de vains critiques,
D'esprits légers, de cerveaux fantastiques,
Du faux mérite orateurs dominants,
Fades loueurs, censeurs impertinents,
Comptant pour rien justesse, ordre, harmonie,
Et confondant sous le nom de génie
Tout mot nouveau, tout trait alambiqué,
Tout sentiment abstrait, sophistiqué,
Toute morale insipide et glacée,
Toute subtile et frivole pensée ;
Du sens commun déclarés ennemis,
Et de l'esprit adorateurs soumis !
Car c'est l'esprit qui sur-tout ensorcelle
Nos raisonneurs à petite cervelle......
Et qu'auprès d'eux, par un heureux succès,
Un jeune auteur *vienne* à s'ouvrir l'accès:
C'étoit d'abord un aspirant timide ;
C'est maintenant un docteur intrépide;
Et, non content d'inonder tout Paris
D'un océan de perfides écrits,
Et d'étouffer ses libraires crédules
Sous des monceaux de papiers ridicules,
Tels qu'on pourroit, si la cour des neuf sœurs
Pour la police avoit ses assesseurs,

Ses sanhédrins et ses aréopages,
Le brûler vif dans ses propres ouvrages ;
En ses accès je ne vous réponds pas
Qu'ayant déjà mis le bon sens à bas,
Il n'entreprenne avec la même audace
De renverser tout l'ordre du Parnasse......
« Il est, *dit-il,* d'un maître tel que moi
« De ne connoître autre guide que soi,
« De s'éloigner des routes anciennes,
« Et de n'avoir de règles que les siennes......
« Sophocle, Eschyle, Homère ni Platon
« Ne m'ont jamais rien appris. » Vraiment non ;
On le voit bien ; mais ce qu'on voit encore,
C'est que vos fleurs n'ont vécu qu'une aurore ;
Que votre éclat n'est qu'un feu de la nuit,
Qui disparoît dès que le soleil luit ;
Et qu'un seul jour détruisant vos chimères,
Détruit aussi vos lauriers éphémères......
Voilà le sort et le fatal écueil
Où tôt ou tard vient échouer l'orgueil
De tous ces nains, petits géants précoces,
Que leurs flatteurs érigent en colosses,
Mais qu'à la fin le bon sens fait rentrer
Dans le néant dont on les sut tirer......
Car une fois que la fureur d'écrire
A par malheur établi son empire
Dans le cerveau d'un rimeur aveuglé,
Vide de sens, et de soi-même enflé......
Jouet oisif de son talent futile,
N'en attendez rien de bon et d'utile......

Pour peu d'*ailleurs* (2) que quelque trait saillant
Quelque antithèse, ou quelque mot brillant
D'un vain éclat de lumière imprévue
Vienne éblouir notre débile vue,
C'en est assez : tout le reste va bien.
Le mot fait tout ; la chose ne fait rien.
C'est un oracle, un héros, un modèle.
Modèle soit : mais le public rebelle,
Examinant notre petit héros
Sur son mérite et non sur nos grands mots,
Dévoile enfin tout son charlatanisme ;
Et ce public, fléau du pédantisme,
N'épargne pas, quand l'écrit est jugé,
Le protecteur plus que le protégé.

FRAGMENTS DE L'ÉPITRE III.

A THALIE.

Si je voulois, ambitieux critique,
Réduire en art la comédie antique,
Et débrouiller ses mystères divers,
J'adresserois ma prière et mes vers
A ce génie autrefois par Térence
Emancipé non loin de son enfance,
Puis, tout à coup de son domaine exclus,

(2) Les suppressions que l'on a faites dans les épitres et dans les allégories ont nécessité la transposition ou même le changement de quelques mots qu'on a eu soin de mettre en italique.

Evanoui trois cents lustres et plus......?
De ce génie éteint avec les graces
Il ne restoit ni vestiges ni traces,
Avant qu'Armand (1), heureux à tout tenter,
Eût entrepris de le ressusciter.
Mais ce génie, alors en son enfance,
Dans son berceau dépourvu d'assistance,
Faute d'un maître habile à l'essayer,
N'avoit encore appris qu'à bégayer ;
Lorsqu'assisté de Térence et de Plaute,
Molière vint, dont la voix ferme et haute
Lui fit d'abord par de justes leçons
Articuler et distinguer ses sons.
Bientôt après, sur ses avis fidèles,
S'apprivoisant avec ces grands modèles,
Et dans leur lice instruit à s'exercer,
Il apprit d'eux l'art de les devancer.
Sous ce grand homme enfin la comédie
Sut arriver, justement applaudie,
A ce point fixe où l'art doit aboutir,
Et dont sans risque il ne peut plus sortir.
Ce fut alors que la scène féconde
Devint l'école et le miroir du monde ;
Et que chacun, loin d'en être choqué,
Fit son plaisir de s'y voir démasqué.
Là le marquis, figuré sans emblême,
Fut le premier à rire de lui-même ;
Et le bourgeois apprit, sans nul regret,
A se moquer de son propre portrait.

(1) Le cardinal de Richelieu.

Le sot savant, la docte extravagante,
La précieuse et la prude arrogante,
Le faux dévot, l'avare, le jaloux,
Le médecin, le malade; enfin tous
Chez une muse en passe-temps fertile
Vinrent chercher un passe-temps utile:
Les beaux discours, les grands raisonnements,
Les lieux communs et les beaux sentiments
Furent bannis de son joyeux domaine,
Et renvoyés à sa sœur Melpomène :
Bref, sur un trône au seul rire affecté
Le rire seul eut droit d'être exalté.
C'est par cet art qu'elle charma la ville,
Et que toujours renfermée en son style,
A la cour même, où sur-tout elle plut,
Elle atteignit son véritable but......
Loin tout rimeur enflé de beaux passages,
Qui, sur lui seul moulant ses personnages,
Veut qu'ils aient tous autant d'esprit que lui,
Et ne nous peint que soi-même en autrui !.....

 Quoi ? dira-t-on, l'esprit, à votre compte,
Ne peut donc plus servir qu'à notre honte ?...
Je sais trop bien qu'un si riche ornement
Est de notre art le premier instrument......
Laissons agir son naturel aimable,
Sans absorber ce qu'il a d'estimable
Dans une mer de frivoles langueurs,
Dans ce fatras de morale sans mœurs,
De vérités froides et déplacées,
De mots nouveaux, et de fades pensées;

Qui font briller tant d'auteurs importuns,
Toujours loués des connoisseurs communs,
Et, qui pis est, loués par l'endroit même
Qui du bon sens mérite l'anathème ;
Car tout novice, en disant ce qu'il faut,
Ne croit jamais s'élever assez haut.
C'est en disant ce qu'il ne doit pas dire,
Qu'il s'éblouit, se délecte et s'admire ;
Dans ses écarts non moins présomptueux
Qu'un indigent superbe et fastueux,
Qui, se laissant manquer du nécessaire,
Du superflu fait son unique affaire.
A nos auteurs ce n'est point, entre nous,
L'esprit qui manque ; ils en ont presque tous :
Mais je voudrois dans ces nouveaux adeptes
Voir une humeur moins rétive aux préceptes
Qui du théâtre ont établi la loi.
Ils en auroient mieux profité que moi ;
Mais tout compté, je crois, Dieu me pardonne,
Que si j'étois pourvu, moi qui raisonne,
D'autant d'esprit (2) qu'ils en ont en effet,
Je ferois mieux peut-être qu'ils n'ont fait....
Songez-y donc, chers enfants d'une muse
Qui cherche à rire, et que la joie amuse.

(2) On voit que, du temps de Rousseau, l'esprit étoit aussi commun, et l'emploi heureux de l'esprit ou le talent aussi rare qu'ils le sont aujourd'hui. Il ne faut jamais espérer que le premier puisse remplacer le second, puisque Voltaire lui-même, cet homme d'un talent si souple et si varié, qui a réussi dans les genres les plus opposés, qui a fait de très belles tragédies et qui a été supérieur dans la poésie légère, n'a pu parvenir, avec tout l'esprit du monde, à faire une bonne comédie.

Depuis cent ans deux théâtres chéris
Sont consacrés l'un aux pleurs, l'autre aux ris:
Sans les confondre, il faut tâcher d'y plaire,
Si toutefois vous n'aimez pas mieux faire
(Pour distinguer votre savoir profond)
Rire au premier, et pleurer au second.

FRAGMENTS DE L'EPITRE IV.

A M. ROLLIN.

Docte héritier des trésors de la Grèce,
Qui le premier, par une heureuse adresse,
Sus dans l'histoire associer le ton
De Thucydide à la voix de Platon :
Sage Rollin, quel esprit sympathique
T'a pu guider dans ce siècle critique,
Pour échapper à tant d'essaims divers
D'apres censeurs qui peuplent l'univers ?
Toujours croissant de volume en volume,
Quel bon génie a dirigé ta plume ?
Par quel bonheur enfin, ou par quel art,
As-tu forcé le volage hasard,
L'aveugle erreur, la chicane insensée,
L'orgueil jaloux, l'envie intéressée,
De te laisser en pleine sûreté
Jouir vivant de ta postérité......
La vérité simple, naïve et pure,
Par-tout marquée au coin de la nature,

Dans ton histoire offre un sublime essai
Où tout est beau, parceque tout est vrai :
Non d'un vrai sec et crûment historique ;
Mais de ce vrai moral et théorique
Qui, nous montrant les hommes tels qu'ils sont,
De notre cœur nous découvre le fond,
Nous peint en eux nos propres injustices,
Et nous fait voir la vertu dans leurs vices.
C'est un théâtre, un spectacle nouveau,
Où tous les morts, sortant de leur tombeau,
Viennent encor sur une scène illustre
Se présenter à nous dans leur vrai lustre,
Et du public dépouillé d'intérêt,
Humbles acteurs, attendre leur arrêt. (1)
Là, retraçant leurs foiblesses passées,
Leurs actions, leurs discours, leurs pensées,
A chaque état ils reviennent dicter.
Ce qu'il faut fuir, ce qu'il faut imiter ;
Ce que chacun, suivant ce qu'il peut être,
Doit pratiquer, voir, entendre, connoître ;
Et leur exemple en diverses façons
Donnant à tous les plus nobles leçons,
Rois, magistrats, législateurs suprêmes,
Princes, guerriers, simples citoyens mêmes,
Dans ce sincère et fidèle miroir
Peuvent apprendre et lire leur devoir.

(1) Rousseau compare d'une manière encore plus piquante la scène du monde à la scène dramatique dans cette épigramme si connue :

Ce monde-ci n'est qu'une œuvre comique, etc.

Voyez plus bas, Epigramme VI, liv I.

FRAGMENTS DE L'EPITRE V.

A RACINE.

De nos erreurs, tu le sais, cher Racine,
La déplorable et funeste origine
N'est pas toujours, comme on veut l'assurer,
Dans notre esprit facile à s'égarer;
Et sa fierté, dépendante et captive,
N'en fut jamais la source primitive :
C'est le cœur seul, le cœur qui le conduit,
Et qui toujours l'éclaire ou le séduit.
S'il prend son vol vers la céleste voûte,
L'esprit docile y vole sur sa route;
Si de la terre il suit les faux appas,
L'esprit servile y rampe sur ses pas......
Quelle vertu,..... quelle voix triomphante
Parle à mon cœur, le pénètre, l'enchante !
C'est Dieu, c'est lui, dont les traits glorieux
De leur éclat frappent enfin mes yeux.
Je vois, j'entends, je crois : ma raison même
N'écoute plus que l'oracle suprême.
Qu'attends-tu donc, toi dont l'œil éclairé
Des vérités dont il m'a pénétré,
Toi dont les chants non moins doux que sublimes
Se sont ouvert tous les divins abîmes
Où sa grandeur se plaît à se voiler;
Qu'attends-tu, dis-je, à nous les révéler

Ces vérités qui nous la font connoître ?
Et que sais-tu s'il ne te fit point naître
Pour ramener ses sujets non soumis,
Ou consoler du moins ses vrais amis ?
Dans quelle nuit, hélas ! plus déplorable
Pourroit briller sa lumière adorable,
Que dans ces jours où l'ange ténébreux
Offusque tout de ses brouillards affreux ;
Où franchissant le stérile domaine
Donné pour borne à la sagesse humaine,
De vils mortels jusqu'au plus haut des cieux
Osent lever un front audacieux ;
Où nous voyons enfin, l'osé-je dire ?
La vérité soumise à leur empire,
Ses feux éteints dans leur sombre fanal,
Et Dieu cité devant leur tribunal ?
Car ce n'est plus le temps où la licence
Daignoit encor copier l'innocence.....
Mais, en ce siècle à la révolte ouvert,
L'impiété marche à front découvert ;
Rien ne l'étonne, et le crime rebelle
N'a point d'appui plus intrépide qu'elle.
Sous ses drapeaux, sous ses fiers étendards,
L'œil assuré, courent de toutes parts
Ces légions, ces bruyantes armées
D'esprits subtils, d'ingénieux pygmées,
Qui, sur des monts d'arguments entassés
Contre le ciel burlesquement haussés,
De jour en jour, superbes Encelades,
Vont redoublant leurs folles escalades ;

Et, jusqu'au sein de la divinité
Portant la guerre avec impunité,
Viendront bientôt, sans scrupule et sans honte,
De ses arrêts lui faire rendre compte ;
Et, déjà même, arbitres de sa loi,
Tiennent en main, pour écraser la foi,
De leur raison les foudres toutes prêtes.
Y songez-vous, insensés que vous êtes ?
Votre raison, qui n'a jamais flotté
Que dans le trouble et dans l'obscurité,
Et qui, rampant à peine sur la terre,
Veut s'élever au-dessus du tonnerre,
Au moindre écueil qu'elle trouve ici-bas
Bronche, trébuche, et tombe à chaque pas,
Et vous voulez, fiers de cette étincelle,
Chicaner Dieu sur ce qu'il lui révèle !
Cessez, cessez, héritage des vers,
D'interroger l'auteur de l'univers (1).....

(1) Ce fut à soixante six ans passés, environ trois ans et demi avant sa mort, que Rousseau adressa cette épître à Racine le fils, pour l'engager à publier son poëme de *la Religion*, poëme aujourd'hui trop peu lu, quoique pour la beauté des vers, pour l'harmonie et la pureté du style, il soit souvent supérieur à presque tout ce qui a été fait depuis.

ALLÉGORIES.

LIVRE PREMIER.

FRAGMENTS DE L'ALLEGORIE I.

TORTICOLIS.

On dit qu'un jour le roi des noirs climats
Fit de l'enfer convoquer les états.
L'ordre donné, la séance réglée,
Et des démons la troupe rassemblée,
Furent assis les sombres députés
Selon leur ordre, emplois et dignités.
Au premier rang le ministre Asmodée
Et Belzébut à la face échaudée,
Et Bélial; puis les diables mineurs,
Juges, préfets, intendants, gouverneurs,
Représentant le tiers état du gouffre. (1)
Alors, assis sur un trône de soufre,
Lucifer tousse; et, faisant un signal,
Tint ce discours au sénat infernal :
    Suppôts d'enfer, redoutables génies,
Qui chaque jour peuplez mes colonies,

(1) Ce ton de plaisanterie paroîtra sans doute déplacé dans un sujet qui y prête si peu; mais nous avons cru devoir conserver ce morceau, en faveur de son originalité, de plusieurs beaux vers et sur-tout du portrait de l'hypocrisie.

LIVRE I.

Du noir abîme éternels citoyens,
Et de ma fourche invincibles soutiens,
Ecoutez-moi. Depuis l'utile trame,
Que contre Adam le serpent et la femme
Surent ourdir pour le mettre en nos fers,
Tous les mortels dévolus aux enfers,
Humbles vassaux condamnés à nos chaînes,
Venoient en foule accroître mes domaines.
Leur long calcul lassoit mes intendants :
On s'étouffoit dans mes cachots ardents ;
J'élargissois chaque jour nos frontières,
Et le charbon manquoit à mes chaudières.
Quels noirs complots, quels ressorts inconnus
Font aujourd'hui tarir mes revenus ?
Depuis un mois assemblant mes ministres,
J'ai feuilleté mes journaux, mes registres :
De jour en jour l'enfer perd de ses droits ;
Le diable oisif y souffle dans ses doigts :
On s'y morfond, et ma cour décrépite
Aux vieux damnés va se trouver réduite.
Parlez : d'où vient ce terrible fléau,
Par qui périt un royaume si beau ?
Ainsi parla le ténébreux pontife.
Chacun se tut. Alors, levant la griffe,
Léviathan, chancelier de l'enfer,
Prit la parole, et dit à Lucifer :

   Prince enfumé des ames criminelles,
Ignores-tu que des lois éternelles
Avoient prescrit le temps de ton pouvoir ?
Il est venu, ce temps : ô désespoir !

Du haut du ciel une fille divine
Est descendue, et jurant ta ruine,
A, malgré nous, aux humains opprimés
Ouvert les cieux tant de siècles fermés.
La connois-tu, cette fille indomtée ?
Tremblez, démons : son nom est Philothée,
Amour de Dieu. Lucifer frémissant
Pâlit d'horreur à ce nom tout-puissant.
Sortez, dit-il : je connois ma rivale,
C'en est assez. La brigade infernale
Fuit à ces mots ; et le tyran des morts
Court de sa fille implorer les efforts.

Près de ce gouffre horrible, épouvantable,
Lieu de douleurs, où le triste coupable
Parmi des flots de bitume enflammé
Brûle à jamais sans être consumé ;
Séjour de cris et de plaisirs funèbres,
Est l'antre impur des anges de ténèbres.....
Nuire est l'emploi de ces esprits affreux.
Mais Lucifer, pour les unir entre eux
Ayant réglé leur rang hiérarchique,
Mit à leur tête une furie étique ;
Monstre qui seul de tous ces faux démons
A réuni les exécrables dons :
Humble au dehors, modeste en son langage,
L'austère honneur est peint sur son visage ;
Dans ses discours règne l'humanité,
La bonne foi, la candeur, l'équité ;
Un miel flatteur sur ses lèvres distille ;
Sa cruauté paroît douce et tranquille ;

Ses vœux au ciel semblent tous adressés;
Sa vanité marche les yeux baissés;
Le zèle ardent masque ses injustices,
Et sa mollesse endosse les cilices.
Jadis la fraude et l'orgueil fastueux
Mirent au jour cet être monstrueux;
Et se voyant sans espoir de famille,
Le vieux Satan l'adopta pour sa fille.
On dit qu'alors tout l'enfer s'assembla,
Et que par choix le conseil l'appela
Torticolis, figure symbolique
De son cou tors et de sa tête oblique.

Satan l'aborde et lui parle en ces mots :
Fille d'enfer, si dans mes noirs cachots
Tu tins toujours la plus illustre place;
Si la fureur, la vengeance, l'audace,
La jalousie et ses tragiques sœurs,
T'ont fait sucer leur lait et leurs noirceurs;
Souffriras-tu qu'une rivale altière
Du genre humain devienne l'héritière;
Que Philothée, insultant aux enfers,
De mes captifs ose briser les fers ?
Réveille-toi. Venge notre infamie;
Cours détrôner ma superbe ennemie :
Sers mon courroux, ma fille, et montre-toi
Le digne appui d'un père tel que moi.
A ce discours l'infernale harpie
Frémit de rage; et, sur sa tête impie
Faisant siffler ses serpents furieux,
Prend son essor vers les terrestres lieux.....

C'est moi qui suis cette cette vierge sacrée,
Fille du ciel, des anges adorée.
Voyez ce teint pâle et mortifié, (1)
Ces yeux roulants, ce front sanctifié,
Cette ferveur, dont les aigres censures
N'épargnent pas les vertus les plus pures,
Ces fiers sourcils de la joie offensés,
Et ces soupirs en public élancés :
C'est moi, vous dis-je. A cette fausse pompe
Chacun la croit. Elle-même s'y trompe;
Et l'univers n'a rien de si sacré
Qu'elle ne farde et n'habille à son gré.
On ne sait plus, grace à ses artifices,
Comment sont faits les vertus ni les vices......

FRAGMENTS DE L'ALLÉGORIE V.

MIDAS.

Du dieu Plutus tâchez d'être chéri,
Des autres Dieux vous serez favori;
Le coup est sûr. Mais si l'impertinence
Par supplément se joint à la finance,
Malaisément tromperez-vous les yeux
Du genre humain plus malin que les Dieux......
A ce sujet, il faut que je rapporte
L'exemple antique, ou moderne, il n'importe,

(1) On voit que Rousseau, à qui ses ennemis ont reproché d'être hypocrite, ne ménage pas l'hypocrisie.

LIVRE I.

D'un Phrygien riche et bien emplumé,
Mais de son temps le fou le plus pommé.
Plus d'un Calot fameux dans la Phrygie
S'est égayé sur sa plate effigie,
Et nul encor n'a manqué son portrait;
Il est par-tout figuré trait pour trait:
L'air affairé, le regard sombre et fixe,
La barbe rare et le menton prolixe,
Un large nez de boutons diapré,
De petits yeux, un crâne fort serré;
Le pied rentrant, la jambe circonflexe,
Le ventre en pointe, et l'échine convexe,
Quatre cheveux flottant sur son chignon;
Voilà quel est en bref le compagnon.
Au demeurant, assez haut de stature,
Large de croupe, épais de fourniture,
Flanqué de chair, gabionné de lard:
Tel, en un mot, que la nature et l'art,
En maçonnant les remparts de son ame,
Songèrent plus au fourreau qu'à la lame;
Trop négligents à polir les ressorts
De son esprit plus charnu que son corps.
Bien est-il vrai qu'ils mirent à sa suite
Deux assistants chargés de sa conduite,
Dont les bons soins lui firent concevoir
Qu'il savoit tout, même sans rien savoir.
L'un fut l'Orgueil, champion d'Ignorance,
Grand ferrailleur, et brave à toute outrance;
Et l'autre fut l'Opiniâtreté,
Dame d'atour de la Stupidité.

Or, je ne sais si notre destinée
Par quelque étoile est sans nous dominée,
Ou si les sots, pour venir à leurs fins,
Ont des secrets inconnus aux plus fins;
Mais le fait est que, sans travail ni peine,
Il plut au Dieu nourrisson de Silène,
Qui, pour tenter peut-être sa vertu,
Lui dit : Garçon, que me demandes-tu?
Un honnête homme auroit dit, la sagesse;
Notre galant demanda la richesse.
Il devint riche, et fit de beaux statuts
Pour gouverner les trésors de Plutus,
Les divisant en deux portioncules,
Dont la première entroit dans ses locules, (1)
Et le restant s'administroit si bien,
Qu'en fin de compte on ne trouvoit plus rien......
Le voilà donc...... boursoufflé d'insolence,
Et se mirant dans sa vaste opulence;
Palais pompeux, ameublements exquis,
Terres, châteaux sur l'orphelin conquis;
Chez ses amis un vrai roi de théâtre,
Chez les Phrynés agréable et folâtre;
Toujours prodigue, et jamais épuisé;
Par conséquent d'un chacun courtisé;
Environné d'*écrivains* mercenaires,
D'admirateurs, amis imaginaires,
Qui, tout le jour, lui baisant le genou,
Surent le rendre enfin tout-à-fait fou......
A le chanter lui-même il les anime;

(1) Bourse, du latin *loculi*.

Allons, faquins, il me faut du sublime...... (2)
Mais, qui l'eût cru ?...... le divin Apollon
Pour ce falot monta son violon ;
Il fit bien plus, il eut la déférence
De l'établir juge de préférence
Entre sa lyre et les grossiers pipeaux
Du Dieu lascif qui préside aux troupeaux :
Il s'en croit digne ; et d'un ton de coq d'Inde ;
Çà commençons, dit-il, au dieu du Pinde.
Phébus commence, et devant ce limier,
La lyre en main, prélude le premier.
A ses accords les chênes reverdissent ;
A ceux de Pan leurs feuilles se flétrissent :
Mais par Midas, malgré ce préjugé,
Au Dieu cornu le prix fut adjugé.
Le châtiment tomba sur ses oreilles,
Qui, tout à coup s'allongeant à merveilles,
Par leur figure et leur mobilité
Servent d'enseigne à sa fatuité.
Depuis ce temps, leur ridicule signe
Pour tel qu'il est le note et le désigne.
Grands et petits, par un rire excessif,
Rendent hommage à son esprit massif ;
Brocards sur lui tombent, Dieu sait la joie ;
Chacun le court, chacun se le renvoie......
Il s'extasie, il admire les Dieux
Dans les talents, dans l'esprit radieux
Qu'il a reçu de leur grace infinie ;
Et s'il savoit que le premier génie

(2) Vers très plaisant.

De l'univers fût de mort menacé,
Son testament d'abord seroit dressé.
Le pis de tout, c'est qu'avec son air buffle
Il porte un cœur aussi noir qu'une truffle : (3)
Bas et rampant quand tout ne va pas bien ;
Fier et hardi dès qu'il ne craint plus rien :
Se retrancher sur ses prééminences,
Sur son crédit, enfin sur ses finances :
Et convaincu que le monde ébranlé
Pourroit tomber sans qu'il fût accablé.
Je n'en crois rien. C'est chose bien commune
Qu'un grand revers. La maligne fortune
Sut attraper au fond de son palais
L'heureux Crésus, à qui Dieu fasse paix.
Il la soutint en homme de courage ;
Devenant pauvre il devint homme sage,
Et corrigea dans les calamités
Le fol abus de ses prospérités.
L'exemple est dur ; et l'avarice en gronde ;
Mais les Midas semés en ce bas monde
Feroient beaucoup pour eux et pour autrui
S'ils devenoient malheureux comme lui. (4)

(3) Expression triviale, même pour le genre.
(4) Cette allégorie est semée de traits fort plaisants, et est d'autant plus piquante que, dans aucun temps, elle ne manquera d'applications. Le portrait de Midas est comique, mais d'un grotesque un peu trivial.

FIN DU LIVRE PREMIER.

LIVRE DEUXIÈME.

FRAGMENTS DE L'ALLEGORIE I.

SOPHRONYME.[1]

Dieux souverains des demeures profondes
Que le Cocyte arrose de ses ondes;
Pâles tyrans de ces lieux abhorrés
Que l'œil du jour n'a jamais éclairés;
Chaos, Erèbe, Euménides, Gorgones,
Styx, Achéron, Parques et Tisiphones,
Terrible mort, effroi de l'univers;
Et si Pluton souffre encore aux enfers
Quelque puissance aux mortels plus fatale,
Que tardez-vous? Venez, troupe infernale,
Puisque le ciel a remis en vos mains
Le châtiment des coupables humains,.....
Faites sortir de vos brûlants abîmes
Ces feux vengeurs allumés pour les crimes;
Anticipez les tourments éternels
Que le Tartare apprête aux criminels....
   Ainsi, non loin de ces rives fécondes
Où l'Aar épand ses libérales ondes,
Au fond d'un bois, dont le nom révéré
Au jeune Atys est encor consacré,
Les yeux au ciel, le triste Sophronyme
Injurioit le destin qui l'opprime.

[1] Rousseau se peint lui-même sous le nom de Sophronyme.

Il étoit seul. Ces asiles secrets
Ne souffrent point de témoins indiscrets ;
Les zéphyrs même écartés dans la plaine
Faisoient au loin murmurer leur haleine,
Et du soleil les regards curieux
En respectoient l'abord mystérieux....
Une lumière, éclatante, imprévue,
Tout à coup frappe, épouvante sa vue.
Ces noirs cyprès à la nuit consacrés
Semblent noyés dans les flots azurés
D'un océan de clartés immortelles,
D'où, soutenu par le vent de ses ailes,
Un jeune dieu prend son vol jusqu'à lui.
Car ce grand nom de tout temps fut celui
De ces esprits de nature éthérée
Qui, revêtus de substance aérée,
Daignent souvent aux terrestres mortels
Communiquer les secrets éternels....

 C'est trop long-temps, lui dit l'esprit céleste,
Nous fatiguer d'un reproche funeste,
Et ravaler, par des discours ingrats
L'ordre éternel que tu ne connois pas...,
Ces éléments de la sphère du monde,
Le feu léger, l'air, et la terre et l'onde,
Dont le mélange, en des cieux différents,
Fait subsister tant de globes errants....
Tout cet amas d'éclatantes merveilles,
Dont le récit étonne les oreilles,
Ne fut jamais l'ouvrage de ces Dieux
Subordonnés au monarque des cieux....

Quoiqu'immortels, ils ont commencé d'être ;
Quoique puissants, ils révèrent un maître,....
Qui de nos jours règle tous les instants,
Et dont la voix créa l'être et le temps.
  Mais lorsqu'enfin sa parole féconde
Eut enfanté la matière du monde,....
Qu'elle eut formé ce brillant univers,....
Après avoir assemblé dans les airs
Ces légions célestes, épurées,
Du nom de Dieux sur la terre honorées,
L'Être suprême, en ces mots paternels,
Leur annonça ses ordres solennels :
O vous, esprits, que ma toute-puissance
A revêtus d'une immortelle essence,
Sachez quel est le glorieux emploi
Que vous prescrit mon éternelle loi.
Je vous choisis pour instruire la terre
Des volontés du maître du tonnerre,
Et vous serez, chez les frêles humains,
De mes décrets ministres souverains,....
Afin qu'un jour, la mort frappant leurs têtes,
Ils soient admis dans le rang où vous êtes,
Ou que celui qui méprise vos soins
De son forfait ait vos yeux pour témoins,
Quand vous serez appelés l'un et l'autre
Au tribunal de son juge et du vôtre.
  Ainsi parla le souverain des cieux.
Vous donc, mortels, qui censurez les Dieux
Quand les arrêts de leur lente justice
Ne suivent pas votre aveugle caprice,

ALLEGORIES.

Cessez, cessez, orgueilleux scrutateurs,
D'en accuser vos sacrés conducteurs....
Vous concevrez ces merveilles cachées,
Quand de vos sens vos ames détachées
Auront enfin dans le séjour des Dieux
Repris leurs droits et leur rang glorieux....
Mais à jamais en ses cavernes sombres
L'enfer punit les infidèles ombres.
Là, sans retour, dans les fers, dans les feux,
Sont tourmentés tous ces monstres affreux
Dont le venin, préparé par l'envie,
Osa noircir la vertu poursuivie.
Là sont plongés les juges transgresseurs,
De l'innocence infâmes oppresseurs,
Qui, profanant un pouvoir légitime,
Se sont voués à protéger le crime,
Et dont l'orgueil, aveugle en sa fureur,
Par l'impudence a consacré l'erreur.
Tous ceux enfin qui, pour couvrir leur rage,
De la justice ont emprunté l'image,
Et qui, cachés sous un voile pieux,
A leur vengeance ont fait servir les cieux,
Sont à leur tour dans ces gouffres funestes
Le juste objet des vengeances célestes....

Ces mots finis, plus prompt que les éclairs,
Le jeune dieu s'éclipsa dans les airs;
Et le mortel tout plein de sa lumière,
Ayant repris sa fermeté première,
Depuis ce jour insensible aux douleurs,
Attend en paix la fin de ses malheurs.

LIVRE II.

FRAGMENTS DE L'ALLÉGORIE II. (1)

LE JUGEMENT DE PLUTON.

Depuis long-temps par l'âge appesanti
Des sombres bords le monarque abruti
A ses flatteurs, comme tant d'autres princes,
Laissoit régir ses obscures provinces,.....
Quand tout à coup ranimant sa vigueur:
C'est trop, dit-il, oui, c'est trop de langueur......
De ce pas même il faut que je visite
Tous les états qu'entoure le Cocyte.
Partons. Il dit: l'enfer frémit d'effroi;
Les noires sœurs, marchant devant leur roi,
A la clarté de leurs torches funèbres
Marquent sa route au travers des ténèbres.
Son char s'éloigne, et, des vastes enfers
Ayant franchi les lugubres déserts,
Arrive enfin dans le séjour tranquille,
Du doux repos inviolable asile......

(1) Cette allégorie est dirigée contre le parlement qui avoit exilé Rousseau. A l'exemple du Dante, il place dans les enfers ceux dont il croit avoir à se plaindre. Il faut le plaindre lui-même encore plus que le blâmer de s'être livré à une pareille vengeance, qui prouve combien il étoit exaspéré par le malheur. Ceux qui, comme nous, croiront à son innocence, ne trouveront pas étrange qu'il proteste contre une injustice qui a fait le malheur de sa vie, et c'est sous ce rapport que nous avons conservé cette pièce et la précédente que nous avons l'une et l'autre beaucoup abrégées.

Un ciel plus pur, des astres plus sereins,
Furent créés pour les champs souterrains......
　Pluton aborde en cette île chérie,
Mais ce n'est plus la tranquille patrie
Des purs esprits, des mortels glorieux,
Dont les travaux, du temps victorieux,
De l'avenir perçant la nuit profonde,
Ont fait l'honneur et l'exemple du monde.
Dans ces beaux lieux aux seuls héros promis
Il cherche en vain ses antiques amis;
Ceux qui jadis par des lois équitables
Ont adouci des peuples intraitables,
Ou qui, cherchant la guerre et les hasards,
Pour leur pays sont morts au champ de Mars.
Il cherche en vain tous ceux dont la mémoire
S'est consacrée au temple de la gloire
Par des écrits après eux admirés,
Ou par des arts avant eux ignorés.
Quel changement! Quelle horreur pour sa vue!
Il ne voit plus qu'une foule imprévue
De charlatans, de héros inconnus,
Par la cabale en ces lieux soutenus......
Comment décrire et nombrer les intrigues,
Les noirs complots, les monstrueuses ligues,
Qui, dans ce lieu d'innocence et de paix,
Ont par la brigue introduit les forfaits?.....
　A ces objets, à ce spectacle infâme,
Le Dieu qui voit dans les plis de leur ame
De tant d'excès l'inconcevable horreur:
Ah! c'en est trop; je cède à ma fureur,

Vengeons, dit-il, la gloire de mon trône.
Venez, Mégère, Alecton, Tisiphone;
Venez punir l'attentat odieux
De ces Typhons masqués en demi-dieux;
Changez leur joie en supplices terribles;
Ouvrez pour eux vos cavernes horribles......
Mais, avant tout, du sénat infernal
Examinons l'insolent tribunal:
Je veux savoir quels honteux artifices
Dans l'Elisée ont installé les vices......

Dans un recoin des royaumes obscurs,
Non loin du Styx, se présentent les murs
D'un vieux palais tout peuplé d'ombres noires,
Qui, dans ce lieu tenant leurs auditoires,
A tous les morts jugés par leur scrutin
Font acheter les arrêts du Destin......
Tout alentour sont les sombres cavernes
Des noirs griffons, écumeurs subalternes,
Par qui les morts dépouillés et séduits
Sont à grands frais au sénat introduits.
Par les détours de cent routes obscures
On entre enfin sous ces voûtes impures......

C'est dans ce gouffre à l'audace frayé,
Que le monarque, interdit, effrayé,
Voit, de la pourpre insolemment parée,
L'iniquité pompeuse et révérée,
De la justice usurpant le pouvoir,
Fouler aux pieds les lois et le devoir......
C'est donc ainsi, traîtres, qu'en mon absence
Vous exercez mes droits et ma puissance?

Je verrai donc, par vos noirs attentats,
Bouleverser l'ordre de mes états?
Ah! Némésis,..... *tu m'as caché* long-temps
L'impiété de ces nouveaux Titans!.....

 Roi des enfers, monarque inaccessible,
Répond alors la Déesse inflexible,
Si les excès dont tu te prends à moi
Te sont cachés, n'en accuse que toi.
Quel cri perçant! quelle voix formidable
Peut aborder un trône inabordable
Où, de flatteurs le prince environné,
Par leurs douceurs nuit et jour suborné,
N'est attentif qu'à bannir et distraire
Tous les objets qui pourroient lui déplaire!
La vérité viendra-t-elle à ses yeux
Offrir en vain son visage ennuyeux,
Et l'affliger au milieu de sa gloire
Par des récits qu'il ne voudra pas croire?.... (2)

 (2) Quoique Boileau ait dit:
  Il n'est point de serpent ni de monstre odieux
  Qui par l'art imité ne puisse plaire aux yeux,
nous croyons qu'il y a des sujets que doivent s'interdire la
peinture et la poésie, et nous avons supprimé la fin de cette
allégorie où Némésis fait comparoître devant Pluton l'ombre
du juge que Cambyse fit écorcher vif, et dont il fit étendre
la peau sur le siège où devoit s'asseoir celui qui lui succédoit.
Pluton fait subir le même supplice aux juges des enfers.

 Suivant Hérodote, le successeur de ce juge étoit son propre
fils. Cet acte atroce de justice est bien digne du roi qui tua
sa sœur d'un coup de pied dans le ventre, parcequ'elle
donnoit une larme à la mort de leur frère qu'il avoit fait
massacrer.

FRAGMENTS DE L'ALLÉGORIE III.

LA MOROSOPHIE.[1]

Avant que l'air, les eaux et la lumière,
Ensevelis dans la masse première,
Fussent éclos, par un ordre immortel,
Des vastes flancs de l'abîme éternel,
Tout n'étoit rien. La nature enchaînée,
Oisive et morte avant que d'être née,
Sans mouvement, sans forme, sans vigueur,
N'étoit qu'un corps abattu de langueur,
Un sombre amas de principes stériles,
De l'existence élémens immobiles......
Enfin des Dieux le suprême vouloir
De l'harmonie établit le pouvoir......
  Mais cependant la Discorde chassée,
Chez les mortels furtivement glissée,
Comme un serpent se cachoit sous les fleurs,
Et par l'esprit empoisonnoit les cœurs.
Chacun déjà, s'interrogeant soi-même,
De l'univers épluchoit le système.
Comment s'est fait tous ce que nous voyons?
Pourquoi ce ciel, ces astres, ces rayons?
Quelle vertu dans la terre enfermée
Produit ces biens dont on la voit semée?

(1) Sous ce nom, composé de deux mots grecs qui signifient la *folle sagesse*, le poëte a représenté la curiosité comme l'auteur de tous les désordres et de toutes les erreurs dont la terre est inondée.

Quelle chaleur fait mûrir ses moissons,
Et rajeunir ses arbres, ses buissons?
Mais ces hivers dont la triste froidure
Gerce nos fruits, jaunit notre verdure,
Que servent-ils? Et que servent ces jours
Tous inégaux, tantôt longs, tantôt courts?
Ah! que la terre en seroit bien plus belle,
Si du printemps la douceur éternelle
Faisoit régner des jours toujours réglés!
Ainsi parloient ces mortels aveuglés
Qui, pleins d'eux-mêmes, et sortant des limites
Par la nature à leur être prescrites,
Osoient sonder, scrutateurs criminels,
La profondeur des secrets éternels......
Et, dans le monde inondé d'aphorismes,
De questions, de doutes, de sophismes,
A la sagesse on vit en un clin d'œil
Substituer la folie et l'orgueil......
De cette mer agitée, incertaine,
Sortit alors la Dispute hautaine,
Les yeux ardents, le visage enflammé,
Et le regard de colère allumé;
Monstre hargneux, superbe, acariâtre,
Qui de soi-même orateur idolâtre,
Combat toujours, ne recule jamais,
Et dont les cris épouvantent la paix.
D'elle bientôt naquirent les scandales,
Les factions, les brigues, les cabales;......
Et les mortels sous divers concurrents
Suivirent tous des drapeaux différents......

LIVRE II.

FRAGMENTS DE L'ALLEGORIE V.

LA VÉRITÉ.

Au pied du mont où le fils de Latone
Tient son empire, et, du haut de son trône,
Dicte à ses sœurs les savantes leçons
Qui de leurs voix régissent tous les sons,
La main du Temps creusa les voûtes sombres
D'un antre noir, séjour des tristes ombres,
Où l'œil du monde est sans cesse éclipsé,
Et que les vents n'ont jamais caressé.
Là, de serpents nourrie et dévorée,
Veille l'Envie honteuse et retirée,
Monstre ennemi des mortels et du jour,
Qui de soi-même est l'éternel vautour,
Et qui, traînant une vie abattue,
Ne s'entretient que du fiel qui le tue.
Ses yeux cavés, troubles et clignotants,
De feux obscurs sont chargés en tout temps.
Au lieu de sang, dans ses veines circule
Un froid poison qui les gèle et les brûle,
Et qui de là porté dans tout son corps
En fait mouvoir les horribles ressorts.
Son front jaloux et ses lèvres éteintes
Sont le séjour des soucis et des craintes :
Sur son visage habite la pâleur,
Et dans son sein triomphe la douleur;

Qui sans relâche à son ame infectée
Fait éprouver le sort de Prométhée.
Mais tous les maux dont sa rage s'aigrit
N'égalent point le mal qu'elle souffrit,
Lorsqu'au milieu des nymphes du Parnasse
L'humble Vertu venant prendre sa place,
Le front couvert des lauriers d'Apollon,
Parut au haut de leur double vallon.
Quoi! dans des lieux où j'ai reçu naissance,
Où de tout temps j'exerce ma puissance,
Une étrangère, au mépris de mes droits,
Viendra régner, et m'imposer des lois?
Ah! renonçons au titre d'immortelle,
Et périssons, ou vengeons-nous, dit-elle.
De sa caverne elle sort à l'instant,
Et de sanglots le cœur tout palpitant,
Devant la Fraude impie et meurtrière
Hurle en ces mots sa dolente prière :
Ma chère sœur, car dans ses flancs hideux
L'obscure Nuit nous forma toutes deux,
Ton ennemie, insultant à nos haines,
Va pour jamais nous charger de ses chaînes,
Si tu ne viens par d'infaillibles coups
Prêter main-forte à mon foible courroux,
Par ton maintien si tranquille et si sage,
Par la douceur de ton humble langage,
Par ton sourire et par tes yeux dévots;
Enfin, ma sœur, pour finir en deux mots,
Par ce poignard qui sous ta vaste robe
A tous les yeux se cache et se dérobe.

Du temps qui vole employons les moments ;
Joins ton adresse à mes ressentiments,
Et prévenons par notre heureuse audace
Le déshonneur du coup qui nous menace.
A te servir je cours me préparer,
Reprend la Fraude ; et sans plus différer,
La nuit éclose, elle assemble autour d'elle
Les Trahisons, sa légion fidèle,
Et le Mensonge aux regards effrontés,
Et le Désordre aux bras ensanglantés,
Qui, secondés du Silence timide,
Volent au temple où la Vertu réside.
Dans un désert éloigné des mortels,
D'un peu d'encens offert sur ses autels,
Et des douceurs de son humble retraite,
Elle vivoit contente et satisfaite.
Là, pour défense et pour divinité,
Elle n'avoit que sa sécurité.
L'aimable Joie à ses règles soumise,
La Liberté, l'innocente Franchise,
L'Honneur enfin, partisan du grand jour,
Faisoient eux seuls et sa garde et sa cour.
En cet état, imprudente, endormie,
Contre les traits de sa noire ennemie
Sur quel secours appuyer son espoir ?
On prévient mal ce qu'on n'a su prévoir......
On lui ravit *bientôt* tous *ceux* qu'elle aime ;
On les dissipe, on la chasse elle-même......
De tant de dons il ne lui reste plus
Que la constance et des vœux superflus......

Du haut des cieux,.... de ses sombres rivales,
La Vérité découvre les cabales,
L'œil enflammé, le dépit dans le sein,
Elle descend, son miroir à la main.
De ses attraits l'éclatant assemblage
Se montre à tous sans ombre et sans nuage;
D'un vol léger la Victoire la suit,
Le Jour l'éclaire, et le Temps la conduit.
Disparoissez, dit la vierge céleste,
Voiles trompeurs, ajustement funeste,
Dont si long-temps le Crime déguisé
Trompa les yeux du vulgaire abusé.
Dans son vrai jour, de sa troupe suivie,
Laissez enfin reparoître l'Envie;
Et de ce monstre impur et détesté
Ne cachez plus l'affreuse nudité.
Voici le temps, fantômes détestables,
De vous montrer sous vos traits véritables;
Dépouillez-vous de vos faux ornements.
Et toi, reprends tes premiers vêtements,
Humble vertu; tes honteux adversaires
S'offrent déjà sous leurs vrais caractères;
Pour achever d'abattre leurs soutiens,
Il en est temps, produis-toi sous les tiens...... (1)

(1) Cette allégorie est encore une nouvelle protestation de Rousseau contre son jugement. Il s'y peint lui-même sous l'emblème de la vertu persécutée par l'envie et vengée par la vérité qui, à la fin de cette pièce, lui offre pour dédommagement et pour consolation l'amitié du prince Eugène.

M. de Laharpe juge peut-être les allégories de Rousseau avec trop de sévérité. Il convient pourtant qu'elles sont en général mieux écrites que ses épîtres.

ÉPIGRAMMES.

LIVRE PREMIER.

ÉPIGRAMME I.

Le Dieu des vers sur les bords du Permesse
Aux deux Vénus m'a fait offrir des vœux ;
L'une à mes yeux fit briller la sagesse ;
L'autre les ris, l'enjoûment et les jeux.
Lors il me dit : Choisis l'une des deux ;
Leurs attributs Platon te fera lire.
Docte Apollon, dis-je au Dieu de la lyre,
Les séparer, c'est avilir leur prix :
Laissez-moi donc toutes deux les élire ;
L'une pour moi, l'autre pour mes écrits.

II.

Certain huissier, étant à l'audience,
Crioit toujours : Paix là, messieurs, paix là ;
Tant qu'à la fin, tombant en défaillance,
Son teint pâlit et sa gorge s'enfla.
On court à lui. Qu'est-ce ci ? Qu'est-ce là ?
Maître Perrin ! à l'aide ! il agonise !
Bessière (1) vient : on le phlébotomise. (2)
Lors ouvrant l'œil clair comme un basilic,
Voilà, messieurs, dit-il sortant de crise,
Ce que l'on gagne à parler en public.

(1) Fameux chirurgien.
(2) On le saigne.

III.

Elle a, dit-on, cette bouche et ces yeux
Par qui d'Amour Psyché devint maîtresse ;
Elle a d'Hébé le souris gracieux,
La taille libre, et l'air d'une Déesse.
Que dirai plus ? on vante sa sagesse ;
Elle est polie et de doux entretien,
Connoît le monde, écrit et parle bien,
Et de la cour sait tout le formulaire.
Finalement il ne lui manque rien,
Fors un seul point. Et quoi ? Le don de plaire.

IV.

Près de sa mort une vieille incrédule
Rendoit un moine interdit et perclus :
Ma chère fille, une simple formule
D'acte de foi, quatre mots, et rien plus.
Je ne saurois. Mon Dieu, dit le reclus,
Inspirez-moi ! Ça, voudriez-vous être
Persuadée ? Oui ; je voudrois connoître,
Toucher au doigt, sentir la vérité.
Hé bien, courage, allons, reprit le prêtre ;
Offrez à Dieu votre incrédulité.

V.

Certain ivrogne, après maint long repas,
Tomba malade. Un docteur galénique
Fut appelé. Je trouve ici deux cas,
Fièvre adurante, et soif plus que cynique. (1)

---

(1) *Adurante*, brûlante, du verbe *adurere*. *Cynique*, de chien ; ce mot, tiré du grec, ne s'emploie ordinairement qu'au figuré.

Or Hippocras tient pour méthode unique.
Qu'il faut guérir la soif premièrement.
Lors le fiévreux lui dit : Maître Clément,
Ce premier point m'est le plus nécessaire :
Guérissez-moi ma fièvre seulement ;
Et pour ma soif, ce sera mon affaire.

VI.

Ce monde-ci n'est qu'une œuvre comique
Où chacun fait ses rôles différents.
Là, sur la scène, en habit dramatique,
Brillent prélats, ministres, conquérants.
Pour nous, vil peuple, assis aux derniers rangs ;
Troupe futile, et des grands rebutée,
Par nous d'en bas la pièce est écoutée.
Mais nous payons, utiles spectateurs ;
Et quand la farce est mal représentée,
Pour notre argent nous sifflons les acteurs.

VII.

Vil imposteur, je vois ce qui te flatte.
Tu crois peut-être aigrir mon Apollon
Par tes discours ; et, nouvel Érostrate,
A prix d'honneur tu veux te faire un nom.
Dans ce dessein tu sèmes, ce dit-on,
D'un faux récit la maligne imposture.
Mais dans mes vers, malgré ta conjecture,
Jamais ton nom ne sera proféré ;
Et j'aime mieux endurer une injure,
Que d'illustrer un faquin ignoré.

VIII.

Par passe-temps un cardinal oyoit
Lire les vers de Psyché, comédie ;
Et les oyant, pleuroit et larmoyoit,
Tant qu'eussiez dit que c'étoit maladie.
Quoi, monseigneur, à cette rapsodie,
Lui dit quelqu'un, tant nous semblez touché,
Et l'autre jour, au martyre prêché
De saint Laurent, parûtes si paisible !
Ho, ho, dit-il, tudieu ! cette Psyché
Est de l'histoire, et l'autre est de la bible.

IX.

Lorsque je vois ce moderne Sisyphe
Nous aboyer, je trouve qu'il fait bien.
Mieux vaut encor porter l'hiéroglyphe
D'impertinent, que celui de vaurien.
Il est sauvé, s'il peut trouver moyen
Qu'au rang des sots Phébus l'immatricule ;
Et semble dire : Auteurs, à qui Catulle
De badiner transmit l'invention,
Par charité rendez-moi ridicule,
Pour rétablir ma réputation.

X.

Certain curé, grand enterreur de morts,
Au chœur assis récitoit le service.
Certain frater, grand disséqueur de corps,
Tout vis-à-vis chantoit aussi l'office.
Pour un procès tous deux étant émus,
De maudissons lardoient leurs *oremus*.

Hom ! disoit l'un, jamais n'entonnerai-je
Un *requiem* sur cet opérateur ?
Dieu paternel, dit l'autre, quand pourrai-je
A mon plaisir disséquer ce pasteur ?

XI.

Sur madame *** qui s'occupoit à filer.

Ce ne sont plus les trois sœurs de la fable,
Qui de nos jours font tourner le fuseau :
Une Déesse aux mortels plus affable
Leur a ravi le fatal écheveau.
Mais notre sort n'en sera pas plus beau
D'être filé par ses mains fortunées :
L'Amour, hélas ! armé de leur ciseau,
Mieux qu'Atropos tranchera nos années.

XII.

Entre Racine et l'aîné des Corneilles
Les Chrysogons se font modérateurs.
L'un à leur gré passe les sept merveilles ;
L'autre ne plaît qu'aux versificateurs.
Or maintenant veillez, graves auteurs,
Mordez vos doigts, ramez comme corsaires,
Pour mériter de pareils protecteurs,
Ou pour trouver de pareils adversaires.

XIII.

Un maquignon de la ville du Mans
Chez son évêque étoit venu conclure
Certain marché de chevaux bas-normands,
Que l'homme saint loûoit outre mesure.

Vois-tu ces crins ? Vois-tu cette encolure ?
Pour chevaux turcs on les vendit au roi.
Turcs, monseigneur ? A d'autres. Je vous jure
Qu'ils sont chrétiens, ainsi que vous et moi.

XIV.

Un magister, s'empressant d'étouffer
Quelque rumeur parmi la populace,
D'un coup dans l'œil se fit apostropher,
Dont il tomba, faisant laide grimace.
Lors un frater s'écria : Place ! place !
J'ai pour ce mal un baume souverain.
Perdrai-je l'œil, lui dit messer Pancrace ?
Non, mon ami ; je le tiens dans ma main.

XV.

O Catinat, quelle voix enrhumée
De te chanter ose usurper l'emploi !
Mieux te vaudroit perdre ta renommée,
Que los (1) cueillir de si chétif aloi.
Honni seras, ainsi que je prévoi,
Par cet écrit. Et n'y sais, à vrai dire,
Remède aucun, sinon que contre toi
Le même auteur écrive une satire.

XVI.

Lorsqu'a Pluton le messager Mercure
Eut apporté le *Banquet de Platon*, (2)

---

(1) *Los, louange*; vieux mot qui ne s'emploie qu'en style marotique.

(2) Titre d'un dialogue de Platon.

Il fit venir le maître d'Epicure,
Et lui dit : Tiens, lis-moi ce rogaton.
Lors Démocrite, abusé par le ton,
Lut cet écrit, le croyant d'un sophiste.
Qui fut penaud ? Ce fut le bon Pluton :
Car son rieur devint panégyriste.

XVII.

De haut savoir Phébus ne m'a doté,
Mais des neuf Sœurs je sais toucher la lyre ;
Grosse chevance (1) oncques ne m'a tenté,
Mais peu de biens ont de quoi me suffire.
Amour me tint long-temps sous son empire :
J'ai retrouvé repos et liberté ;
Mais ce bien-là, certes je le puis dire,
Si c'en est un, je l'ai bien acheté.

XVIII.

Un mandarin de la société
A des Chinois prêchoit le culte nôtre.
Un bonze ayant quelque temps disputé,
Sur certains points convint avec l'apôtre.
Dont à part soi fort contents l'un et l'autre,
Chacun sortit en se congratulant.
Le moine dit : Graces à mon talent,
De ce Chinois j'ai fait un prosélyte :
Béni soit Dieu, dit l'autre, en s'en allant,
J'ai converti cet honnête jésuite.

(1) Vieux mot, *bien*, *fortune*.

LIVRE DEUXIÈME.

EPIGRAMME I.

Quand, pour ravoir son épouse Eurydice,
Le bon Orphée alla jusqu'aux enfers,
L'étonnement d'un si rare caprice
En fit cesser tous les tourments divers.
On admira, bien plus que ses concerts,
D'un tel amour la bizarre saillie ;
Et Pluton même, embarrassé du choix,
La lui rendit pour prix de sa folie,
Puis la retint en faveur de sa voix.

II.

Le vieux Ronsard ayant pris ses besicles,
Pour faire fête au Parnasse assemblé,
Lisoit tout haut ces odes par articles (1)
Dont le public vient d'être régalé.
Ouais ! qu'est-ce ci, dit tout à l'heure Horace,
En s'adressant au maître du Parnasse ?
Ces odes-là frisent bien le Perrault.
Lors Apollon bâillant à bouche close :
Messieurs, dit-il, je n'y vois qu'un défaut ;
C'est que l'auteur les devoit faire en prose.

III.

Le traducteur qui rima l'Iliade
De douze chants prétendit l'abréger :

(1) Les odes de La Motte.

Mais par son style, aussi triste que fade,
De douze en sus il a su l'allonger.
Or le lecteur, qui se sent affliger,
Le donne au diable, et dit, perdant haleine :
Hé ! finissez, rimeur à la douzaine ;
Vos abrégés sont longs au dernier point.
Ami lecteur, vous voilà bien en peine ;
Rendons-les courts en ne les lisant point.

IV.

Houdart n'en veut qu'à la raison sublime,
Qui dans Homère enchante les lecteurs ;
Mais Arouet veut encor de la rime
Désabuser le peuple des auteurs.
Ces deux rivaux, érigés en docteurs,
De poésie ont fait un nouveau code ;
Et, bannissant toute règle incommode,
Vont produisant ouvrages à foison,
Où nous voyons que, pour être à la mode,
Il faut n'avoir ni rime ni raison.

V.

Léger de queue et de ruses chargé,
Maître Renard se proposoit pour règle :
Léger d'étude et d'orgueil engorgé,
Maître Houdard se croit un petit aigle.
Oyez-le bien : vous toucherez au doigt
Que l'Iliade est un conte plus froid
Que Cendrillon, Peau-d'Ane ou Barbe-bleue.
Maître Houdart, peut-être on vous croiroit ;
Mais, par malheur, vous n'avez pas de queue.

EPIGRAMMES.

VI.

Depuis trente ans un vieux berger normand (1)
Aux beaux esprits s'est donné pour modèle ;
Il leur enseigne à traiter galamment
Les grands sujets en style de ruelle.
Ce n'est le tout. Chez l'espèce femelle
Il brille encor, malgré son poil grison ;
Et n'est caillette en honnête maison
Qui ne se pâme à sa douce faconde.
En vérité, caillettes ont raison ;
C'est le pédant le plus joli du monde.

VII.

Par trop bien boire un curé de Bourgogne
De son pauvre œil se trouvoit déferré.
Un docteur vient : Voici de la besogne
Pour plus d'un jour. Je patienterai.
Çà, vous boirez.... Hé bien ! soit, je boirai.
Quatre grands mois.... Plutôt douze, mon maître.
Cette tisane. à moi ? reprit le prêtre,
Vade retrò. Guérir par le poison ?
Non, par ma soif. Perdons une fenêtre,
Puisqu'il le faut ; mais sauvons la maison.

VIII.

Après avoir bien sué pour entendre
Vos longs discours doctement superflus,
On est d'abord tout surpris de comprendre
Que l'on a rien compris, ni vous non plus.
Monsieur l'abbé, dont les tons absolus

(1) Fontenelle.

Seroient fort bons pour un petit monarque,
Vous croyez être au moins notre Aristarque;
Mais apprenez, et retenez-le bien,
Que qui sait mal, vous en êtes la marque,
Est ignorant plus que qui ne sait rien.

IX.

A son portrait certain rimeur braillard
Dans un logis se faisoit reconnoître;
Car l'ouvrier le fit avec tel art,
Qu'on bâilloit même en le voyant paroître.
Ah! le voilà! c'est lui, dit un vieux reître;
Et rien ne manque à ce visage-là
Que la parole. Ami, reprit le maître,
Il n'en est pas plus mauvais pour cela.

X.

Un vieil abbé sur certain droit de fief
Fut consulter un juge de Garonne,
Lequel lui dit : Portez votre grief
Chez quelque sage et discrète personne.
Conseillez-vous au Palais, en Sorbonne.
Puis quand vos cas seront bien décidés,
Accordez-vous, si votre affaire est bonne;
Si votre cause est mauvaise, plaidez.

XI.

Trois choses sont que j'admire à part moi :
La probité d'un homme de finance,
La piété d'un confesseur du roi,
Un riche abbé pratiquant l'abstinence.

Pourtant, malgré toute leur dissonnance,
Je puis encor ces trois points concevoir;
Mais pour le quart, je m'y perds, plus j'y pense.
Et quel est-il ? L'orgueil d'un manteau noir.

XII.

Avec les gens de la cour de Minerve
Désirez-vous d'entretenir la paix ?
Louez les bons, pourtant avec réserve;
Mais gardez-vous d'offenser les mauvais.
On ne doit point, pour semblables méfaits,
En purgatoire aller chercher quittance;
Car il est sûr qu'on ne mourut jamais
Sans en avoir fait double pénitence.

XIII.

Monsieur l'abbé, vous n'ignorez de rien,
Et ne vis onc mémoire si féconde.
Vous pérorez toujours, et toujours bien,
Sans qu'on vous prie et sans qu'on vous réponde.
Mais le malheur, c'est que votre faconde
Nous apprend tout, et n'apprend rien de nous.
Je veux mourir si, pour tout l'or du monde,
Je voudrois être aussi savant que vous.

XIV.

Ami, crois-moi, cache bien à la cour
Les grands talents qu'avec toi l'on vit naître;
C'est le moyen d'y devenir un jour
Puissant seigneur, et favori peut-être.
Et favori ? Qu'est-ce là ? C'est un être
Qui ne connoît rien de froid ni de chaud,

XV.

Tout plein de soi, de tout le reste vide,
Le petit homme étale son savoir,
Jase de tout, glose, interrompt, décide,
Et sans esprit veut toujours en avoir;
Car son babil, qu'on ne peut concevoir,
Tient toujours prêts contes bleus à vous dire,
Ou froids dictons, que pourtant il admire.
Et de là vient que l'archi-godenot, (1)
Depuis trente ans que seul il se fait rire,
N'a jamais su faire rire qu'un sot.

XVI.

Doctes héros de la secte moderne,
Comblés d'honneurs et de gloire enfumés,
Défiez-vous du temps, qui tout gouverne;
Craignez du sort les jeux accoutumés.
Combien d'auteurs, plus que vous renommés,
Des ans jaloux ont éprouvé l'outrage!
Non que n'ayez tout l'esprit en partage
Qu'on peut avoir; on vous passe ce point.
Mais savez-vous qui fait vivre un ouvrage?
C'est le génie; et vous ne l'avez point.

XVII.

Gacon, rimailleur subalterne,
Vante Person le barbouilleur;

(1) Un *godenot* est une petite figure dont se servent les faiseurs de tours; on le dit en plaisantant d'un petit homme contrefait.

Et Person, peintre de taverne,
Prône Gacon le rimailleur.
Or en cela certain railleur
Trouve qu'ils sont tous deux fort sages ;
Car sans Gacon et ses ouvrages
Qui jamais eût vanté Person ?
Et sans Person et ses suffrages
Qui jamais eût prôné Gacon ?

XVIII.

Aux journalistes de Trévoux.

PETITS auteurs d'un fort mauvais journal,
Qui d'Apollon vous croyez les apôtres,
Pour Dieu, tâchez d'écrire un peu moins mal,
Ou taisez-vous sur les écrits des autres.
Vous vous tuez à chercher dans les nôtres
De quoi blâmer, et l'y trouvez très bien :
Nous, au rebours, nous cherchons dans les vôtres
De quoi louer, et nous n'y trouvons rien.

XIX.

Aux mêmes.

GRANDS réviseurs, courage, escrimez-vous ;
Apprêtez-moi bien du fil à retordre.
Plus je verrai fumer votre courroux,
Plus je rirai ; car j'aime le désordre.
Et, je l'avoue, un auteur qui sait mordre
En m'approuvant peut me rendre joyeux ;
Mais le venin de ceux du dernier ordre
Est un parfum que j'aime cent fois mieux.

XX.

Sur les tragédies de ***.

Cachez-vous, Lycophrons antiques et modernes,
Vous qu'enfanta le Pinde au fond de ses cavernes
Pour servir de modèle au style boursoufflé.
Retirez-vous, Ronsard, Baïf, Garnier, La Serre;
Et respectez les vers d'un rimeur plus enflé
Que Rampale, Brébeuf, Boyer, ni Longepierre.

LIVRE TROISIÈME.

ÉPIGRAMME I.

Est-on héros pour avoir mis aux chaînes
Un peuple ou deux ? Tibère eut cet honneur.
Est-on héros en signalant ses haines
Par la vengeance ? Octave eut ce bonheur.
Est-on héros en régnant par la peur ?
Séjan fit tout trembler, jusqu'à son maître.
Mais de son ire éteindre le salpêtre,
Savoir se vaincre, et réprimer les flots
De son orgueil, c'est ce que j'appelle être
Grand par soi-même; et voilà mon héros.

II.

A M. le duc de Bourgogne.

Mars et l'Amour, au jour de votre fête,
De même ardeur pour vous se sont épris;
L'un de lauriers ornera votre tête,

L'autre y joindra ses myrtes favoris.
Jeune héros, l'un et l'autre ont leur prix :
Mars fut toujours ami de Cythérée.
Vous trouverez les myrtes plus fleuris,
Et les lauriers de plus longue durée.

III.
Les souhaits.

Être l'Amour quelquefois je désire, (1)
Non pour régner sur la terre et les cieux;
Car je ne veux régner que sur Thémire;
Seule elle vaut les mortels et les Dieux :
Non pour avoir le bandeau sur les yeux;
Car de tout point Thémire m'est fidèle :
Non pour jouir d'une gloire immortelle;
Car à ses jours survivre je ne veux :
Mais seulement pour épuiser sur elle
Du Dieu d'amour et les traits et les feux.

IV.
A M. d'Ussé.

Maître Vincent (2), ce grand faiseur de lettres,
Si bien que vous n'eût su prosaïser;
Maître Clément (3), ce grand forgeur de mètres,
Si doucement n'eût su poétiser :
Phébus adonc va se désabuser
De son amour pour la docte fontaine,

(1) Voltaire a imité cette pièce dans ces vers adressés à madame du Châtelet :
Être Phébus aujourd'hui je désire, etc.
(2) Voiture.
(3) Marot.

Et connoîtra que, pour bons vers puiser,
Vin champenois vaut mieux qu'eau d'Hippocrène.

V.

Dans une troupe avec choix ramassée
On produisit certains vers languissants.
Chacun les lut; on en dit sa pensée :
Mais sur l'auteur on étoit en suspens,
Lorsque Montfort présenta son visage,
Et l'embarras fut terminé d'abord ;
Car par Montfort on reconnut l'ouvrage,
Et par l'ouvrage on reconnut Montfort.

VI.

Contre un marguillier.

J'avois frondé le culte et les mystères
Dont à la Chine on s'est embarrassé,
Et Brisacier dans ses lettres austères
Me paroissoit justement courroucé.
Mais quand je vois sire Alain encensé,
Je suis forcé d'abjurer mes paroles,
Et de souscrire à l'hommage insensé
Que les Chinois rendent à leurs idoles.

VII.

Longepierre le translateur,
De l'antiquité zélateur,
Imite les premiers fidèles,
Qui combattoient jusqu'au trépas
Pour des vérités immortelles
Qu'eux-mêmes ne comprenoient pas.

VIII.

A voir Perrault et Longepierre,
Chacun de son parti vouloit régler le pas,
   Ne diroit-on pas d'une guerre
Dont le sort est remis aux soins de deux goujats ?

IX.

Sur l'évêque de Nîmes, qui s'étoit sauvé par la fenêtre pour échapper à ses créanciers.

Pour éviter des juifs la fureur et la rage,
   Paul dans la ville de Damas
   Descend de la fenêtre en bas ;
   La Parisière, en homme sage,
   Pour éviter ses créanciers,
   En fit autant ces jours derniers.
   Dans un siècle tel que le nôtre
   On doit être surpris, je crois,
   Qu'un de nos prélats une fois
Ait su prendre sur lui d'imiter un apôtre.

X.

Pour disculper ses œuvres insipides
Danchet accuse et le froid et le chaud ;
Le froid, dit-il, fit choir mes *Héraclides*,
Et la chaleur fit tomber mon *Lourdaud*.
Mais le public, qui n'est point en défaut,
Et dont le sens s'accorde avec le nôtre,
Dit à cela, taisez-vous, grand nigaud :
C'est le froid seul qui fit choir l'un et l'autre.

XI.

Un gros garçon qui crève de santé,
Mais qui de sens a bien moins qu'une buse,
De m'attaquer a la témérité,
En médisant de ma gentille muse;
De ce pourtant ne me chaut (1), et l'excuse;
Car demandant à gens de grand renom
S'il peut mon los m'ôter par telle ruse,
Ils m'ont tous dit assurément que non.

XII.

Paul, de qui la vraie épithète
Est celle d'ennuyeux parfait,
Veut encor devenir poëte,
Pour être plus sûr de son fait.
Sire Paul, je crois en effet
Que cette voie est la plus sûre;
Mais vous eussiez encor mieux fait
De laisser agir la nature.

XIII.

A Pradon, qui avoit fait une satire pleine d'invectives contre Boileau.

Au nom de Dieu, Pradon, pourquoi ce grand courroux
Qui contre Despréaux exhale tant d'injures?
 Il m'a berné, me direz-vous;
Je veux le diffamer chez les races futures.
Hé! croyez-moi, laissez d'inutiles projets.
Quand vous réussiriez à ternir sa mémoire,

(1) Il ne m'importe; du vieux verbe impersonnel *chaloir.*

Vous n'avanceriez rien pour votre propre gloire,
Et *le grand Scipion* (1) sera toujours mauvais.

XIV.
Conte du Pogge.

Un fat, partant pour un voyage,
Dit qu'il mettroit dix mille francs
Pour connoître un peu par usage
Le monde avec ses habitants.
Ce projet peut vous être utile,
Reprit un rieur ingénu;
Mais mettez-en encor dix mille
Pour ne point en être connu.

XV.

En son lit une damoiselle
Attendoit l'instant de sa mort.
Un capucin, brûlant de zèle,
Lui dépêchoit son passe-port;
Puis il lui dit pour reconfort:
Consolez-vous, ame fidèle;
La Vierge est là qui vous appelle
Dans la sainte Jérusalem;
Dites trois fois, pour l'amour d'elle,
Domine, salvum fac regem.

XVI.

Tu dis qu'il faut brûler mon livre.
Hélas! le pauvre enfant ne demandoit qu'à vivre.
Les tiens auront un meilleur sort;
Ils mourront de leur belle mort.

(1) Tragédie de Pradon.

XVII.

Dans les fables de La Fontaine
Tout est naïf, simple et sans fard ;
On n'y sent ni travail ni peine,
Et le facile en fait tout l'art ;
En un mot, dans ce froid ouvrage,
Dépourvu d'esprit et de sel,
Chaque animal tient un langage
Trop conforme à son naturel.
Dans la Motte-Houdart, au contraire,
Quadrupède, insecte, poisson,
Tout prend un noble caractère,
Et s'exprime du même ton.
Enfin, par son sublime organe
Les animaux parlent si bien,
Que dans Houdart souvent un âne
Est un académicien.

XVIII.

Quand le graveur Gilot et le poëte Houdart
Pour illustrer la fable auront mis tout leur art,
 C'est une vérité très sûre
Que le poëte Houdart et le graveur Gilot,
 En fait de vers et de gravure,
Nous ferons regretter La Fontaine et Calot.

XIX.

Deux gens de bien, tels que Vire (1) en produit,
S'entreplaidoient sur la fausse cédule

(1) Ville de Normandie.

Faite par l'un dans son art tant instruit,
Que de Thémis il bravoit la férule.
Or, de cet art se targuant sans scrupule,
Se trouvant seuls sur l'huis du rapporteur :
Signes-tu mieux ? vois, disoit le porteur :
T'inscrire en faux seroit vaine défense.
M'inscrire en faux ? reprit le débiteur,
Tant ne suis sot : tiens, voilà ta quittance.

XX.

Quand vous vous efforcez à plaire,
On croit voir l'âne contrefaire
Le petit chien vif et coquet ;
Et si vous vous contentiez d'être
Un sot, tel que Dieu vous a fait,
On craindroit moins de vous connoître.

XXI.

Ci gît l'auteur d'un gros livre
Plus embrouillé que savant.
Après sa mort il crut vivre,
Et mourut dès son vivant.

XXII.

Sous ce tombeau gît un pauvre écuyer,
Qui, tout en eau sortant d'un jeu de paume,
En attendant qu'on le vînt essuyer,
De Bellegarde ouvrit un premier tome.
Las ! en un rien tout sont sang fut glacé.
Dieu fasse paix au pauvre trépassé !

XXIII.

A M. le comte d'OEtinguer.

De tes lectures assidues,
Ami, crois-moi, pour quelques jours
Tâche d'interrompre le cours;
Car pour peu que tu continues,
Je crains à te parler sans fard,
Que la mort sévère et chagrine,
Jugeant peut-être à tout hasard
De ton âge par ta doctrine,
Ne te prenne pour un vieillard.

XXIV.

Ami T..., sais-tu pourquoi
On te fuit comme la chouette?
Non. Que peut on reprendre en moi?
Rien, sinon d'être un peu trop poëte.
Car quelle rage, en bonne foi!
Toujours réciter, toujours lire :
Point de paix dedans ni dehors;
Tu me talonnes quand je sors,
Tu m'attends quand je me retire,
Tu me poursuis jusques au bain.
Je lis, tu m'étourdis l'oreille;
J'écris, tu m'arrêtes la main;
Je dors, ton fausset me réveille;
A l'église je veux prier,
Ton démon me fait renier;
Bref, sur moi par-tout il s'acharne,
Et si je t'enferme au grenier,

Tu récites par la lucarne.
Trop déplorable infirmité !
En veux-tu voir l'énormité ?
Bon homme, ingénu, serviable,
Tu te fais haïr comme un diable
Avecque toute ta bonté.

XXV.

Toi qui places imprudemment
Le froid Pic au haut du Parnasse,
Puisses-tu pour ton châtiment.
Admirer les airs de Colasse ! (1)

XXVI.

Chrysologue toujours opine ;
C'est le vrai Grec de Juvénal :
Tout ouvrage, toute doctrine
Ressortit à son tribunal.
Faut-il disputer de physique ?
Chrysologue est physicien.
Voulez-vous parler de musique ?
Chrysologue est musicien.
Que n'est-il point ? Docte critique,
Grand poëte, bon scolastique,
Astronome, grammairien.
Est-ce tout ? Il est politique,
Jurisconsulte, historien :
Platoniste, cartésien,
Sophiste, rhéteur, empirique.
Chrysologue est tout, et n'est rien.

(1) *Qui Bavium non odit, amet tua carmina, Mœvi.*
            Virg. eclog. iij.

XXVII.

A un important de cour qui se faisoit l'application de l'épigramme précédente.

Bien que votre ton suffisant
Prête un beau champ à la satire,
Ne vous alarmez pas, beau sire;
Ce n'est point vous, quant à présent.
Que ma muse a voulu décrire.
Et qui donc? Je vais vous le dire:
C'est un prêtre mal décidé,
Moitié robe, moitié soutane,
Moitié dévot, moitié profane,
Savant jusqu'à l'A B C D,
Et galant jusqu'à la tisane.
Le reconnoissez-vous? Selon.
C'est celui qui, sous Apollon,
Prend soin des haras du Parnasse,
Et qui fait provigner la race
Des bidets du sacré vallon.
Le reconnoissez-vous mieux? Non.
Ouais. Pourtant, sans que je le nomme,
Il faut que vous le deviniez.
C'est l'aîné des abbés noyés.
Oh, oh, j'y suis. Ce trait peint l'homme
Depuis la tête jusqu'aux pieds.

On sait, dit M. de Laharpe, dans son *Cours de Littérature*, combien Rousseau a excellé dans l'épigramme. Tout homme d'esprit peut en faire une bonne; mais en faire en si grand nombre sur tous les sujets, et les faire si bien, est l'ouvrage d'un talent particulier. Ce talent consiste principalement dans la tournure concise et piquante de chaque vers; car le mot de l'épigramme est souvent d'emprunt.

POÉSIES DIVERSES.

ÉGLOGUE.

PALÉMON ET DAPHNIS.

PALÉMON.

Quels lieux t'ont retenu caché depuis deux jours,
Daphnis ? Nous avons cru te perdre pour toujours :
Chacun fuit, disions-nous, ces champêtres asiles ;
Nos hameaux sont déserts et nos champs inutiles.

DAPHNIS.

O mon cher Palémon, ne t'en étonne pas ;
Ces lieux pour nos bergers ont perdu leurs appas.
La ville a tout séduit, et sa magnificence
Nous fait de jour en jour haïr notre innocence.
Je l'ai vue à la fin cette grande cité :
Quel éclat ! Mais, hélas ! quelle captivité !
Cependant nous courons, fuyant la solitude,
Dans ses murs chaque jour briguer la servitude.
Sous de riches lambris, qui ne sont point à nous,
Devant ses habitants nous ployons les genoux.
J'ai vu même près d'eux nos bergers, nos bergères,
Affecter, je l'ai vu, leurs modes étrangères,
Contrefaire leur geste, imiter leurs chansons,
Et de nos vieux pasteurs mépriser les leçons.
Qui l'eût cru ? De nos champs l'agréable peinture,
Ces fertiles côteaux où se plaît la nature,

Le frais de ces gazons, l'ombre de ces ormeaux,
Nos rustiques débats, nos tendres chalumeaux,
Les troupeaux, les forêts, les prés, les pâturages,
Sont pour eux désormais de trop viles images.
Ils savent seulement chanter sur leur hautbois
Je ne sais quel amour inconnu dans nos bois,
Tissu de mots brillants, où leur esprit se joue,
Badinage affecté que le cœur désavoue. (1)
Enfin, te le dirai-je? ô mon cher Palémon,
Nos bergers n'ont plus rien de berger que le nom.

PALÉMON.

Et pourquoi retenir encor ce nom champêtre?
S'ils ne sont plus bergers, pourquoi veulent-ils l'être?
Le lion n'est point fait pour tracer les sillons,
Ni l'aigle pour voler dans les humbles vallons.
Voit-on le paon superbe, oubliant son plumage,
De la simple fauvette affecter le ramage,
L'amarante emprunter la couleur du gazon,
Et le loup des brebis revêtir la toison?

DAPHNIS.

Oh! si jamais le ciel, a nos vœux plus facile,
Faisoit revivre ici ce berger de Sicile
Qui, le premier, chantant les bois et les vergers,
Au combat de la flûte instruisit les bergers;
Ou celui qui sauva des fureurs de Bellone
Ses troupeaux trop voisins de la triste Crémone!
Tous deux pleins de douceur, admirables tous deux,
Soit que de deux pasteurs ils décrivent les jeux,

(1) Allusion aux églogues de Fontenelle.

Soit que de Thestylis l'amoureuse folie
Ressuscite en leurs vers l'art de la Thessalie ;
Quel Dieu sur leurs doux sons formera notre voix?
Ne reverrons-nous plus paroître dans nos bois
Les Faunes, les Sylvains, les Nymphes, les Dryades
Les Silènes tardifs, les humides Naïades,
Et le dieu Pan lui-même, au bruit de nos chansons,
Danser au milieu d'eux à l'ombre des buissons?

PALÉMON.

Que faire, cher Daphnis? Nos regrets ni nos plaintes
Ne rendront pas la vie à leurs cendres éteintes.
Mais toi, disciple heureux de ces maîtres vantés,
J'ai vu que de tes sons nous étions enchantés,
Quand sous tes doigts légers l'air trouvant un passage,
Exprimoit les accents dont ils traçoient l'image :
Les Muses t'avouoient, et de leurs favoris
Ménalque eût osé seul te disputer le prix.

DAPHNIS.

Il l'auroit disputé contre Apollon lui-même.
Mais le soin de sa voix fait son plaisir suprême.
Quant à moi, qui me borne à de moindres succès,
Quelque gloire pourtant a suivi mes essais ;
Et même nos pasteurs, mais je suis peu crédule,
M'ont quelquefois à lui préféré sans scrupule.

PALÉMON.

J'aime ces vers qu'un soir tu me dis à l'écart.
Ce n'est qu'une chanson simple et presque sans art ;
Mais les timides fleurs qui se cachent sous l'herbe

Ont leur prix aussi-bien que le pavot superbe.
De grace, cher Daphnis, tâche à t'en souvenir.

DAPHNIS.

Je m'en souviens; elle est aisée à retenir :
« L'ardente canicule a tari nos fontaines;
« L'aurore de ses pleurs n'arrose plus nos plaines;
« On voit l'herbe mourir dans tous les champs voisins;
« Le rosier est sans fleur, le pampre sans raisins.
« Qui rend ainsi la terre aride et languissante?
« Faut-il le demander? Célimène est absente. »

PALÉMON.

Et ceux que tu chantois, je m'en suis souvenu,
Quand nous vîmes passer ce berger inconnu;
« J'ai conduit mon troupeau dans les plus gras herbages;
« Cependant il languit parmi les pâturages.
« J'ai trop bravé l'Amour; l'Amour, pour se venger,
« Fait périr à la fois et moutons et berger. »

DAPHNIS.

La suite vaut bien mieux, et ne fut pas perdue;
Notre importun s'enfuit dès qu'il l'eut entendue:
« L'amour est dangereux; mais ce n'est point l'Amour
« Qui fait que mon troupeau se détruit chaque jour :
« C'est ce berger malin, dont l'œil sombre m'alarme,
« Qui sans doute sur nous a jeté quelque charme. »

PALÉMON.

Tu m'en fais souvenir. O qu'il fut étonné!
Je crois que de long-temps il ne t'a pardonné.
Mais si j'osois encor te faire une prière!

Te souvient-il du jour que dans cette bruyère
Tu chantois, en goûtant la fraîcheur du matin,
Ces beaux vers imités du grand pasteur latin :
« Revenez, revenez, aimable Galatée.... »
Jamais chanson ne fut à l'air mieux ajustée.
Dieux! comme en l'écoutant tout mon cœur fut frappé!
J'ai retenu le chant, les vers m'ont échappé.

DAPHNIS.

Voyons. Depuis ce temps je ne l'ai point chantée.
« Revenez, revenez, aimable Galatée :
« Déjà d'un vert naissant nos arbres sont parés;
« Les fleurs de leur émail enrichissent nos prés.
« Qui peut vous retenir loin de ces doux rivages ?
« Avez-vous oublié nos jardins, nos bocages ?
« Ah! ne méprisez point leurs champêtres attraits :
« Revenez : les Dieux même ont aimé les forêts.
« Le timide belier se plaît dans les campagnes,
« Le chevreuil dans les bois, l'ourse dans les montagnes.
« Pour moi (de notre instinct nous suivons tous
        les lois),
« Je me plais seulement aux lieux où je vous vois. »

PALÉMON.

Est-ce tout? Je me trompe, ou tu m'en fis entendre
D'autres, que même alors tu promis de m'apprendre.

DAPHNIS.

Il est vrai; mais, berger, chaque chose a son cours.
Autrefois à chanter j'aurois passé les jours.
Tout change. Maintenant les guerrières trompettes
Font taire les hautbois et les humbles musettes :

Quelle oreille endurcie à leur bruit éclatant
Voudroit à nos chansons accorder un instant?
Les accents les plus doux des cygnes du Méandre
A peine trouveroient quelqu'un pour les entendre.
Finissons; aussi bien le soleil s'obscurcit,
Du côté du midi le nuage grossit,
Et des jeunes tilleuls qui bordent ces fontaines
Le vent semble agiter les ombres incertaines.
Adieu : les moissonneurs regagnent le hameau,
Et Lycas a déjà ramené son troupeau.

ÉLISE,

ÉGLOGUE HÉROIQUE,

POUR L'IMPÉRATRICE,

A son retour des bains de Carlsbad en Bohême.

Faites trêve, bergers, au chant de vos musettes;
Pour les tons élevés elles ne sont point faites.
Si vos seuls chalumeaux doivent régner ici,
Remettez-les aux Dieux; ils l'ordonnent ainsi.
Et pourquoi refuser aux déités champêtres
Un présent que leurs mains ont fait à vos ancêtres!
Les plaines, les côteaux, les forêts, les vergers,
Sont les séjours des dieux ainsi que des bergers.
Commençons. Si nos bois chantent une immortelle,
Rendons au moins nos bois et nos chants dignes d'elles.

Par l'ordre d'Egérie en mortel transformé,
Fidèle sans espoir, content sans être aimé,

Quand sous les traits d'Elise une nouvelle Astrée
Vint des peuples de l'Elbe éclairer la contrée,
Pan, le Dieu des forêts, (que ne peut point l'Amour!)
Sous l'habit d'un chasseur avoit suivi sa cour.
Il revint : mais à peine ébranlés dans la nue
Les chênes d'Hercinie annoncent sa venue,
Que la nymphe, brûlant d'un désir curieux :
Hé bien ! l'auguste Élise approche de ces lieux :
Dieu des bois, dites-nous, dites, que doit-on croire
De tout ce qu'on entend publier à sa gloire ?
Parlez : l'onde se tait, les airs sont en repos.
Elle dit, et le Dieu lui répond en ces mots :
O nymphe, qu'à jamais pour augmenter ma flamme,
L'Amour soit dans vos yeux, la vertu dans votre ame!
La Déesse aux cent voix ne nous a point flattés :
Tout ce que nous savons de nos félicités,
Quand nos premiers sujets, sans travail, sans culture,
Recevoient tout des mains de la seule nature ;
Tout ce qu'ont vu nos yeux, quand Cybèle et Cérès
Faisoient, jeunes encore, admirer leurs attraits,
N'approche point, non, non, n'en soyez point surprise,
Ni de notre bonheur, ni des charmes d'Elise.
Depuis qu'elle a paru dans ces heureux climats,
Sa vue a de nos champs écarté les frimas :
Les forêts ont repris une beauté nouvelle ;
Les cieux sont plus sereins, et la terre plus belle :
Ce que les clairs ruisseaux sont aux humides prés,
La céleste rosée aux jardins altérés,
Les vignes aux côteaux, les arbres aux montagnes,
Les fruits mûrs aux vergers, les épis aux campagnes,

De cet astre vivant les regards bien aimés
Le sont, n'en doutez point, à ses peuples charmés.
Leur bonheur semble naître et fleurir sur ses traces;
Chaque mot de sa bouche est dicté par les Graces.
Noble affabilité, charme toujours vainqueur,
Il n'appartient qu'à vous de triompher du cœur.
La fière majesté vainement en murmure :
Pour captiver les cœurs il faut qu'on les rassure.
Et quelle ame n'est point saisie à son aspect
D'étonnement, d'amour, de joie et de respect!
Soit que du haut du trône, où cent peuples l'adorent
Elle verse sur eux les faveurs qu'ils implorent ;
Soit qu'à travers les bois et les âpres buissons
Elle fasse la guerre aux tyrans des moissons;
J'ai vu, l'œil du dieu Pan n'est point un œil profane,
Les nymphes de Palès, les nymphes de Diane,
Et la troupe de Flore, et celle des Zéphyrs,
De nos humbles pasteurs partager les plaisirs,
Et former avec eux un précieux mélange
De chansons d'allégresse et de cris de louange.
J'ai vu la nymphe Echo porter ces doux concerts.
Sur les monts chevelus, sur les rochers déserts.
Non ! cette majesté n'est point d'une mortelle :
Nous la reconnoissons, c'est Diane, c'est elle ;
Voilà ses yeux, ses traits, sa modeste fierté ;
Dans son air, dans son port, tout est divinité.
Ah! vivez! ah! régnez, déité secourable !
Jetez sur votre peuple un regard favorable ;
Recevez nos tributs, exaucez nos souhaits ;
Faites régner sur nous l'abondance et la paix.

Tant que le cerf vivra dans les forêts profondes,
L'abeille dans les airs, le poisson dans les ondes,
Votre nom, vos bienfaits, source de nos ardeurs,
Vivront, toujours chéris, dans le fond de nos cœurs.
Voilà quel est de tous le sincère langage.
Je vous en dis beaucoup; j'en ai vu davantage.
Ainsi parla le Dieu des pasteurs et des
La nymphe à ce discours joignit ainsi sa voix:
Votre récit charmant est pour moi, Dieu champêtre,
Ce qu'est au voyageur l'aurore qu'il voit naître,
Ou ce qu'aux animaux de la soif tourmentés
Est la douce fraîcheur des ruisseaux argentés.
Élise est dans mon cœur dès sa plus tendre enfance:
J'étois moi-même aux cieux le jour de sa naissance,
Quand les Dieux immortels, au milieu des festins,
Par la joie assemblés, réglèrent ses destins.
De l'Olympe éternel les barrières s'ouvrirent,
Des nuages errants les voiles s'éclaircirent;
Et Jupiter, assis sur le trône des airs,
Ce Dieu qui d'un clin d'œil ébranle l'univers,
Et dont les autres Dieux ne sont que l'humble escorte,
Leur imposa silence, et parla de la sorte :

Ecoutez, Dieu du ciel. Les temps sont accomplis: (1)
Élise vient de naître, et nos vœux sont remplis.
Voici le jour heureux marqué des destinées
Pour un ordre nouveau de siècles et d'années,
Où Thémis et Vesta, relevant leurs autels,
Doivent ressusciter le bonheur des mortels.

(1) Voyez la quatrième églogue de Virgile dont ce morceau et plusieurs autres endroits de cette pièce sont imités.

Chez eux vont expirer la discorde et la guerre.
Un printemps éternel règnera sur la terre ;
Les arbres émaillés des plus riches couleurs
Porteront en tout temps et des fruits et des fleurs ;
Les blés naîtront au sein des stériles arènes,
Et le miel coulera de l'écorce des chênes.
Ces temps, sous Jupiter non encore éprouvés,
Aux heureux jours d'Elise ont été réservés.
Faites donc à sa gloire éclater votre zèle.
Elle est digne de vous; montrez-vous dignes d'elle.
Il dit ; et tous les Dieux, l'un de l'autre jaloux,
Lui firent à l'envi leurs présents les plus doux.
Cybèle lui donna cette bonté féconde
Qui cherche son bonheur dans le bonheur du monde.
Minerve, dans ses yeux, mit sa noble pudeur !
Versa dans son esprit l'équitable candeur,
La prudence discrète, éclairée et sincère,
Et le discernement aux rois si nécessaire.
La mère des Amours, des Graces et des Ris,
A ces divins présents donna le dernier prix,
Et dans ses moindres traits mit un charme invincible,
Qui seul à ses vertus peut rendre tout possible.
Que vous dirai-je enfin ? Chaque divinité
Voulut de ses tributs enrichir sa beauté.
Junon seule restoit. Quoi ? pour cette princesse,
Dit-elle, tout l'Olympe à mes yeux s'intéresse ;
Les dons pleuvent sur elle ; et, parmi tant de biens,
Je n'ai pu faire, ô ciel ! compter encor les miens !
Moi, l'épouse et la sœur du maître du tonnerre,
Moi, la reine des Dieux, du ciel et de la terre !

Ah ! périsse ma gloire, ou faisons voir à tous
Que ces Dieux si puissants ne sont rien près de nous.
Qu'ils viennent à mes dons comparer leurs largesses.
Je veux lui prodiguer mes grandeurs, mes richesses:
Je veux que son pouvoir dans les terrestres lieux
Soit égal au pouvoir de Junon dans les cieux.
C'est par moi que l'Hymen, dès ses jeunes années,
Unira ses destins aux grandes destinées
D'un Alcide nouveau, dont le bras fortuné
De monstres purgera l'univers étonné.
Il verra les deux mers flotter sous son empire ;
Et, malgré cent rivaux que la Discorde inspire,
Pacifique vainqueur, il étendra ses lois
Sur cent peuples fameux soumis par ses exploits.
Ainsi parla Junon ; et ses divins présages.
Furent dès-lors écrits dans le livre des âges.

C'est ainsi qu'Égérie, encourageant sa voix,
S'entretenoit d'Élise avec le Dieu des bois.
Les oiseaux attentifs cessèrent leurs ramages ;
Le zephyr oublia d'agiter les feuillages ;
Et les troupeaux, épris de leurs concerts touchans.
Négligeant la pâture, écoutèrent leurs chants.

IDYLLE
POUR LES DEMOISELLES DE SAINT-CYR.

Fuyez loin de ces lieux, profanes voluptés.
Malheureux à jamais ceux que vous soumettez.

À votre funeste puissance !
Ne nous étalez point vos charmes dangereux.
    Ce séjour est l'asile heureux
    Du repos et de l'innocence.

    Ici les frivoles désirs
    Ne mêlent point à nos plaisirs
    L'impatience et la tristesse.
    Nous ne redoutons point l'ennui,
    Et chaque jour voit avec lui
    Ressusciter notre allégresse.

Quelle main nous a fait ces jours délicieux ?
Quelle divinité nous rassemble auprès d'elle ?
    J'en reconnois les rayons glorieux.
Tout est ici guidé par cet astre fidèle.
    C'est la vertu qui se montre à nos yeux
    Sous les traits d'une humble mortelle.
D'un seul de ses regards elle embellit ces lieux.
Sa bonté chaque jour pour nous se renouvelle.
Célébrons à jamais ses bienfaits précieux.
Peut-on lui refuser une amour éternelle ?
Chantons : c'est la vertu qui se montre à nos yeux
    Sous les traits d'une humble mortelle.

    L'astre du jour, sortant de l'onde,
Répand également sa lumière féconde
Sur les palais des rois et les toits des bergers.
Telle, du sein brillant d'une cour qu'elle éclaire,

Elle vient tous les jours dans ce lieu solitaire
    Éclairer nos humbles vergers.

    Elle soutient notre jeunesse :
    Dans les routes de la sagesse
    Nos pas sont par elle affermis.
Des vices enchanteurs elle confond l'adresse ;
    Et son exemple instruit notre foiblesse
    A triompher de leurs traits ennemis.

Sans elle quelle main eût conduit notre enfance ?
Nous serions des troupeaux sans guide et sans défense
    Au milieu des loups furieux.
Le monde eût infecté notre foible innocence
    De son venin contagieux.

Peut-être qu'aujourd'hui le mensonge odieux,
    L'orgueil, ou l'aveugle licence,
De notre pureté seroient victorieux.
    O vertu, de qui la tendresse
    Prend soin du bonheur de nos jours,
        Conduisez-nous sans cesse,
        Protégez-nous toujours.

Fasse le juste ciel qu'avec des traits de flamme
    Dans tous les cœurs votre nom soit écrit !

Puissent tous les mortels vous chérir dans leur ame
    Autant que le ciel vous chérit !

    Qu'à jamais le souverain Être
    Vous fasse un destin glorieux !
Et puisse le soleil à nos yeux disparoître
Avant que vous cessiez de paroître à nos yeux !

Nous bénissons votre présence.

Nous chérissons votre assistance.

Sans vous nos plus beaux jours seroient de tristes nuits.

Vous changez en plaisirs nos plus mortels ennuis.

 O vertu, de qui la tendresse
Prend soin du bonheur de nos jours,
Conduisez-nous sans cesse,
Protégez-nous toujours.

A M. DE LA FOSSE,
AUTEUR DE LA TRAGEDIE DE MANLIUS.

Depuis que nous prîmes congé
Du réduit assez mal rangé
Où votre muse pythonisse
Evoque les ombres d'Ulysse,
De Thésée et de Manlius,
Comme l'auteur d'Héraclius
Faisoit jadis celle d'Horace,
De Rodrigue et de Curiace,
J'ai quatre mauvais jours passé,
Sans, je vous jure, avoir pensé
(Dussiez-vous me croire un stupide)
Qu'il fût au monde un Euripide.
Toutefois je me souviens bien
De notre dernier entretien,

Que je terminai par vous dire
Que j'aurois soin de vous écrire.
Je vous écris donc; et voici
De mon voyage un raccourci.

 L'aube avoit bruni les étoiles,
Et la nuit replioit ses voiles,
Lorsque je quittai mon chevet
Pour m'acheminer chez Blavet.
Un carrosse sexagénaire
D'abord s'offre à mon luminaire,
Attelé de six chevaux blancs,
Dont les côtes, à travers flancs
A supputer peu difficiles,
Marquoient qu'ils jeûnoient les vigiles
Et le carême entièrement.
J'entre, et dans le même moment
Je vois arriver en deux bandes
Trois Normands et quatre Normandes,
Avec qui, pauvre infortuné,
J'étois à rouler destiné.
On s'assemble, chacun se place.
Sous le poids de l'horrible masse
Déjà les pavés sont broyés.
Les fouets hâtifs sont déployés,
Qui de cent diverses manières
Donnent à l'air les étrivières.
Un jeune esprit aérien,
Trop voisin de nous pour son bien,
En reçut un coup sur le rable,
Qui lui fit faire un cri de diable :

Car, si vous n'en êtes instruit,
Le son qu'un coup de fouet produit
(N'en déplaise aux doctes pancartes
Et des Rohault et des Descartes)
Vient beaucoup moins de l'air froissé
Que de quelque sylphe fessé,
Qui, des humains cherchant l'approche,
En reçoit bien souvent taloche,
Puis va criant comme un perdu.
Nos coursiers, ce bruit entendu,
Connoissant la verge ennemie,
Rappellent leur force endormie,
Ils tirent : nous les excitons.
Le cocher jure : nous partons.

  Nous poursuivions notre aventure,
Lorsque l'infernale voiture,
Après environ trente pas,
Nous renversa de haut en bas.
Horrible fut la culebute.
Mais voici le pis de la chute :
Les chevaux, malgré le cocher,
S'obstinent à vouloir marcher.
En vain le moderne Hippolyte
S'oppose à leur fougue subite :
Sans doute, *en ce désordre affreux,*
Un Dieu pressoit leurs flancs poudreux.
A la fin leur fureur s'arrête.
Et moi, non sans bosse à la tête,
Avec quelques secours d'autrui,
Je sors de mon maudit étui.

Par cet évènement tragique
Je mettrai fin à la chronique;
Et, de peur de vous ennuyer,
Je supprime un volume entier
D'aventures longues à dire,
Et plus longues encore à lire.
Vous saurez seulement qu'enfin
J'arrivai dimanche matin
A Rouen, séjour du sophisme,
Accompagné d'un rhumatisme
Qui me tient tout le dos perclus
Et me rend les bras superflus.
En ce fâcheux état, beau sire,
Je ne laisse de vous écrire,
Et me crois de tous maux guéri
Au moment que je vous écri :
Car en nul endroit du royaume
Il n'est cataplasme ni baume
Qui pût me faire autant de bien
Que cette espèce d'entretien.
A tant, seigneur, je vous souhaite
Longue vie et santé parfaite,
Et toujours ample déjeûné
Des lauriers de Melpoméné;
Tandis que, pour sortir de France,
Prenant mes maux en patience,
J'attends entre quatre rideaux
Le plus paresseux des vaisseaux.

A M. DUCHÉ,

Qui lui avoit envoyé des vers, étant malade.

Est-ce la fièvre, est-ce Apollon,
    Qui t'inspire ces sons attiques,
Dignes d'être écoutés sur le sacré vallon ?
Non, ce ne sont point là les songes fantastiques
Qu'enfante en ses vapeurs un cerveau déréglé,
De spectres, de lutins et de monstres troublé.
Mais cependant, ami, quelle peur enfantine
Te fait désapprouver cette écorce divine
Dont l'atlantique bord fit présent aux humains ?
Quoi ! toujours résister aux dons de la nature,
Mépriser la santé que tu tiens dans tes mains,
Et de tes maux par choix te rendre la pâture ?
Prends-y garde, crois-moi, le péril est pressant.
La fièvre est comme un loup cruel et ravissant
Qui vers les antres sourds traîne un agneau timide,
Et, des coups de sa queue hâtant ses pas rétifs,
Devance le berger et le dogue intrépide
Qu'appellent au secours ses bêlements plaintifs.
Bientôt le ravisseur, tout palpitant de joie,
Au fond d'un bois obscur dévorera sa proie.
Préviens un sort si triste, et, par de prompts efforts,
Dissipe cette humeur pesante et léthargique
Qui peut-être pourroit, par quelque fin tragique,
Que sais-je ? dévorer et l'esprit et le corps.

FABLES.

I.

Jadis en l'Inde occidentale
Régnoit un lion si clément,
Que jamais vice ni scandale
Chez lui ne reçut châtiment.
Sa bénignité sans seconde
Tournoit tout en bien chez autrui ;
Il étoit bon pour tout le monde,
Tout le monde étoit bon pour lui.
Par hasard, en certain voyage,
Il fit rencontre d'un vieil ours,
Grand philosophe, mais sauvage,
Et mal poli dans son discours.
Viens à ma cour, dit le cacique ;
Tu seras servi comme un roi.
Trop d'honneur, reprit le rustique ;
Mais vous n'est pas né pour moi.
Tout n'est qu'un dans votre service,
Soit qu'on marche droit ou tortu.
Qui ne hait point assez le vice
N'aime point assez la vertu.

II.

Un jour un villageois sur son âne affourché
Trouva par un ruisseau son passage bouché.
Tandis que pour le prendre un batelier s'apprête,
Il approche du bord, saute en bas de sa bête,

S'embarque le premier, et sur le pont tremblant
Tire par son licou l'animal nonchalant.
Le grison qui des flots redoute le caprice,
Tire de son côté, fait le pas d'écrevisse,
Et, du maître essoufflé déconcertant l'effort,
Lutteur victorieux, demeure sur le bord.
Enfin, tout épuisé d'haleine et de courage,
L'homme change d'avis, redescend du rivage,
Prend l'âne par la queue, et tire de son mieux.
L'animal aussitôt s'échappe furieux,
Et, du bras qui le tient forçant la violence,
D'un saut précipité dans le bateau s'élance.

FABLE D'ÉSOPE.

Le malheur vainement à la mort nous dispose :
On la brave de loin ; de près c'est autre chose.
Un pauvre bûcheron, de peine atténué,
Chargé d'ans et d'ennuis, de forces dénué,
Jetant bas son fardeau, maudissoit ses souffrances,
Et mettoit dans la mort toutes ses espérances.
Il l'appelle : elle vient. Que veux-tu, villageois ?
Ah ! dit-il, viens m'aider à recharger mon bois.

RÉPONSE

A des vers de l'abbé DE CHAULIEU *qui exhortoit* ROUSSEAU *à ne point sacrifier la poésie aux finances.*

Par tes conseils et ton exemple,
Ce que j'ai de vertu fut trop bien cimenté,

Cher abbé : dans la pureté
Des innocents banquets du temple,
De raison et de fermeté
J'ai fait une moisson trop ample,
Pour être jamais infecté
D'une sordide avidité.
Quelle honte, bon Dieu, quel scandale au Parnasse
De voir l'un de ses candidats
Employer la plume d'Horace
A liquider un compte, ou dresser des états !
J'ai vu, diroit Marot en faisant la grimace,
J'ai vu l'élève de Clio
Sedentem in telonio ;
Je l'ai vu calculer, nombrer, chiffrer, rabattre,
Et d'un produit au denier quatre
Discourir mieux qu'Amonio.
Dure, dure plutôt l'honorable indigence
Dont j'ai si long-temps essayé !
Je sais quel est le prix d'une honnête abondance
Que suit la joie et l'innocence,
Et qu'un philosophe, étayé
D'un peu de richesse et d'aisance,
Dans le chemin de sapience
Marche plus ferme de moitié.
Mais j'aime mieux un sage à pié,
Content de son indépendance,
Qu'un riche indignement noyé
Dans une servile opulence,
Qui sacrifiant tout, honneur, joie, amitié,
Au soin d'augmenter sa finance,

Est lui-même sacrifié
A des biens dont jamais il n'a la jouissance.
Nourri par Apollon, cultivé par tes soins,
Cher abbé, ne crains pas que je me tympanise
 Par l'odieuse convoitise
 D'un bien plus grand que mes besoins.
 Une ame libre et dégagée
 Des préjugés contagieux,
 Une fortune un peu rangée,
 Un corps sain, un esprit joyeux,
 Et quelque prose mélangée
 De vers badins ou sérieux,
 Me feront trouver l'apogée
 De la félicité des Dieux.
 C'est par ces maximes, qu'ignore
 Tout riche, juif, arabe, ou more,
 Que j'ai su plaire dès long-temps
 A des protecteurs que j'honore ;
 Et c'est ainsi que je prétends
 Trouver l'art de leur plaire encore.
 C'est dans ce bon esprit gaulois,
 Que le gentil maître François
 Appelle pantagruélisme,
 Qu'à Neuilli la Fare et Sonnin
 Puisent cet enjoûment bénin
 Qui compose leur atticisme.
 Abbé, c'est là le catéchisme
 Que les muses m'ont enseigné ;
 Et voilà le vrai quiétisme
 Que Rome n'a point condamné.

STANCES.

Que l'homme est bien durant sa vie
Un parfait miroir de douleurs !
Dès qu'il respire, il pleure, il crie,
Et semble prévoir ses malheurs.

Dans l'enfance, toujours des pleurs,
Un pédant porteur de tristesse,
Des livres de toutes couleurs,
Des châtiments de toute espèce.

L'ardente et fougueuse jeunesse
Le met encore en pire état :
Des créanciers, une maîtresse,
Le tourmentent comme un forçat.

Dans l'âge mur, autre combat :
L'ambition le sollicite ;
Richesses, dignités, éclat,
Soins de famille, tout l'agite.

Vieux, on le méprise, on l'évite,
Mauvaise humeur, infirmité,
Toux, gravelle, goutte, pituite,
Assiègent sa caducité.

Pour comble de calamité,
Un directeur s'en rend le maître :
Il meurt enfin peu regretté.
C'étoit bien la peine de naître.

DIVERSES.

VERS

Pour mettre au bas du portrait de BOILEAU.

La vérité par lui démasqua l'artifice ;
Le faux dans ses écrits fut toujours combattu :
Mais toujours au mérite il sut rendre justice ;
Et ses vers furent moins la satire du vice
  Que l'éloge de la vertu.

SONNET

Imité d'une épigramme de l'Anthologie,

AU MARQUIS DE LA FARE.

L'autre jour la cour de Parnasse (1)
Fit assembler tous ses bureaux,
Pour juger, au rapport d'Horace,
Du prix de certains vers nouveaux.

Après maint arrêt toujours juste
Contre mille ouvrages divers,
Enfin le courtisan d'Auguste
Fit rapport de vos derniers vers.

(1) Voyez la trente-neuvième épigramme de Boileau qui est également imitée de l'Anthologie :
 Quand la dernière fois, dans le sacré vallon, etc.

Aussitôt le dieu du Permesse
Lui dit : Connois-tu cette pièce ?
Je la fis en ce même endroit :

L'Amour avoit monté ma lyre,
Sa mère écoutoit sans mot dire,
Je chantois, La Fare écrivoit.

SONNET

A un bel esprit, grand parleur.

Monsieur l'auteur, que Dieu confonde;
Vous êtes un maudit bavard.
Jamais on n'ennuya son monde
Avec tant d'esprit et tant d'art.

Je vous estime et vous honore :
Mais les ennuyeux tels que vous,
Eussiez-vous plus d'esprit encore,
Sont la pire espèce de tous.

Qu'un sot afflige nos oreilles,
Passe encor, ce n'est pas merveilles;
Le don d'ennuyer est son lot :

Mais Dieu préserve mon ouïe
D'un homme d'esprit qui m'ennuie !
J'aimerois cent fois mieux un sot.

SONNET.

Laissons la raison et la rime
Aux mécaniques écrivains.
Faisons-nous un nouveau sublime
Inconnu des autres humains.

Intéressons dans notre estime
Quelques esprits légers et vains,
Dont la voix et l'exemple anime
Les sots à nous battre des mains.

Par-là croissant en renommée,
Chez la postérité charmée
Nos noms braveront le trépas.

Fort bien. Voilà la bonne route :
Vos noms y parviendront sans doute ;
Mais vos vers n'y parviendront pas.

VERS ALLÉGORIQUES

Envoyés à monseigneur le duc de Bourgogne dans un mouchoir de soie qui avoit servi à essuyer quelques larmes échappées à madame la duchesse de Bourgogne, au récit de l'affaire de Nimègue.

Amour, voulant lever un régiment,
Battoit la caisse autour de ses domaines.

Soins et soupirs étoient ses capitaines.
Dards et brandons faisoient son armement.
Un étendard lui manquoit seulement.
Il le cherchoit, quand notre jeune Alcide,
Victorieux du Batave timide,
Lui dit : Amour, obéis à mes lois,
Va de ma part trouver Adélaïde ; (1)
Entretiens-la de mes premiers exploits ;
Cours à ses pieds en remettre l'hommage ;
Vole, et reviens. Le Dieu fait son message.
En lui parlant il voit couler soudain
Des pleurs mêlés de tendresse et de joie,
Prix du vainqueur, qu'une soigneuse main
Va recueillir dans un drapeau de soie.
Amour sourit, et, le mettant à part :
Bon ! bon ! dit-il, voilà mon étendard.
Sous ce drapeau, caporaux ni gendarmes,
Tours ni remparts, rien ne m'arrêtera :
Et, par hasard, quand il me manquera,
J'ai ma ressource en ces yeux pleins de charmes ;
Notre héros souvent leur donnera
Sujets nouveaux à de pareilles larmes.

(1) Marie-Adélaïde de Savoie, duchesse de Bourgogne et mère de Louis XV.

Cette affaire de Nimègue, où les ennemis furent repoussés jusque sous le canon de la place, eut lieu le 11 juin 1702. L'élève de Fénélon avoit sous lui le maréchal de Boufflers qui fit en 1708 une si belle défense de Lille.

FIN.

TABLE.

Pages.

Notice *sur* J. B. Rousseau.   v

ODES.

LIVRE PREMIER.

I. Seigneur, dans ta gloire adorable,	1
II. Les cieux instruisent la terre,	3
III. Qu'aux accents de ma voix,	6
IV. Si la loi du Seigneur vous touche,	9
V. O Dieu, qui par un choix propice,	12
VI. Celui qui mettra sa vie,	15
VII. Dans ces jours destinés aux larmes,	19
VIII. Béni soit le Dieu des armées,	21
IX. Mon ame, louez le Seigneur,	24
X. J'ai vu mes tristes journées,	26
XI. Le roi des cieux et de la terre,	30
XII. Que la simplicité,	33
XIII. Paroissez, rois des rois,	37
XIV. Peuples, élevez vos concerts,	40
XV. Pressé de l'ennui qui m'accable,	42
XVI. Le Seigneur est connu,	43
XVII. Puisque notre Dieu favorable,	45
Cantique. La gloire du Seigneur,	48
Pode. Vains mortels, que du monde,	51

LIVRE II.

		Pages
I.	Descends de la double colline,	64
II.	Abbé chéri des neuf sœurs,	70
III.	Digne et noble héritier,	74
IV.	Esprit né pour servir d'exemple,	76
V.	Tandis que dans la solitude,	80
VI.	Fortune, dont la main couronne,	82
VII.	Quel respect imaginaire,	88
VIII.	Tant qu'a duré l'influence,	91
IX.	Dans la route que je me trace,	93
X.	Peuples, dont la douleur,	99
XI.	Quels nouveaux concerts d'allégresse,	105
XII.	Pourquoi, plaintive Philomèle,	109
XIII.	L'astre qui partage les jours,	110
XIV.	Où courez-vous, cruels,	113
XV.	Quel charme, beauté dangereuse,	114

LIVRE III.

I.	Tel que le vieux pasteur,	117
II.	Est-ce une illusion soudaine,	125
III.	Le soleil dont la violence,	131
IV.	Ce n'est donc point assez,	141
V.	Si du tranquille Parnasse,	146
VI.	L'hiver, qui si long-temps,	154
VII.	Après que cette île guerrière,	159
VIII.	Ils partent, ces cœurs magnanimes,	167
IX.	Celui dont la balance,	170
X.	Ainsi le glaive fidèle,	176

TABLE.
LIVRE IV.

Pages.

I.	Dans sa carrière féconde,	183
II.	Les cruels oppresseurs,	191
III.	Muse, qui des vrais Alcées,	197
IV.	Tandis que l'Europe étonnée,	204
V.	C'est trop long-temps, grand roi,	210
VI.	C'est vous encor que je réclame,	216
VII.	Nous honorons du nom de Sage,	221
VIII.	O paix, tranquille paix,	227
IX.	Celui qui des cœurs sensibles,	231
X.	Déesse des héros,	239

CANTATES.

I.	Diane,	245
II.	Adonis,	248
III.	Triomphe de l'Amour,	250
IV.	L'Hymen,	253
V.	Amymone,	255
VI.	Thétis,	257
VII.	Circé,	260
VIII.	Céphale,	263
IX.	Bacchus,	265
X.	Les Forges de Lemnos,	269
XI.	Les Bains de Tomeri,	271
XII.	Contre l'Hiver,	274
XIII.	Pour l'Hiver,	276
XIV.	Calisto,	278
XV.	Sur un arbrisseau,	280
XVI.	Jupiter et Europe,	282

FRAGMENTS DES ÉPITRES.

LIVRE PREMIER.

		Pages.
i.	Aux Muses,	285
iii.	A Marot,	290
iv.	Au Baron de Breteuil,	293

LIVRE II.

ii.	Au Père Brumoy,	295
iii.	A Thalie,	299
iv.	A Rollin,	303
v.	A Racine,	305

FRAGMENTS DES ALLÉGORIES.

LIVRE PREMIER.

| i. | Torticolis, | 308 |
| v. | Midas, | 312 |

LIVRE II.

i.	Sophronyme,	317
ii.	Le Jugement de Pluton,	321
iii.	La Morosophie,	325
v.	La Vérité,	327

ÉPIGRAMMES.

LIVRE I.

| i. | Le Dieu des vers sur les bords du Permesse, | 331 |
| ii. | Certain huissier, étant à l'audience, | ib. |

		Pages.
III.	Elle a, dit-on, cette bouche et ces yeux,	332
IV.	Près de sa mort une vieille incrédule,	ib.
V.	Certain ivrogne après maint long repas,	ib.
VI.	Ce monde-ci n'est qu'une œuvre comique,	333
VII.	Vil imposteur, je vois ce qui te flatte,	ib.
VIII.	Par passe-temps un cardinal oyoit,	334
IX.	Lorsque je vois ce moderne Sisyphe,	ib.
X.	Certain curé, grand enterreur de morts,	ib.
XI.	Ce ne sont plus les trois sœurs de la fable,	335
XII.	Entre Racine et l'aîné des Corneilles,	ib.
XIII.	Un maquignon de la ville du Mans,	ib.
XIV.	Un magister, s'empressant d'étouffer,	336
XV.	O Catinat, quelle voix enrhumée,	ib.
XVI.	Lorsqu'à Pluton le messager Mercure,	ib.
XVII.	De haut savoir Phébus ne m'a doté,	337
XVIII.	Un Mandarin de la société,	ibid.

LIVRE II.

I.	Quand, pour ravoir son épouse Eurydice,	338
II.	Le vieux Ronsard ayant pris ses besicles,	ibid.
III.	Le traducteur qui rima l'Iliade,	ibid.
IV.	Houdart n'en veut qu'à la raison sublime,	339
V.	Léger de queue et de ruses chargé,	ibid.
VI.	Depuis trente ans un vieux berger normand,	340

TABLE.

Pages

VII. Par trop bien boire un curé de Bourgogne, 340
VIII. Après avoir bien sué pour entendre, ibid.
IX. A son portrait certain rimeur braillard, 341
X. Un vieil abbé, sur certain droit de fief, ib.
XI. Trois choses sont que j'admire à part moi, ibid.
XII. Avec les gens de la cour de Minerve, 342
XIII. Monsieur l'abbé, vous n'ignorez de rien, ibid.
XIV. Ami, crois-moi, cache bien à la cour, ib.
XV. Tout plein de soi, de tout le reste vide, 343
XVI. Doctes héros de la secte moderne, ibid.
XVII. Gacon rimailleur subalterne, ibid.
XVIII. Petits auteurs d'un fort mauvais journal, 344
XIX. Grands réviseurs, courage, escrimez-vous, ibid.
XX. Cachez-vous, Lycophrons, 345

LIVRE III.

I. Est-on héros pour avoir mis aux chaînes, 345
II. Mars et l'Amour au jour de votre fête, ib.
III. Être l'Amour quelquefois je désire, 346
IV. Maître Vincent, ce grand faiseur de lettres, ibid.
V. Dans une troupe avec choix ramassée, 347
VI. J'avois frondé le culte et les mystères, ibid.

TABLE.

		Pages.
VII.	Longepierre le translateur,	347
VIII.	A voir Perrault et Longepierre,	348
IX.	Pour éviter des Juifs,	ibid.
X.	Pour disculper ses œuvres insipides,	ibid.
XI.	Un gros garçon qui crève de santé,	349
XII.	Paul de qui la vraie épithète,	ibid.
XIII.	Au nom de dieu, Pradon,	ibid.
XIV.	Un fat partant pour un voyage,	350
XV.	En son lit une damoiselle,	ibid.
XVI.	Tu dis qu'il faut brûler mon livre,	ibid.
XVII.	Dans les fables de La Fontaine,	351
XVIII.	Quand le graveur Gilot,	ibid.
XIX.	Deux gens de bien tels que Vire en produit,	ibid.
XX.	Quand vous vous efforcez à plaire,	352
XXI.	Ci gît l'auteur d'un gros livre,	ibid.
XXII.	Sous ce tombeau gît un pauvre écuyer.	ibid.
XXIII.	De tes lectures assidues,	353
XXIV.	Ami, T.. sais-tu pourquoi,	ibid.
XXV.	Toi qui places impudemment,	354
XXVI.	Chrysologue toujours opine,	ibid.
XXVII.	Bien que votre ton suffisant,	355

POÉSIES DIVERSES.

Palémon et Daphnis, églogue,	356
Elise, églogue héroïque,	361
Idylle pour les demoiselles de Saint-Cyr,	366
A M. de la Fosse,	369
A M. Duché,	373

TABLE.

	Pages.
Fable,	374
Autre,	ibid.
Autre,	375
Réponse à l'abbé de Chaulieu,	ibid.
Stances,	378
Vers pour le portrait de Boileau,	379
Sonnet au marquis de La Fare,	ibid.
Autre à un bel esprit, grand parleur,	380
Autre,	381
Vers allégoriques au duc de Bourgogne,	ibid.

FIN DE LA TABLE.

www.ingramcontent.com/pod-product-compliance
Lightning Source LLC
Chambersburg PA
CBHW071909230426
43671CB00010B/1540